KB261828

대만문제와 양안관계

대만문제와 양안관계

아연 중국연구총서 17

대만문제와 양안관계

2007년 9월 17일 제1판 1쇄 발행

지은이　문흥호
펴낸이　정민용
펴낸곳　폴리테이아
출판등록　2002년 2월 19일 제 300-2004-63호
주 소　서울시 종로구 홍파동 42-1 신한빌딩 2층
　　　　전화 02-722-9960(영업), 02-739-9929, 30(편집),　팩스 02-733-9910
표지디자인　송재희
표지사진　연합뉴스

ISBN　978-89-92792-15-8　94300
　　　　978-89-955215-7-1　(세트)

× 책값은 뒤표지에 표시되어 있습니다.
× 잘못된 책은 바꿔드립니다.

이 도서의 국립중앙도서관 출판시도서목록(CIP)은 e-CIP 홈페이지(http://www.nl.go.kr/cip.php)에서
이용하실 수 있습니다(CIP제어번호: CIP2007002818).

대만문제와 양안관계

문흥호 지음

폴리테이아

차 례

서문

1996년 『13억인의 미래』라는 제목의 책을 출판한 적이 있다. 내가 본격적으로 중국을 공부하기 시작한 이후 처음으로 출판했던 이 책은 중국의 개혁개방정책과 더불어 획기적으로 변화한 양안관계(兩岸關係)와 이를 둘러싼 중국과 대만의 각종 정책 기조를 분석하는 데 초점을 맞추었다. 또한 양안관계와 남북한관계가 무엇이 같고 무엇이 다른지를 비교하고, 더 나아가 하나이면서 둘이고 둘인 듯하면서도 하나인 중국과 대만의 미래를 나름대로 전망하고자 했다. 돌이켜 보면 책 내용과 분석 수준이 여러 모로 부족했음에도 불구하고 당시 과분한 평가를 받았는데, 이는 아마 분단과 이산의 유사한 고통을 겪고 있는 우리의 처지가 양안관계에 대한 궁금증을 불러일으켰기 때문인 것 같다. 사실 내가 양안관계에 남다른 관심을 기울였던 것도 비록 역사적 배경과 구체적 현실이 남북한관계와는 다르지만 급변하는 이들의 관계에서 한반도의 진정한 평화와 번영에 유익한 뭔가를 얻어낼 수 있지 않을까 하는 기대감을 갖고 있었기 때문이다.

그로부터 11년이 지난 지금도 양안관계는 엄청난 변화를 거듭하고 있다. 즉 중국의 거대한 정치·경제적 흡입력을 의식해 대만 정부가 설정한 각종 규제 장치에도 불구하고 양안의 교류협력은 과거에는 상상하지도 못했던 수준으로까지 확대되었다. 특히 중국과 대만은 정치·군사적으로 대립하는 두 정치체제가 이룩할 수 있는 경제적 윈-윈의 경계를 무한히 확장하고 있다. 그 결과 중국 대륙에서 경제활동을 하는 대만 기업가(臺商)들이 수십만에 이르고 대만의 연간 총 수출량의 약 40%가 중국 시장으로 향하고 있다. 또한 2006년 한 해 동안 중국을 방문한 대만인이 408만 4,000여 명이며 대만을 방문한 중국인은 24만 3,000여 명에 달한다. 이처럼 양안의 경제 교류 및 인적 교류는 양안관계의 불가결한 요인이 되었으며, 심지어 중국과 대만으로 하여금 정치·군사적 대립과 갈등의 수위를 조절하도록 하는 기능을 하고 있다.

이러한 비정치·민간 차원의 비약적인 양안관계 발전이 '변화'의 측면이라면 대만의 정치적 지위를 둘러싼 양안의 대립과 외교적 공방은 '지속'의 측면이다. 즉 하나의 중국 원칙과 일국양제(一國兩制)를 통한 대만의 통일은 여전히 중국의 지상과제이며, 반면에 중국의 불가분한 일부분이 아닌 엄연한 독립국가로서 국제사회의 정정당당한 일원이 되는 것은 대만의 포기할 수 없는 꿈이다. 이는 곧 대만문제의 핵심으로서 중국이 추구하는 통일과 대만이 추구하는 독립을 각각 의미하지만 양자가 결코 양립할 수 없는 것이 엄연한 현실이다. 즉 중국은 어떠한 경우에도 대만의 분리·독립을 용인할 수 없으며 대만 역시 양안관계를 주종관계로 변모시킴으로써 자신들을 일개 지방정부로 전락시키는 중국의 일국양제 통일방식을 수용할 수 없다. 그렇다면 대만문제의 해결 가능성은 없는가? 사실 통일 혹은 독립만이 대만문제의 유일한 해결을 의미한다면 적어도 단기적으로 대만문제가 해결될 가능성은 없다. 그러나 대만문제를 둘러싼 대내외적 환경은 부단히 변화하며 현 단계의 대만문제와 양안관계 역시 그러한 변화의 결과물로 존재한다.

이번에 출판하는 『대만문제와 양안관계』는 바로 이런 점에 주목해 대만문제와 양안관계를 둘러싼 대내외적 환경의 변화와 지속의 측면을 구체적으로 분석하고, 이를 바탕으로 향후 하나의 중국과 하나의 대만으로 상징되는 양안의 통일과 대만 독립의 실현 가능성을 전망하고자 한다. 특히 정치적 분리·독립 움직임과 경제적 상호의존 심화라는 지극히 상호 모순적인 관계의 발전에 대한 실태 분석을 통해 중국식 통일과 대만식 독립이 직면하고 있는 '이상'과 '현실'의 심각한 괴리를 규명함으로써 소위 양안의 '통독문제'(統獨問題) 향배를 검토하고자 한다. 이런 측면에서 『대만문제와 양안관계』는 『13억인의 미래』의 후속편 성격을 갖는다고 할 수 있다.

　책의 구성은 총 8장으로 이루어졌으며 굳이 편집상의 구분을 하지는 않았지만 제1장과 제8장은 책의 서론과 결론에 해당한다. 제2장·제3장·제4장은 본론의 전반부로서 대만문제와 양안관계의 대내적 환경 분석에 초점을 맞췄다. 본론의 후반부인 제5장·제6장·제7장에서는 미국과 일본을 중심으로 대외적 환경요인의 분석에 치중했다. 더 구체적으로 살펴보면 전반부에서는 장제스(蔣介石)·장징궈(蔣經國) 사망 이후 대만의 정치발전과 민주화 과정, 50여 년의 국민당 통치를 무너뜨리고 등장한 천수이볜(陳水扁) 민진당(民進黨) 정권하에서 가속화되고 있는 분리·독립 움직임과 이를 둘러싼 양안의 정치적 갈등을 집중적으로 조명하고자 했다. 또한 최근 중국과 대만의 정치적 대립이, 과거 하나의 중국을 전제로 한 통일방식과 통일중국의 미래상에 대한 대립으로부터 점차 통일과 독립에 대한 갈등으로 변모하고 있음에도 불구하고, 여전히 중요성을 갖는 중국과 대만의 공식적 통일정책을 비교 검토하고 문제점을 지적하고자 했다.

　한편 대만문제와 양안관계의 대외적 요인을 분석한 후반부에서는 우선 대만문제와 양안관계의 과거·현재·미래에서 지극히 중요한 변수로 작용하고 있는 미국 요인의 다각적인 검토에 중점을 두었다. 특히 중국이 추구하는 양안의 통일과 대만이 희망하는 독립을 모두 용인하지 않고 양안의 현상유지를 통한 전략적 이익의 극대화에 몰입하고 있는 미국의 정책기조를 분석하는 동시에 이러한 '전략적 모호성'의 실효성에 대한 미국 내의 다양한 주장과 정책 건의를 검토하고자 했다. 사실 최근 미국 내에서는 중국과 대만에 대한 정책을 포함해 대만문제에 대한 정치·안보·경제적 재검토가 광범위하게 이루어지고 있다. 미국과 함께 점차 대만문제의 중요한 변수로 부상하고 있는 일본과 중국의 정치·안보적 관계 변화 및 대만문제와의 상관성 역시 대외적 요인의 중요한 분석대상이다. 실제로 일본은 1895년 이후 50년 동안 식민통치한 대만에 대해 다른 국가와는 다른 강한 집착을 갖고 있으며 대만 역시 자신들의 국제적 지위를 신장시키는 데 일본과의 관계를 십분 활용하고자 한다. 또한 후반부에서는 미국·일본 요인에 대한 분석과 함께 대만문제와 양안관계의 대외적 환경을 더 선명하게 부각시키고, 나아가 한반도문제의 현황을 좀 더 객관적으로 이해한다는 차원에서 대만문제와 남북한관계의 대외적 요인을 비교 검토하고자 했다.

이처럼 대만문제와 양안관계의 재인식으로부터 양안의 통일과 독립을 향한 이상과 현실의 불일치에 대한 분석에 이르기까지 나름대로 노력을 기울였으나 늘 그러하듯 이번 저술과정에서도 역시 많은 한계를 절감했으며 이러한 점이 여러 부분에서 표출되고 있다. 또한 제3장, 제4장, 제6장 등은 학술지를 통해 이미 발표했던 논문을 수정·보완한 것임을 밝힌다. 물론 모든 저작이 원대한 학문적 목표에 다다르기 위한 하나의 과정이고, 따라서 그 하나하나가 소중한 것이라는 스스로의 위안에도 불구하고 마음 한구석에 능력의 한계와 노력의 부족함에 대한 아쉬움이 남는다. 굳이 이번 저술과정에 의미를 부여한다면 미국의 오리건대학교(University of Oregon)에서 1년 동안 연구년을 보내면서 시간적인 여유와 함께 많은 자료를 접할 수 있는 소중한 기회를 가졌다는 점이다. 특히 나를 초청한 오리건대학교 정치학과의 중국 전문가 리처드 크라우스(Richard Kraus), 리처드 서트마이어(Richard P. Suttmeier) 교수님은 저술과정에서 수시로 나와 대만문제를 토론했고 그때마다 많은 도움을 받았다. 이 두 분에게 다시 한 번 심심한 감사의 뜻을 표한다.

그 밖에도 이번의 저술 및 출판과정에서 많은 분들의 적극적인 지원과 격려가 결정적인 역할을 했다. 우선 누구도 시도하지 못했던 방대한 분량의 '중국연구총서' 발간을 기획하고 추진한 고려대학교 아세아문제연구소

10

와 이를 주관하신 최장집 교수님의 학문적 열정에 존경을 표한다. 또한 총서의 기획과정에서부터 배려를 아끼지 않은 성균관대학교 이희옥 교수님, 나와 함께 연구년을 보내면서 나의 부족함을 늘 넉넉하게 채워 준 한양대학교 최진우 교수님, 그리고 나의 세세한 요구에 일일이 응해 주신 출판사 관계자 여러분께도 깊은 감사를 드린다. 사실 오리건대학교가 위치한 아름다운 전원도시 유진(Eugene)에서 저술 기회를 가질 수 있었던 것은 분에 넘치는 특권이었다. 더욱이 우리 가족은 이곳 숲 속의 아담한 집에서 모처럼 분주한 서울생활을 잊고 각자의 재충전 기회를 가질 수 있었다. 이곳에서의 1년은 자연의 풍요로움을 만끽하며 삶과 학문의 진정한 의미를 되새기게 해 준 소중한 시간이었다. 이 모든 것을 하나님께 감사드린다.

2007년 6월 오리건대학교에서

문흥호

제1장

대만문제와 양안관계의 재인식

1. 중국은 하나인가?

중국은 과연 하나인가? 이는 대만문제의 본질을 구성하는 화두이자 중국과 대만은 물론 미국, 일본 등 이해 당사국들의 전략적 판단과 정책의 시발점이다. 따라서 이에 대한 명쾌한 해답을 도출하고 모두가 동의한다면 대만문제는 해결될 수 있다. 그러나 '하나의 중국'(一個中國)에 대한 규범적 정의와 대만의 정치적 지위, 중국과 대만의 관계 설정 등을 둘러싼 이해 당사국 간의 갈등과 대립은 시기적 차이와 양상의 변화만 있을 뿐 본질적 변화는 없다. 무엇이 문제인가?

중화민국과 중화인민공화국 중에서 누가 중국을 대표하는 유일한 합법정부인가에 대한 국제사회의 공인은 대만문제의 일부분에 대한 규범적 정의로서 일방에 국제사회의 책임 있는 구성원으로서의 독립·자주적 지위를 부여하는 반면 다른 일방에 대해서는 주권국가로서의 자격을 부정하는 결과를 가져왔다. 예를 들어 1949년 10월 1일 중화인민공화국이 수립되고 같은 해 12월 장제스 국민당 정부가 대만으로 패퇴한 이후에도 1971년 10월 제26차 유엔 총회 제2758호 결의안을 통해 중화인민공화국을 승인하기까지 중국을 대표하는 유일한 합법정부는 대만의 중화민국이었다.

이처럼 유엔을 통해 이루어진 유일한 합법정부로서의 공인은 중화인민공화국과 중화민국의 주권적 지위를 번갈아 가며 인정·부정하는 결과를 초래했다. 그러나 이러한 국제적 공인 자체가 대만문제의 완전한 해결을 가져올 수는 없었으며, 보기에 따라서는 오히려 문제의 본질을 더욱 왜곡시키고 복잡하게 만든 측면이 있다. 그 이유는 어느 일방에 대한 유일한 합법적 지위의 부여가 합법적 지위를 부정 내지는 박탈당한 다른 일방의 자연스러운 승복을 보장할 수 없었기 때문이다. 더 나아가 주권국으로서의 정치적 실체를 부정당한 일방의 극심한 반발과 유일한 합법적 대표권을 획득한 일방이 주권적 지위를 이용해 다른 일방을 흡수하려는 무리수가 결부되면서 정치·군사적 갈등과 긴장이 고조되는 결과를 야기했다. 특히 대만문제와 양안관계에 깊숙이 관여하고 있는 미국, 일본 등 주요 이해당사국늘이 소위 '전략적 모호성'(strategic ambiguity)에 기조해 '하나의 중국'과 '두 개의 중국'(兩個中國) 사이에서 문제 해결의 본질과는 다른 방향에서 전략적 이익의 극대화를 도모하면서 대만문제는 더욱 복잡하게 전개될 수밖에 없었다. 즉 그들은 중국은 하나라는 공식적 승인에도 불구하고 내면적으로 이를 부정함으로써 중국과 대만의 갈등을 부추겼으며, 결과적으로 중국을 대표하는 유일한 합법정부 중화인민공화국과 사실상의 정부 중화민국이 독립적으로 공존하는 원칙과 현실의 괴리를 초래했다.

한편 2000년 5월 천수이볜 민진당 정부의 출범 이후 중국을 대표하는 유일한 합법정부로서의 법통(法統)에 대한 중국과 대만의 갈등은 점차 '하나의 중국, 하나의 대만'(一中一臺)을 둘러싼 대립으로 변질되고 있다. 사실 과거 장제스·장징궈 부자로 이어진 국민당 정부하에서는 중국의 의미와 통일방식, 주체에 대한 인식의 차이가 있었을 뿐 하나의 중국, 통일의 당위성에 대한 논쟁은 거의 존재하지 않았다.[1] 즉 중국과 대만 모두 자신들

---

1 따라서 역설적으로 중국 정부는 통일문제에 관한 한 중국 대륙에 대한 통치권을 주장하던 장

이 주체가 되어 자신들의 방식으로 통일해야 한다는 점을 주장했을 뿐 양
안의 통일 자체를 부정하지는 않았다. 그러나 대만 출신(本省人)을 주축으
로 한 민진당이 정치적 영향력을 확대하고, 급기야 집권한 이후에는 누가
'하나의 중국'의 법통을 계승하고 있느냐는 논쟁은 설득력을 잃어 가고 있
다. 민진당은 1975년 장제스의 사망과 그의 총통직을 승계한 아들 장징궈
의 건강 악화로 장씨 일가(蔣氏一家)의 초법적 통치가 서서히 막을 내리기
시작할 무렵인 1986년 9월 '당외인사'(黨外人士)로 지칭되었던 대만성 출신
의 반국민당 진보인사들을 주축으로 창당되었다.[2] 이들은 야당의 설립을
일체 허용하지 않았던(黨禁) 40년 가까운 국민당 계엄령 통치하에서 대만
독립을 위해 투쟁했던 인사들이다. 또한 이들 대부분은 '중화민국'보다는
청조의 패전과 시모노세키 조약(The Treaty of Shimonoseki)에 따라 대만 할
양이 결정된 1895년 4월 17일 이후 일본군이 대만에 본격 상륙해 대만의
치안을 장악한 1895년 6월 초에 이르는 기간 동안 대만에 존재했던 '대만
공화국'(The Taiwan Republic)의 부활을 염원하고 있다. 즉 이들은 무력하기
그지없던 청조 말기의 희생양으로서 기구한 운명을 겪어 온 자신들의 정
체성을 '중화민국'보다는 대만공화국에서 찾고자 하는 것이다.[3]

제스·장징궈 부자의 재임 시기에 더 편안함을 느꼈을 수도 있다. 왜냐하면 적어도 이 당시에
는 대만이 중국의 일부분이라는 사실과 양안 통일의 당위성에 대해서는 이견이 없었기 때문이
다. 하나의 중국(One China), 대만문제(Taiwan Problem·Taiwan Question·Taiwan Issues)
등에 대한 중국과 대만의 인식 및 표현(Political Rhetoric, Terminology)의 변화에 대한 분석
은 Brown(2004, 1-34) 참조.

2 원래 '당외'라는 말은 글자 그대로 대만의 유일한 정당이던 국민당에 소속되어 있지 않았음을
의미하는 것으로, 1950년대 후반 이후 사용되기 시작했으며 국민당 체제에 심한 불만을 갖고
있던 지방정치인들과 국민당의 초법적 계엄통치에 저항했던 반체제 지식인들을 통칭하는 개
념이다. 민진당의 역사 및 정치적 배경에 대한 구체적인 분석은 Rigger(2001, 15-35) 참조.

3 시모노세키 조약으로 대만의 일본 할양 소식이 전해지면서 당시 대만 내에서는 청조 및 대륙
에 대한 배신감과 함께 대만의 정치적 운명에 대한 대만인들의 자주적 결정권을 주장하는 여
론이 거세게 일었으며, 일각에서는 러시아·독일·프랑스의 소위 '삼국간섭'(Triple Intervention)

결국 이러한 상황에서 중국은 '하나의 중국' 원칙, 일국양제 방식을 통해 대만을 점진적으로 흡수통일하기 위한 노력을 구체화하고, 대만으로서는 국제사회의 실질적 주권국가로서의 정치적 지위를 주장하는 동시에 독립된 '대만공화국'으로서의 장기적 비전을 구체화할 수밖에 없다. 실제로 대만 내에서는 자신들이 이미 엄연한 독립적(de facto independent) 정치실체이지만 국제정치의 불합리한 원칙과 역학구조 속에서 정식 국가로 인정받지 못하고 있을 뿐이라는 인식이 팽배해 있다. 그리고 이러한 인식의 연장선에서 이제는 자신들에게 오히려 식민지배의 불행과 초법적 국민당 독재의 억압을 초래한 중국·중화의 허명에서 벗어나 대만·대만인으로서 정체성을 확립해야 한다는 취지에서 대만의 고유한 역사에 대한 재평가작업을 추진하고 있다.[4]

이 일본의 랴오둥(遼東)반도 점령을 저지했듯이 외국 세력을 동원해 일본의 대만 점령을 막아야 한다는 주장이 구체적으로 제기되기도 했다. 이러한 상황에서 결국 대만의 유력인사들을 중심으로 1895년 5월 25일 역사적인 대만공화국이 건국되었다. 물론 당시의 대만공화국은 공화주의(republicanism) 및 제헌주의(constitutionalism)에 입각해 정부, 의회 등을 구성했으나 결국 조직상의 결함과 대만 주민들의 적극적인 지지가 결여된 상황 속에서 1895년 5월 29일 1만 5,000명의 병력 상륙으로 시작된 일본의 대만 점령이 본격화되고 이를 주도했던 주요 인사들이 6월 5일 중국 대륙으로 도피하면서 초단기간에 붕괴되었다. 이와 관련된 구체적인 자료는 Morris(2002, 8-18) 참조.

4 특히 천수이볜 민진당 정부 출범 이후 대만 역사에 대한 재평가작업은 중국사에 편입된 극히 미미한 부분으로서의 대만사가 아닌 대만만의 진정한 역사를 올바로 확립한다는 차원에서 추진되었다. 대만 정부의 이러한 움직임에 대해 중국은 "그렇다면 중국 역사가 당신들에게는 세계사인가?"라고 반문하며 비난의 강도를 높여 왔다. 또한 중국 정부는 대만 정부의 체계적인 대만 역사 재평가작업에 대응한다는 차원에서 2005년 12월부터 '대만문헌사료출판공정'(臺灣文獻史料出版工程)을 제11차 경제개발 5개년계획(十一五計劃)의 '국가중점출판계획'에 편입시켰다. 대만 역사에 대한 국책출판사업은 '해협양안출판교류중심'(海峽兩岸出版交流中心)의 주관하에 중국 제1·제2의 '역사당안관'(歷史檔案館)과 샤먼대학(廈門大學), 구주출판사(九州出版社)가 공동으로 추진하고 있으며 2008년까지 총 550권, 30만 페이지에 달하는 사료의 출판을 완료한다는 계획을 갖고 있다. 중국 정부의 이러한 작업은 대만의 독립 움직임에 대한 정치적·군사적 압박을 계속하는 동시에 대만 역사에 대한 체계적인 사료 발굴과 문헌 정리를 통해 천수이볜 정부의 대만 역사 바로 세우기 작업을 무력화시킴으로써 궁극적으로 '중국의 불가분한 일부분으로서의 대만'을 합리화하기 위한 시도라고 볼 수 있다. 사실 중국은 최근 2007

　　물론 현실적으로 대만인들의 이러한 자각이 급진적인 독립 주장으로 당장 연계될 수 있는 것은 아니지만 자신들을 중국과 대만, 더 나아가 중국인과 대만인의 구도로 재정립하려는 의도를 내포하고 있음을 부정할 수는 없다. 이러한 움직임의 저변에는 좌절되었던 '대만공화국' 수립 시도와 1947년 국민당 정부의 대만 정지작업과정에서 빚어진 '2·28사건' 등 뼈아픈 과거에 대한 기억이 자리 잡고 있다.[5] 이는 결국 하나의 중국, 두 개의

<hr>

년 1월 17일 자칭린(賈慶林) 정협주석(政協主席), 탕자쉬안(唐家璇) 국무위원, 첸치천(錢其琛)·천윈린(陳雲林) 국무원대만사무판공실(國務院臺灣事務辦公室) 주임, 양동첸(楊冬權) 국가당안국장(國家檔案局長), 룽신민(龍新民) 신문출판총서장(新聞出版總署長) 등 주요 기관의 책임자들이 참석한 가운데 '대만문헌사료출판공정회보좌담회'(臺灣文獻史料出版工程滙報座談會)를 개최하는 등 최고지도부가 직접 나서서 사료 발굴 및 출판작업을 독려하고 있다. 『人民日報』(07/01/18); 『中國時報』(/07/01/18) 참조.

5　'2·28사건'은 대만이 일본으로부터의 탈식민화 및 대륙으로 통합되는 과정에서 야기되었다. 비록 정부의 전매품인 담배를 불법으로 판매하던 대만 여인과 이를 제지하던 경찰관의 사소한 시비에서 발단되었으나, 그 내면에는 당시 대만이 안고 있던 정치·경제·사회적 제반 문제와 이에 대한 장제스 국민당 정부의 무지·무능·무도한 정책이 상호 복합적으로 작용했다. 국민당 정부의 비체계적이고 강압적인 정지·통합정책은 대만인들로 하여금 자신들이 경험한 일본의 식민통치에 비해 국민당 지배체제가 전혀 나을 것이 없고 오히려 부정부패, 비효율, 불안정 등의 측면에서 상황이 더 악화되었다는 의식을 갖게 했다. 실제로 당시 대만 내에는 식민통치기간에도 보기 어려웠던 기근자들이 증가하고 몇십 년간 자취를 감추었던 콜레라 같은 전염병이 확산되는 등 삶의 질이 전반적으로 하락하면서 대륙 정권에 의한 '열악한 식민지배'라는 반감이 급속히 확산되었다. 그럼에도 불구하고 국민당 정부는 대만인들의 불만을 무시한 채 대륙 출신의 '외성인'들이 주도하는 강압적인 정책을 지속했고, 심지어 당시 격화일로에 있던 중국 공산당과의 내전에 대만의 자원을 십분 이용하고자 했다. 국민당 정부의 이러한 대륙 위주의 정책은 대만인들로 하여금 국민당 정부의 통치를 또 다른 형태의 '식민지배'로 인식시켰다. 결국 이들의 저항을 폭발시켰으며 이를 진압하는 과정에서 수천 명의 사상자가 발생하는 등 씻기 어려운 상처를 남겼다. 사실 과거 대만의 국민당 정부하에서 '2·28사건'의 진상은 철저히 은폐되어 왔으며 리덩후이 정부 후반기에 비로소 정식으로 규명되기 시작했다. 참고로, 스티븐 필립스(Steven E. Phillips)는 '2·28사건'의 배경을 이해하기 위해서는 강력한 중앙집권화를 추구한 국민당 정부의 정책과 좀 더 많은 자율권에 대한 대만인들의 요구라는 두 가지의 상반된 아젠다를 살펴보아야 한다는 점을 강조한다. 즉 당시 대륙의 국민당 정부는 강력한 중앙정부를 정당화하기 위해 연방주의 혹은 지방분권을 옹호하는 자들을 가차 없이 공격한 반면, 대만 내에서는 일본의 식민통치에 대한 집단적 기억(collective memory)에 의해 형성된 효율적인 거버넌스(effective governance) 기준에 비추어 볼 때 국민당 정부가 이를 도저히 충족시킬 수 없는 것으로 확인되었기 때문에 좀 더 많은 자율권을 확보하려고 했으며 결국 이 상반된 두

중국을 둘러싼 소모적 논쟁에 매달리기보다는 아예 실질적으로 중국 대륙과 무관하게 살아 왔던 자신들의 역사적 실체를 재확인하고 소위 대륙에 대한 피해의식과 열등감(continental complex)을 극복함으로써 새로운 정치적 실체를 구성해 가기 위한 것이다.

실제로 중국인(Chinese)보다는 대만인(Taiwanese)으로서의 의식이 강한 신세대 대만인들에게 있어서 중국 지도부가 그토록 집착하는 것처럼 이 지구상에 중국이 오직 하나뿐이라고 한다면 대만도 오직 하나뿐이라는 의식이 강하다. 즉 이들은 자신들에게 식민지배의 불행과 초법적 국민당 독재의 억압을 초래한 중국 대륙의 굴레에서 벗어나 대만·대만인으로서 살아가고자 하는 욕구가 강하게 나타나고 있다. 최근 민진당 정부는 '중화우정'(中華郵政), '중화항공'(中華航空), '중화전신'(中華電信), '중국강철'(中國鋼鐵), '중국조선'(中國造船), '중국석유'(中國石油) 등 주요 국영기업 명칭에서 중화·중국을 대만으로 일괄 변경하는 소위 '정명운동'(正名運動)을 추진하고 있는데, 이 역시 대만의 정체성 강화 움직임과 연계되어 있다.[6] 대만 내의 이러한 움직임은 결국 대만문제를 하나의 중국, 두 개의 중국을 둘러싼 대립과 갈등에서 점차 하나의 중국과 하나의 대만이라는 구도로 변화시키는 요인으로 작용하고 있다.[7]

___

입장이 충돌했다는 것이다. Phillips(2003, 84-88) 참조.

6 실제로 대만은 2007년 2월 12일 천수이볜 총통이 참석한 가운데 '중화우정공사'(中華郵政公司)를 '대만우정공사'(臺灣郵政公司)로 현판을 바꾸는 의식을 거행했다. 중국은 민진당 정부의 이러한 움직임에 대해 궁극적으로 독립을 겨냥한 '거중국화'(去中國化) 정책이라고 비난하는 한편 대만의 정체성을 강화한다는 미명하에 추진되고 있는 이러한 시도는 대만의 해당 기업과 대만인들에게 큰 손실을 안겨 줄 것이라는 점을 강조하고 있다. 『中國時報』(07/02/15); 『人民日報』(07/02/14) 참조.

7 이는 중국 지도부가 가장 우려하는 상황이다. 왜냐하면 중국 지도부가 더 이상 대만을 조속한 해방의 대상으로 인식하지는 않지만 반드시 해결해야 할 국가·민족 차원의 과제임에는 분명하기 때문이다. 후진타오 주석 역시 대만문제의 해결 노력과 일정한 성과의 창출을 필요로 하며, 그러지 못할 경우 그의 정치적 입지에도 부정적인 영향을 미칠 것이다. 대만의 천수이볜

2. 양안관계의 변화와 지속

중국과 대만의 관계를 의미하는 양안관계는 대만문제가 내포하고 있는 의미만큼이나 복잡하고 다면적인 성격을 갖고 있다. 즉 양안관계는 기본적으로 과거의 중화인민공화국과 중화민국의 관계, 중국 대륙과 대만 정부의 통치지역인 타이완(臺灣)·진먼(金門)·펑후(彭湖)·마주(馬祖)의 관계, 국제사회에서 보편적으로 통용되는 중국을 대표하는 유일한 합법정부로서의 중화인민공화국과 그러한 중국의 불가분한 일부분으로 규정된 대만의 관계, 하나의 중국 원칙에도 불구하고 현실적으로 하나라고 할 수 없는 중국과 대만의 애매모호한 정치적 관계 등을 모두 포괄하는 개념이다. 또한 양안관계의 개념 속에는 중국공산당과 중국국민당이 혁명과정에서 겪었던 장기간의 대립·투쟁의 역사, 대만해협을 사이에 둔 지리적·공간적 환경, 국제사회의 보편적인 인식 및 공인된 원칙과 현실의 괴리현상 등이 모두 내재되어 있다고 할 수 있다.[8]

이와 같이 양안관계는 중국과 대만의 역사적 관계만큼이나 복잡다단할 뿐만 아니라 세계에서 유례를 찾을 수 없을 정도로 특이한 변화과정을 겪어 왔다. 우선 양안관계는 대만문제의 기본적 불변이라는 한계상황에서도 상상하기 어려울 만큼 변화해 왔다. 사실 과거 중국과 대만은 양안의 정치적 관계 및 정치적 현안과 관련된 각종 명칭과 용어를 둘러싸고 대립할 정도로 비타협적이고 적대적인 관계를 유지해 왔다. 또한 많은 경우 동

총통이 독립 행보의 일환으로 신헌법 제정의 일정을 제시하고, 이와 관련된 국민투표(公投) 실시를 주장하자 중국은 2005년 3월 14일 대만 내 독립·분열행위 시 초헌법적·비평화적 대응 조치를 인정(선 무력 동원, 후 전인대 보고)하는 〈반분열국가법〉(反國家分裂法)을 제정했는데, 이것 역시 대만문제에 대한 중국 지도부의 민감성을 보여 주는 것이다.

8 문흥호(2000, 215-217) 참조.

일한 용어라 하더라도 중국이 부여하는 의미와 대만이 부여하는 의미가 큰 차이를 보였다. 예를 들어 그 동안 중국과 대만이 자연스럽게 사용한 '중국'이라는 의미에 있어서도 중국 정부는 당연히 '중화인민공화국'을 의미했던 반면 대만 정부는 자신들이 법통을 계승하고 있다고 생각하는 신해혁명(辛亥革命) 이후의 '중화민국'을 의미했다. 따라서 하나의 중국에 대한 합의에도 불구하고 그 의미와 미래상에 대해서는 타협하기 어려운 판이한 생각을 갖고 있었다.

사실 중국은 아직까지도 기본적으로 대만과의 통일문제 등 양안의 주요 정치적 현안을 '대만문제'로 인식하고 있다. 따라서 중국 입장에서 대만과의 통일은 곧 대만문제의 해결을 의미한다. 중국의 이러한 입장은 양안의 통합을 두 정치실체 간의 통일이라는 차원보다는 일방적인 해방, 복속의 대상으로 인식해 왔던 과거의 입장과 대만문제를 중국의 고유한 내정으로 규정하려는 정치적 의도와 관련이 있다. 실제로 중국은 자신들이 중국을 대표하는 유일한 합법정부로 국제사회의 공인을 받은 이후 대만문제를 지칭하는 데 있어서 대만을 독립적인 정치실체 혹은 정부로 오인할 소지가 있는 표현을 철저하게 배제하고 있다.[9]

반면에 과거 대만의 국민당 정부는 중국이 통일문제를 포함한 양안의 정치적 문제를 '대만문제'라고 지칭하는 것에 대해서조차 심한 거부감을 갖고 있었다. 즉 대만은 중국의 미래에 관한 문제, 중국을 어떻게 민주·자유국가로 만들 것인가의 문제만 존재할 뿐 대만문제는 근본적으로 존재하

---

9 즉 중국은 지금까지도 대만 정부를 '대만 당국'(臺灣當局), '대만 방면'(臺灣方面), '국민당 당국'(國民黨當局), '국민당 통치집단'(國民黨統治集團), '민진당 당국'(民進黨當局) 등으로 지칭하고, 대만 정치지도자에 대해서는 소속 정당의 '영도'(領導) 혹은 '진수편'(陳水扁)과 같이 이름 혹은 정당 내의 직함만 사용하고 있다. 대만과 관련된 중국의 공식적인 표현을 파악할 수 있는 자료는 中華人民共和國國務院臺灣事務辦公室(2007); 中華人民共和國國務院臺灣事務辦公室·國務院新聞辦公室(2000); 鄧小平(1997, 12-14); 江澤民(1995) 참조.

지 않는다는 입장을 보였다(Lasater 2000, 184). 이는 국민당 정부 입장에서 중국공산당 정권이 중국문제를 대만문제로 격하시켜 중화민국의 존재 자체를 부정하려 한다는 인식을 갖고 있었기 때문이다. 물론 민진당 정권 등장 이후 대만 정부는 중국에 대한 집착에서 점차 벗어나고 있으나, 자신들의 정치적 지위 및 이와 관련된 명칭에 대해서는 여전히 민감하게 반응하고 있다. 심지어 천수이볜 총통은 2006년 신년사를 통해 "대만인은 중국의 노예가 결코 아니며, 양안관계는 주권·민주·평화·대등의 4대 원칙에 부합해야 한다."는 점을 강조했다. 또한 그는 롄잔(連戰) 국민당 주석, 쑹추위(宋楚瑜) 친민당(親民黨) 주석의 중국 방문과 후진타오(胡錦濤) 국가주석과의 회담을 겨냥해 일부 야당 지도자가 중국의 주구(走狗)노릇을 한다고 비난하기도 했다.[10]

　　1980년대 후반 이후의 양안관계 변화는 이처럼 쌍방의 정치적 관계 및 정치적 현안을 지칭하는 명칭을 둘러싸고 대립할 만큼 적대적이었던 상황이 완화되면서 비로소 가능했으며, 그 이면에는 중국과 대만 지도부의 현실적·이성적 정책 전환이 원동력으로 작용했다. 즉 덩샤오핑(鄧小平)체제 출범 이후 중국이 대만정책을 획기적으로 전환하고, 비록 제한적이기는 하지만 대만이 이에 상응하는 정책 전환을 추진함으로써 양안관계의 변화

---

10 그러나 천수이볜 총통은 2007년도 신년사에서 양안관계, 대륙정책과 관련해 비교적 온건한 기조를 유지했다. 즉 대만의 주체성, 대만 명의의 유엔 가입 필요성 등을 역설하기는 했지만 중국을 극도로 자극하는 독립, 신헌법 제정 등에 대해서는 매우 자제하는 태도를 보였다. 다만 천 총통은 향후 중국과의 교류협력에서 "적극관리, 유효개방"(積極管理, 有效開放)을 강조했는데, 이는 경제 부문 등에서 지나치게 중국 의존적인 경향이 심화되는 것을 막기 위해 정부가 좀 더 관리하고 확장 위주의 무분별한 교류를 지양하겠다는 의지를 표명한 것이다. 또한 그는 자신의 대내적 지지 하락, 정치적 입지 약화가 경제침체와 무관하지 않다는 점을 의식해 앞으로 정치적인 논쟁보다는 경제적 성과에 치중하자는 점을 호소하기도 했다. 물론 천 총통의 이러한 절제된 발언은 국내정치적 고려와 함께 중국을 자극하는 발언을 자제하라는 미국 정부의 압력성 권고를 수용한 것으로 보인다. 『中國時報』(07/01/01) 참조.

가 시작된 것이다.

중국의 경우 대만정책의 현실적인 전환은 개혁개방정책 추진과 불가분의 관계를 갖는다. 중국은 개혁개방정책을 통한 경제발전을 최우선적인 정책 목표로 설정하면서 대내외 정책의 혁신적인 전환이 불가피하다는 점을 인식했고, 이러한 인식 변화의 연장선에서 대만정책이 자연스럽게 전환될 수 있었다. 따라서 중국은 무력 사용을 통한 대만의 '조속한 해방'이란 기존 입장에서 벗어나 우선 양안의 교류협력 확대를 통해 자신들의 개혁개방정책을 직간접으로 지원하는 동시에 양안관계를 새롭게 정립해야 한다는 현실적인 방향으로 정책을 전환했다. 사실 중국 지도부가 개혁개방을 통한 경제발전을 지상과제로 추진하면서 대만정책을 포함한 대내외 정책에 있어서 기존의 정치·이념적인 요인보다는 합리적 선택을 중시했고, 개혁개방에 따른 새로운 정치·경제적 환경이 또다시 주요 정책 결정과정의 정치·이념적 요인을 축소하는 일련의 결과를 가져왔다.

한편 대만 국민당 정부는 중국에 대한 뿌리 깊은 불신감 때문에 초기에는 중국의 각종 제의에 강한 거부감을 보였으나 점차 비정치·민간 차원에서의 양안 간 교류협력을 긍정적으로 수용하기 시작했다. 대만 정부가 이처럼 대륙정책을 전환하기 시작한 것은 중국의 개혁개방정책을 긍정적으로 평가하는 동시에 중국과의 대립관계를 지속하는 것이 대만의 정치·경제적 발전에 유리하지 않다는 장징궈를 중심으로 한 국민당 지도부의 인식 전환이 있었기 때문이다. 이와 함께 1980년대 중반 이후 대만 내에서 확산되기 시작한 민주화 요구 및 이와 결부된 대륙정책에 대한 비판적 여론 역시 대만 정부가 대륙정책을 전환하게 된 배경의 하나로 지적될 수 있다. 즉 민주화 요구와 결부된 대륙정책의 비판 여론은 양안관계의 현실에 대한 국민당 지도부의 인식 전환을 가능하게 했으며, 결과적으로 장징궈 정부의 대륙정책 변화를 촉진했다.

당시 대만 정부의 대륙정책에 대한 비판적 여론의 요지는 중국의 각종 제의를 무조건 거부하는 피동적인 대륙정책으로는 양안관계를 주도하기 어렵고, 더 나아가 대만의 경험과 성과를 대륙에 전파할 수 없으며, 결과적으로 삼민주의(三民主義)에 의한 중국 통일을 실현하는 것이 불가능하다는 것이었다. 이러한 상황에서 대만 정부는 기존 정책으로는 대만 내의 비판적인 여론을 잠재울 수 없을 뿐만 아니라 이미 확산되고 있는 민간 차원에서의 비공식적 인적 교류, 경제교류 등 중국과의 '접촉' '담판' '타협'을 금하는 소위 '삼불정책'(三不政策) 이탈현상을 더 이상 억제하기 어렵다는 점을 심각하게 받아들이지 않을 수 없었다. 또한 1988년 1월 장징궈 사후 리덩후이(李登輝)체제 출범과 국민당의 권력구도 변화, 정치과정의 제도화 및 투명성 제고 등 대만 내에서 일어난 일련의 정치적 변혁은 대만 정부의 대륙정책 변화를 더욱 촉진하는 요인으로 작용했고, 이는 결국 양안관계의 질적인 변화로 이어졌다.[11]

이처럼 상대방에 대한 중국과 대만 지도부의 인식 변화와 1990년대 이후 경제 분야를 중심으로 한 비정치·민간 차원의 교류협력 증대는 단절·대립으로 점철되었던 중국과 대만의 적대관계를 획기적으로 변화시켰다. 실제로 양안 간 경제교류와 인적 교류는 전례를 찾을 수 없을 정도로 폭발적인 증가 추세를 보였으며, 특히 양안의 간헐적인 정치·군사적 긴장과 직접적인 통항(通航)·통우(通郵)·통상(通商)을 의미하는 '삼통'(三通)의 불허 방침을 우회하는 다양한 형식과 경로를 통해 지속적으로 확대되고 있다.[12]

---

11 리덩후이체제하에서 추진된 각종 정치개혁의 추진 배경과 구체적인 내용 및 양안관계에 대한 영향에 대해서는 Lee and Yang(2003, 117-118) 참조.

12 실제로 민진당 정부 출범 이후에도 대만은 전면적인 삼통의 전 단계로서 특정 지역 간의 통항을 의미하는 '소삼통'(小三通)을 추진하는 동시에 대만 기업의 중국 내 투자 규제 완화 및 투자 상한선 상향조정, 대만 주식시장에 대한 대륙인들의 투자 허용 등 양안 경제교류의 규제장치를 대대적으로 완화했다. 중국의 샤먼(廈門)·마웨이(馬尾)와 대만의 진먼·마주 간의 소삼통은 양안 교류를 한 단계 확대시켰으며, 일례로 2006년 1년 동안 샤먼–진먼을 통해 연인원 60만 7,000명이 왕래했고 마웨이–마주를 통해서는 연인원 4만 5,000명이 왕래했다. 이

　　이러한 변화에도 불구하고 중국과 대만의 정치적 관계 설정을 핵심으로 한 대만문제의 미결은 여전히 양안 교류의 제약요인일 뿐만 아니라 양안관계에서 정치·비정치, 정부·민간 교류의 극심한 불균형을 고조시키는 요인이다. 사실 양안관계는 정치·군사적 긴장 속에서 이루어질 수 있는 교류협력의 새로운 면모를 유감없이 보여 준 반면, 바로 그러한 점 때문에 부자연스러운 관계를 유지하고 있기도 하다. 이는 곧 변화와 지속이 공존하는 현 단계 양안관계의 독특한 측면이며, 바로 이러한 점 때문에 정부와 민간 부문 간의 적잖은 갈등이 야기되기도 한다. 예를 들어 경제적 이득에 몰두하는 기업인과 관리자로서의 정부 입장이 같을 수 없으며 더욱이 대만 경제가 전반적으로 중국과의 통상, 투자와 불가분의 관계를 갖게 되면서 양자 간의 갈등이 심화되는 경향이 있다.[13]

　　물론 양안관계에서 경제교류의 비중이 확대되고 중국과 대만 모두 이를 중시하지 않을 수 없는 상황에서 양안의 경제관계는 정치·군사적 대립 수위를 조절하는 긍정적인 기능을 하기도 한다. 예를 들어 천수이볜 정부가 신헌법 제정을 위한 국민투표를 추진하면서 양안의 군사적 긴장이 고조되자 중국에 진출한 대만 기업가들은 천 총통에게 자제를 강력히 요구

는 전년도에 비해 20% 이상 증가한 것이다. 『工商時報』(臺灣)(07/01/05); Ma(2003, 45-47) 참조.

13 1990년대 중반 이후 대만 기업들의 대륙투자는 폭발적으로 증대하게 된다. 예를 들어 노동집약적인 경공업 분야에 대한 소규모 투자에서 점차 기술·자본집약적인 분야에 대한 대규모 투자로 전환되고 투자지역 역시 광둥(廣東), 푸젠(福建)지역에서 대륙 전역으로 확산되는 양상을 보였다. 이에 대해 대만 정부는 자국의 산업공동화와 대중국 경제의존 심화에 따른 안보 위험을 우려해 대만 기업들에게 중국 투자를 자제하고 아세안(ASEAN)지역으로 투자대상을 전환할 것을 유도했으나 큰 효과를 얻지는 못한 것으로 평가된다. 그 중의 한 이유는 상당수의 대만 기업들이 대륙투자 규모를 축소해 보고하거나 홍콩 기업으로 위장해 투자를 확대함으로써 정부 규제를 벗어나는 편법을 사용했기 때문이다. 따라서 홍콩의 대륙투자 중 상당 부분이 실제로는 대만 기업의 자본을 위장 포함하고 있다는 것은 공공연한 사실이다. 이에 대한 구체적인 자료는 Sung(2005, 137-162) 참조.

했으며, 또한 대만 정부로서도 가뜩이나 침체에서 벗어나지 못하는 자국 경제에 직접적인 영향을 미치는 양안 경제교류를 경색시킬 수 없는 입장이었다. 실제로 대만의 외교공세 혹은 독립 움직임에 대한 중국의 정치·군사적 압박으로 인해 대만해협의 긴장이 고조되는 상황에서도 양안의 경제교류는 거의 영향을 받지 않았다.[14]

결국 양안관계는 정치·군사적 대립과 민간 차원의 경제교류, 인적 교류가 극명하게 대립되는 상황에서 부조화 속의 조화, 불균형 속의 균형을 이루며 소위 '호보호리'(互補互利)할 수 있는 분야를 중심으로 공감대를 모색해 가고 있다. 사실 대만 전체 기업의 30%를 상회하는 기업이 직간접으로 중국에 진출하고, 중국에 상주하는 대만인이 상하이(上海) 인근 지역에만 수십만 명에 이르면서도 정치·군사적 대립과 통일·독립, 삼통·삼불의 명분싸움을 지속하고 있는 상황은 중국 지도부가 즐겨 사용하는 표현대로 중국적 특색을 지닌 양안관계가 아닐 수 없다. 그러나 이러한 부자연스러움은 어쩌면 모두를 만족시킬 묘안이 부재한 상황에서 장애물에 압도되어 단절된 관계를 유지하기보다는 우선 공유할 수 있는 이익을 적극 모색해 가는 중국인들의 실용적인 접근태도를 보여 주는 것이기도 하다.

---

14 그렇다 하더라도 양안의 경제교류 확대와 관련된 대만 정부와 대만 기업들의 갈등은 일정 부분 지속될 수밖에 없다. 일례로 천수이볜 총통이 2007년 신년사에서 강조한 "적극관리, 유효개방"은 대륙투자에 대한 더 '적극적인 관리와 선별적 허용 방침'을 시사하는 것이다. 한편 중국에 진출한 대표적인 대만 기업인 '포모사 플라스틱'(Formosa Plastics, 臺塑集團)의 왕용칭(王永慶) 회장은 그 동안 대중국 투자를 둘러싸고 정부와 갈등을 빚어 왔는데, 2007년 1월 4일에는 민진당 정부가 중국과의 전면적인 '삼통'을 허용할 것을 요구하기도 했다. 『中國時報』(07/01/05) 참조.

3. 대만문제의 대외적 요인

양안관계가 통일 아닌 통일, 독립 아닌 독립의 전례를 찾기 어려운 독특한 관계를 유지하고 있는 이유의 절대적인 부분은 중국과 대만 요인보다는 오히려 대외적인 요인 때문이라고 할 수 있다. 대외적인 요인 중에서도 대만문제가 지역안보적 이해관계와 직결되어 있다는 점은 이해 당사국들로 하여금 직간접으로 대만문제에 관여하게 하는 요인이다.

사실 1949년 국민당 정부가 대만으로 패퇴한 이후 현재에 이르기까지 대만해협을 사이에 둔 중국과 대만의 군사적 대치와 긴장상황은 비록 시기적으로 정도의 차이는 있지만 여전히 양안관계의 중요한 특징이다. 또한 중국과 대만의 군사·안보적 현안은 대만해협과 양안관계의 변화에 직결될 뿐만 아니라 대만문제의 속성상 한반도를 포함한 동아시아 전반의 정세 변화에 심대한 영향을 미칠 수밖에 없다. 즉 대만해협의 전쟁과 평화의 문제는 중국·미국·일본의 첨예한 전략적 이해관계와 맞물려 있으며, 심지어 한반도 역시 이 문제로부터 결코 자유롭지 않다.

양안관계에서 군사·안보문제의 핵심은 국제사회가 '하나의 중국' 원칙을 공인하고 있음에도 불구하고 여전히 중국과 대만의 정치적 관계가 모호하고 중국이 점차 고조되고 있는 대만 내의 독립 분위기를 억제하기 위한 효과적 수단으로서 대만에 대한 무력 사용 가능성을 유보하고 있다는 점이다. 사실 중국은 1980년대 이후 지상군의 대대적인 감축, 군 편제의 정예화, 핵전력 강화, 해군 및 공군력 강화 등 국방 현대화를 추진하는 과정에서 대만 요인을 철저히 고려했으며, 특히 중국의 대전략(Grand Strategy)에 있어서 대만의 독립 움직임 억제, 대만문제에 대한 미국 중심의 외부 세력 개입 가능성 차단은 핵심적인 사항이다.[15] 즉 일국양제가 자신들을 일개 지방정부로 전락시킨다는 점에서 이를 거부하고 독립국가로서의 지위를 확보하려는 대만과 가능한 모든 수단을 동원해 이를 억제하려는 중국의 대립이 곧 양안 간 군사·안보적 대립의 핵심이다. 이러한 점에서 중국과 대만의 정치적 관계 설정과 양안의 평화 정착은 불가분의 관계를 갖는다. 따라서 중국이 대만의 통일을 포기하거나 대만이 독립을 포기하지 않는 한 양안의 군사적 대립은 근본적 해결이 불가능하다. 더욱이 양안의 군사·안보문제는 중국과 대만이 전적으로 주도할 수 있는 사안이 아니고 미국, 일본 등 주변국가 및 역내 안보문제와 상호 연계된 다자적·복합적 사안이다.[16]

군사·안보 부문을 포함한 대만문제의 대외적 요인 중에서도 역시 미국은 핵심적인 요인이다. 미국은 대만문제의 생성·변화과정에 깊숙이 관여했고, 향후 변화에서도 결정적인 영향을 미칠 것이다. 이처럼 대만문제와 양안관계의 미래가 중국, 대만보다는 미국에 의해 결정될 가능성이 높

---

15 존스홉킨스대학의 램턴 교수(David M. Lamton)는 중국의 국가전략이 ① 경제성장의 지속, ② 국제사회로부터의 기술자본 및 전략적 자원 확보, ③ 외부적 위협의 완화에 초점을 맞추고 있으며 외부 세계의 경계심 증대, 국방비 과다 지출 등의 부정적 측면을 고려해 급속한 군사력 강화는 우선적 사항이 아니라는 점을 강조한다. 다만 대만문제에 있어서 중국은 '하나의 중국'을 고수하고 대만의 이탈을 방지하기 위해 해군 및 공군력 강화, 대만을 겨냥한 700~800기의 미사일 배치 등 자신들의 군사적 역량을 대내외적으로 확신(reassurance)시키기 위해 주력하고 있으며, 실제로 최근 미국의 'Chicago council on Grobal Affairs'가 실시한 여론조사에서 61%의 미국인이 '중국이 대만을 침공할 경우' 미국의 병력 파견에 반대한다는 입장을 보였다는 점을 밝히고 있다. 그러나 이러한 조사결과를 대만문제에 대한 중국의 통제력, 미국의 군사적 개입 가능성 등과 관련해 확대 해석할 필요는 없다. 특히 최근 미국인들은 부시 정부의 이라크전쟁에 극도의 염증을 느끼고 있는 상황이기 때문에 대만해협의 무력분쟁 시 미군 파견에 대한 찬반 여부의 질문은 시기적으로 적절치 않다고 볼 수 있다. Lampton (2007, 117-119)을 참조.
16 중국과 대만은 군사·안보적 현안의 이러한 특성을 잘 인식하고 있으나, 쌍방의 기본 입장은 큰 차이를 보인다. 즉 중국은 양안의 안보문제를 순수한 내정인 대만문제의 일부분으로 선을 긋고 제3국의 개입 여지를 근본적으로 봉쇄하려는 반면 대만은 양안의 안보문제를 의도적으로 국제화하고, 이를 통해 다자안보의 틀 속에서 대만해협의 평화 정착, 더 나아가 자신들의 안보를 확보하려는 전략적 의도를 갖고 있다. 이러한 중국과 대만의 근본적인 입장 차이는 양안의 군사적 긴장을 고조시키는 최대 요인이다. 이와 관련된 중·미·대만의 삼각관계와 미국의 전략 기조에 대해서는 Shlapak(2003, 143-153) 참조.

26

다는 것은 양안관계가 갖고 있는 또 하나의 특징이자 대만문제를 더욱 복잡하게 만드는 요인이다. 더욱이 '견제와 균형', '대립과 협력'의 이중구조를 갖는 중·미관계에서 대만문제는 향후 양국의 경쟁구도 판도를 바꿀 수 있는 결정적인 요인이며, 따라서 중국, 미국을 불문하고 대만문제에 대한 자국의 전략적 입장을 확고히 고수하고 있다.

우선 미국은 대만문제에 있어서 형식적으로 대만은 중국의 불가분한 일부분이라는 '하나의 중국' 원칙을 승인하지만 속으로는 대만에 대한 중국의 지배를 용인할 마음이 전혀 없다. 즉 미국은 겉으로 중국은 하나라고 말하면서 속으로는 '두 개의 중국' 혹은 '하나의 중국과 하나의 대만'이 존재한다고 생각하고 있다. 이는 대만문제에 있어 형식적 측면에서 중국의 입장을 지지하고 실질적 측면에서는 대만의 입장에 동조함으로써 미국·중국·대만의 삼각관계를 자국의 이해관계에 따라 편의적으로 조정하고자 하는 것으로, 미국이 추구하는 대만정책의 핵심이다. 즉 미국은 양안의 통일방식과 대만의 정치적 지위에 대한 중국과 대만의 첨예한 대립이 근본적으로 해소될 수 없는 상황에서 중국식 통일과 대만식 독립을 모두 반대하고 양안의 현상유지를 통해 '대만 카드'를 최적화함으로써 중·미관계에서 유리한 입장을 고수하려고 한다.[17]

한편 중국 입장에서 대만문제는 반드시 해결해야 할 국가·민족 차원의 과제로, 어느 누구도 이로부터 자유롭지 못하다. 즉 중국 최고지도자에게 대만문제의 해결을 위한 노력과 성과의 창출은 선택이 아닌 필수적 부

---

17 스칼라피노 교수는 "대만문제와 양안관계에서 미국은 대만을 사실상의 독립된 정치실체(a de facto separate political entity)로 인정하고 상호 모순된 두 갈래 길(incongruous paths)을 따라왔으며 미국의 이러한 이중적인 대중국·대대만정책은 'a policy of concert of powers'와 'a policy of balance of power'를 자국 이익 관점에서 적절히 결합시키고자 하는 것이기 때문에 문제와 불확실성을 가질 수밖에 없다."는 점을 지적하고 있다. Scalapino (2003, 3-9) 참조.

분이다. 만약 이에 역행하는 방향으로 대만문제가 전개될 경우 그의 정치
적 기반에 부정적인 영향을 미치게 된다. 더욱이 권력 승계 초기의 후진타
오로서는 대만문제에 대한 정책적 선택과 가시적 성과에 더욱 민감할 수
밖에 없다.[18] 문제는 중국이 미국의 이중정책과 고의적인 전략적 모호성
을 잘 알고 있고 내심 분개하지만, 적어도 현 단계에서는 미국의 간섭을
완전히 배제할 묘안이 없다는 점이다. 다만 중국은 대만문제에 외세의 개
입을 결코 용인하지 않을 것이고, 경우에 따라 무력 사용을 불사하겠다는
경고성 발언을 계속하고 있으며, 이를 확인하는 차원에서 2005년 3월 대만에
대한 무력 사용을 합법화하는 소위 〈반분열국가법〉(反分裂國家法)을 제정
했다.

결국 대만문제가 안고 있는 대외적 요인의 핵심은 하나의 중국 원칙의
국제적 공인에도 불구하고 실제적으로 대만이 중국의 불가분한 일부분으
로 편입되어 있지 않은 상황에서 '대만 카드'를 향후 자국의 패권적 지위에
도전 가능한 대상인 중국을 효과적으로 견제할 수 있는 최적의 상태로 유
지하려고 하는 미국과 중국의 양보할 수 없는 전략적 경쟁이다.[19] 또한 미

18 이러한 이유로 인해 중국 최고지도자들은 신년사, 중요 행사에서의 연설 등에서 예외 없이
   대만문제에 대한 자신의 각오와 확고한 방침을 반복적으로 강조하고 있다. 예를 들어 후진타
   오 국가주석은 2007년도 신년사에서 '일국양제'·'홍콩인에 의한 홍콩의 통치'(香人治香)·'마
   카오인에 의한 마카오의 통치'(澳人治澳)의 자치방식을 통해 홍콩과 마카오 특별행정구 정
   부 및 행정장관의 시정 방침을 지지하고, 특히 '평화통일·일국양제'를 기본 방침으로 양안의
   교류협력 확대, 대만해협의 안정을 도모함으로써 '통일대업'을 추진할 것이라는 점을 역설했
   다. 『人民日報』(07/01/01) 참조.
19 물론 최근 미국 내에서는 미국 정부가 전략적 모호성에 입각해 중국이 고수하는 '하나의 중
   국' 원칙을 승인하는 동시에 대만에 대해서는 '방위'를 공약하는 위험한 줄타기정책(tightrope
   policy)에 안주하기보다는 대만문제를 둘러싼 정치·경제적 상황 변화를 더 객관적으로 고려
   해 전략적 충돌(strategic train wreck)을 사전에 예방하기 위해서는 대만정책의 재조정
   (restructuring of Taiwan policy)이 필요하다는 의견들이 제기되고 있다. Carpenter (2005,
   143-145) 참조.

국의 이중전략에 편승하는 것만이 자신들의 안보를 수호하는 유일한 방안이라고 인식하는 대만, 그리고 이러한 복잡한 역학관계 속에서 자국의 전략적 이익을 극대화하려는 일본 등 주변국가와 중국의 점증하는 갈등 역시 간과할 수 없는 대만문제의 대외적 요인이다. 대만문제의 이러한 대외적 요인은 '중국의 내정'에 대한 외부 세력의 직간접 개입을 극력 저지하고자 하는 중국의 노력에도 불구하고 대만문제 향배의 최대 변수로 존재할 것이다. 또한 이는 중국이 향후 하나의 중국 원칙을 고수하고 궁극적으로 일국양제의 완성을 위해서는 대만문제의 대내적 요인보다 대외적 요인과의 싸움에 더 많은 힘을 소진할 가능성이 있다는 것을 암시하는 것이기도 하다. 더욱이 미국이 동북아 주둔 미군의 전략적 유연성을 강조하고 미·일 군사동맹의 성격을 단순한 재정적 협력(burden sharing)과 보조·지원에서 실질적 군사력의 공유(power sharing)로 전환하고, 더 나아가 일본이 평화헌법 9조의 개정을 통해 전쟁 포기 조항은 유지하되(9조 1항) '전력불보유'(戰力不保有) 규정을 삭제하고(9조 2항) '자위대'(自衛隊)가 아닌 '자위군'(自衛軍)의 보유를 명기하려는 움직임을 보이는 상황에서 중국은 대만문제에 대한 외세 개입 가능성에 더욱 민감할 수밖에 없다.[20]

---

[20] 자민당은 2005년 11월 22일 창당 50주년 기념식에서 자체 개헌 초안을 공식 발표했는데 전문, 10장, 99조로 구성되어 있다. 한편 민주당 역시 헌법 9조와 관련된 '4개 원칙' 및 '양대 조건'을 제시하는 등 당 차원의 '헌법 제언'을 제시한 바 있다. 소수 야당인 사민당과 공산당은 '개헌'에 반대하고 있으나 2005년 9월 11일 총선에서 자민당이 총 480의석 중 과반수를 상회하는 296석을 확보함으로써 민주당과의 협력 여하에 따라 개헌이 조속히 진행될 가능성을 배제할 수 없다. 실제로 일본은 아베 신조 내각 취임 이후 2007년 들어 '방위청'(防衛廳)의 '방위성'(防衛省) 승격, '국가안보회의' 신설 초안 발표, 자위대의 해외 임무 수행 시 무기 사용 제한 완화 등을 적극 추진하고 있는데 이러한 움직임 하나하나가 중국의 우려를 야기하고 있다.

제2장

대만의 정치체제 개혁과 민주화 과정

19세기 말 이후 대만은 대내외적으로 어느 국가보다도 복잡다단한 정치적 환경을 경험해 왔다. 특히 1895년 이후 50년간 일본의 식민지배, 1949년 12월 중국 대륙에서 패퇴한 국민당 정부의 갑작스러운 대만 천도와 장제스·장징궈로 이어진 장씨 일가의 초법적 통치과정에서 대만의 정치적 환경은 민주화 및 인권신장과 상당한 거리가 있었다.

1988년 1월 장징궈 사망 당시 부총통 리덩후이의 총통, 국민당 주석직 승계 및 그가 주도한 정치체제 개혁은 대만의 정치과정이 과거의 초법적 통치구조에서 벗어나 정상적인 궤도에 진입할 수 있는 결정적인 계기를 마련해 주었다. 물론 리덩후이 집권 시기에 추진된 대만의 정치체제 개혁은 그의 정치적 입지, 국민당 정부가 대만 내에서 구축한 정치체제의 독특한 성격, 양안관계의 정치·경제적 불균형, 대륙 출신(外省人)과 대만 출신(本省人)의 대립을 포함한 대만 사회의 구조적 갈등, 대만의 국제적 지위의 취약성 등의 한계로 인해 많은 어려움을 겪어 왔다. 그럼에도 불구하고 리덩후이가 집권한 1988년 이후 2000년 5월 민진당이 집권하기까지의 기간은 대만의 정치민주화 및 이와 결부된 인권 상황이 대대적으로 진전된 시기이며, 결과적으로 대만의 정치과정이 전례 없는 민주화의 방향으로 발전되었다.

한편 2000년 5월 천수이벤 총통의 민진당 정권 출범은 국민당 정부가 대만으로 패퇴한 이후 50년 만의 초유의 정권교체로서 대만정치사의 중요한 분기점으로 작용했다. 즉 이는 대만의 정치과정을 절대적으로 지배해 온 국민당 정부가 퇴진하고 대만 출신이 주축이 된 진보적 성향의 신정부가 출범함으로써 리덩후이 정권 당시에 추진한 제반 정치개혁을 한 단계 제고하고 대만의 정치환경을 고도의 민주·다원화 방향으로 변혁시킬 수 있는 계기를 마련한 것이었다.

현재 대만은 대내 정치·경제·사회적인 측면에서 과도기적인 단계에 처한 동시에 중국과의 관계에 있어서 적어도 현 단계에서는 도저히 양립할 수 없는 양안의 통일과 대만의 독립 사이에서 대립과 협력을 반복하고 있다. 또한 대만은 국제사회에서의 독자적인 지위, 즉 국제사회에서의 독립적인 생존공간을 확보하기 위해 다각적인 노력을 기울이고 있다. 따라서 향후 대만의 정치민주화, 정치발전 과정은 그들이 처한 과도기적 대내외 환경으로부터 민감하게 영향 받을 수밖에 없다. 특히 대만과 중국의 양안관계 변화 추이, 국제사회에서의 대만의 정치적 지위 문제는 대만의 정치적 변화과정에 직접적인 영향을 미칠 것이다. 또한 대만의 정치적 변혁은 향후 대만의 정치·경제적 미래뿐만 아니라 소위 대만문제가 갖고 있는 국제사회에서의 파급 영향으로 인해 주변 국제질서 변화에 적지 않는 영향을 미칠 것이다.

결국 1949년 이후 대만의 정치적 변혁 및 정치민주화 과정의 체계적인 분석은 매우 중요한 의미를 가지며, 특히 대만과 유사한 민족 분단과 정치·이념·안보상의 적대적 관계를 경험했고, 지금까지도 이러한 내재적 요인이 정치민주화 및 인권 상황에 적지 않은 영향을 미치고 있는 우리의 경우에 있어서는 더욱 중요성을 갖는다. 특히 1990년대 이후 추진되고 있는 대만 정치체제 개혁의 주요 방향 및 그 과정에서 나타난 제반 문제점들을 정치와 경제의 균형적 발전, 다양한 통일논의의 제도적 수렴과 양안관계의 돌파구 모색, 대외적 지위 신장 등을 위한 정치권의 역할이라는 측면에서 분석함으로써 한국의 정치민주화, 정치체제 개혁, 남북관계 등과 관련된 유용한 시사점을 얻을 수 있을 것이다.

이러한 요인들을 종합적으로 고려해 본 장에서는 기본적으로 대만이라는 특수한 정치적 실체의 정치민주화 과정과 현황을 분석하고, 이를 토대로 향후의 발전 방향을 전망하는 데 중점을 두고자 한다. 이를 위해 우선 민주화 과정의 시발점이라고 할 수 있는 리덩후이 정권 출범의 정치적 의미와 그의 집권 시기에 추진된 구체적인 정치체제 개혁 및 민주화 조치를 분석하고 둘째, 천수이볜 민진당 정권하에서 추진되고 있는 민주화 및 인권 관련 제반 개혁정책을 중점적으로 분석·전망하고자 한다.[1]

1. 리덩후이체제 출범의 정치적 의미

1) 장씨 일가의 초법적 통치 종식

장징궈의 사망과 리덩후이의 총통직 승계는 그 자체만으로도 대만의 정치 변화과정에서 매우 중요한 의미를 갖는다. 즉 장징궈의 사망은 국민당 정부가 장씨 일가의 초법적 통치시대를 마감했다는 것을 의미하며, 특

---

1 분석대상으로서 대만의 정치적 지위는 1895년 이후 변화를 거듭해 왔다. 예를 들어 청일전쟁 (淸日戰爭) 이후 일본의 식민지(1895~1945), 제2차 세계대전 이후 중국으로의 귀속, 국민당과 공산당 내전기간의 과도기적 상황(1945~1949), 1949년 국민당의 대만 천도 이후 중화민국의 법통 계승, 1971년 유엔 안전보장이사회 상임이사국 지위 및 중국을 대표하는 유일한 합법정 부로서의 지위 상실, 장제스(1975)·장징궈(1988)의 사망과 대만 출신 리덩후이의 권력 승계, 2000년 5월 천수이볜 민진당 정권 출범 등의 변화를 겪어 왔다.

히 순수한 대만 출신인 리덩후이의 총통직 승계는 1949년 이후 대만에서의 집정을 과도기적인 것으로 인식해 온 국민당 정부의 대대적인 변혁이 불가피하다는 것을 예고하는 것이었다.[2]

당시 리덩후이의 총통직 승계는 장징궈 사망 이후 정국 수습 차원에서 당시 부총통이던 리덩후이로 하여금 과도기적으로 총통직을 승계하도록 했다는 측면보다는 집권 말기 장징궈가 추진한 대내적인 개혁조치와 깊은 관련을 갖는 것으로 보인다. 즉 리덩후이의 총통직 승계는 임시방편적인 것이 아니었으며, 여기에는 장징궈의 정치적 의도가 담겨 있었다는 것이다. 이를 뒷받침할 수 있는 근거로서는 우선 1980년대 중반 이후 장징궈의 건강이 극도로 악화되었기 때문에 장징궈의 사망이 전혀 의외적인 것은 아니었고, 장징궈 역시 자신의 유고 시 총통직을 승계하게 될 부총통 선임에 각별한 주의를 기울여 왔다는 점이다.[3] 그 밖에 장징궈 총통이 1980년대 이후 표면화되어 온 대만 내의 정치민주화 요구와 사회적 불만을 해소하기 위해 국민당 개편을 포함한 점진적인 정치개혁이 필요하다는 점을

---

2 사실 국민당 정부는 대만으로 패퇴한 이후에도 대륙에서 시행했던 정치제도, 정부기구, 각급 국가조직을 기본적으로 유지했다. 이는 자신들의 대륙 탈출을 일정 기간의 '전략적 후퇴'로 규정하고 대만에서의 집정을 소위 '대륙광복'(大陸光復), '본토수복'(本土收復)을 도모하기 위한 비상시기의 잠정적 통치로 규정했기 때문이다. 국민당 지도부의 이러한 국가적 위기관리 필요성 인식은 결국 장씨 일가의 초법적 통치를 정당화하는 구실을 제공했다. 물론 1980년대 후반 이후 행정원(行政院)·입법원(立法院)·사법원(司法院)·고시원(考試院)·감찰원(監察院)으로 구성된 소위 '오권분립'(五權分立)체계와 국민당, 총통을 선출하는 국민대표대회(國民代表大會) 등 민의기구(民意機構)의 부분적인 개혁이 이루어지긴 했으나 본격적인 개혁은 리덩후이 집권 말기, 민진당 정권 출범 이후에 이루어졌다.

3 1984년 2월 총통으로 재선되었을 당시 장징궈의 건강은 이미 악화된 상태였으며, 매년 10월 10일 총통부 앞에서 대대적으로 거행되는 신해혁명 기념일(雙十節)에 과연 장징궈 총통이 참석할 수 있을 것인가가 세간의 관심사항이었다. 따라서 대만 내에서는 장 총통이 1990년에 만료되는 제2임기를 채우지 못할 것이라는 관측이 지배적이었으며, 장징궈 사후의 후계체제와 관련해 부총통 선임문제에 비상한 관심이 모아졌다. 이러한 상황에서 장징궈는 당시 대만성(臺灣省) 주석인 리덩후이를 부총통으로 전격 등용함으로써 그의 의도가 무엇인가라는 의문과 함께 대륙 출신 국민당 원로들의 심한 불만을 야기했다.

인식하고, 이러한 역할을 주도적으로 담당할 수 있는 적임자로 리덩후이를 지목하고 있었다는 점을 지적할 수 있다.[4]

　　이러한 배경하에서 리덩후이가 총통직을 승계했으나, 그 과정이 순탄했던 것만은 아니다. 우선 대륙 출신 일색인 국민당 원로들로서는 장징궈의 정치적 의도를 파악하고 있다 하더라도 대만 출신인 리덩후이의 총통직 승계를 쉽게 수용하기 어려운 입장이었다. 특히 리덩후이의 국민당 주석직 승계문제를 둘러싸고 국민당 지도부는 심한 갈등을 겪었다.[5] 결국 국민당 지도부는 제13차 전국대표대회까지 국민당 주석을 대행할 주석서리(主席署理)를 선출한다는 데 의견을 모으고 1988년 1월 27일 국민당 중앙상무위원회(中央常務委員會)에서 리덩후이를 국민당 주석서리로 선출했다. 이로써 리덩후이는 총통직과 국민당 주석서리를 겸직하게 되었으며, 국민당과 정부의 제반 개혁을 주도할 수 있는 기반을 일단 확보했다.

---

4 1980년대 들어 점차 부각되기 시작한 대만 내의 민주화 요구와 사회적 불만은 특정 사건을 계기로 일시적으로 분출된 것이라기보다는 장기간에 걸쳐 누적되어 온 대만 주민들의 불만과 요구가 서서히 표출되기 시작한 것이라고 볼 수 있다. 즉 1949년 이후 대만 주민들은 국민당 정부가 주도한 경제우선정책에 참여해 정치적인 제약을 경제적인 측면에서 보상받고자 했으나, 1980년대에 들어서면서 진보적인 인사들을 중심으로 경제적 보상만으로는 정치민주화 요구가 상쇄될 수 없다는 주장이 제기되었으며 일반 주민들도 이들의 주장에 점차 동조하는 경향을 보였다. 장징궈를 포함한 국민당 지도부도 이러한 변화를 더 이상 외면할 수 없다는 인식을 갖게 되었다. 장징궈 총통은 당시 대만 내의 상황 변화를 감지하고 정치개혁과 민주화의 필요성을 제기했으며, 이러한 의미에서 장징궈를 많은 국가들의 성공적인 민주화 과정에서 주도적인 역할을 했던 소위 'democratizer'라고 지칭하는 학자들도 있다. Copper(1998, 11-12) 참조.
5 당시 리덩후이는 31명으로 구성된 국민당 중앙상무위원회의 한 구성원에 불과했으며 국민당 내에서의 세력기반이 미약한 상태였다. 또한 국민당 당장(黨章)에는 당 주석의 유고 시 주석 선출과 관련된 명확한 규정이 없었기 때문에 1988년 7월로 예정된 국민당 제13차 전국대표대회에서 주석 선출 문제를 논의하자는 의견과 우선 주석서리를 선출하자는 의견이 대립했다.

2) 대내외 정책 변화의 가속화

리덩후이체제 출범은 장씨 일가의 집권하에서 국민당 정부가 고수해 온 대내외 정책의 현실적 변화를 불가피하게 했다는 점에서도 큰 의미를 갖는다. 즉 대만의 정치현실상 리덩후이의 총통직 승계는 최고지도자의 교체와 지도부 개편이라는 단순한 권력 변동 이상의 의미를 가지며, 대내외 정책 변화의 획기적인 전환점으로 작용했다.

우선 대내적으로 리덩후이는 장징궈의 두터운 신임과 당시 대만 내 당·정·군 각 세력의 대립관계 덕분에 대권을 이어받았지만 장제스·장징궈 통치 시기의 강력한 카리스마적 권위를 유지하기에는 역부족일 수밖에 없었다. 또한 기존의 초법적 정치체제에서나 가능했던 정책을 지속하기도 어려웠다. 따라서 리덩후이 총통은 장징궈 집권 말기에 시작된 정치개혁을 가속화하고 정치적 통제 완화, 대륙정책의 현실화 등의 요구를 수렴함으로써 국민당 내에서의 권력기반을 강화하는 동시에 자신의 정치적 위상을 제고하는 방향으로 정책을 추진했다.[6]

한편, 리덩후이체제 출범은 대내적인 개혁조치와 함께 국민당 정부가 대외정책을 전환하는 계기가 되었다. 1971년 유엔 안전보장이사회에서 축출된 이후 대만의 대외정책은 자신들의 국제적 고립을 심화시키기 위한 중국의 각종 압박정책에 대응한다는 측면에 중점을 두어 왔다. 이처럼 피

---

[6] 장징궈가 집권 말기에 추진한 대표적인 개혁조치는 계엄령 해제 및 정당 설립 금지(黨禁) 완화, 대만 거주 대륙 출신자들의 대륙 내 친척 방문(探親) 허용 등이다. 결국 국민당 정부는 1987년 7월 14일부로 1949년 이후 38년간 지속된 계엄령을 해제했으며, 1986년 말에는 대만 최초의 야당인 민주진보당(DPP)이 창당되었다. 또한 국민당 중앙상무위원회가 1987년 10월 대륙 거주 친척 방문 허용조치를 의결함으로써 같은 해 11월부터 양안의 인적 교류가 공식적으로 시작되었다. 이러한 개혁조치는 당시의 상황에서 매우 획기적인 조치였으며, 중국까지도 장징궈의 이러한 정책 전환을 매우 긍정적으로 평가했다. 하나의 예로 장징궈가 사망하자 중국은 자오쯔양(趙紫陽) 총서기의 명의로 조전을 보내고 장징궈의 공적을 차하했는데, 이는 1949년 이후 처음 있었던 일이다.

동적이고 수세적인 대외정책 기조는 대만의 내부적 결집력을 증대시킨 측
면도 있는 반면 국제사회에서의 외교적 고립을 심화시킴으로써 대외정책
상의 활동반경을 스스로 축소시키는 결과를 가져왔다. 따라서 1980년대
중반 이후 대만 내에서 고립적인 대외정책에만 대만의 장래를 맡길 수 없
으며, 경제·무역관계를 중심으로 더 능동적으로 대외관계를 확대해야 한
다는 여론이 고조되었다. 바로 이러한 상황은 리덩후이체제가 기존의 대
외정책을 과감히 전환해 중국을 승인하는 국가라 하더라도 대만을 승인할
경우 이를 받아들이겠다는 소위 '쌍중승인'(雙重承認), 실용적이고 탄력적
인 외교를 의미하는 '탄성외교'(彈性外交) 등 대만의 국제적 지위 신장을 위
한 대외정책을 적극 추진할 수 있었던 배경이다.

2. 리덩후이의 정치체제 개혁과 민주화

총통과 국민당 주석직을 승계한 이후 리덩후이는 장징궈가 말년에 시
도했던 개혁조치의 기본 취지를 계승한다는 것 이외에 국민당 내에서 자
신의 권력기반이 확고하지 못할 뿐만 아니라 전례 없는 대만 출신이라는
취약점을 보완한다는 차원에서 정치개혁을 추진했다. 따라서 리덩후이체
제하의 정치개혁은 권력기반 강화를 위한 국민당 지도부의 개편과 장기적
인 측면에서 대만 출신이라는 점이 자신의 정치적 위상 제고에 오히려 유
리하게 작용할 수 있는 정치적 규제 철폐, 야권의 정치참여 확대 등에 중
점이 두어졌다.

1) 국민당 권력구조 개편과 국민당의 대만화

장징궈 사후 국민당 지도부의 권력 개편은 1988년 7월 7일부터 13일까지 개최된 국민당 제13차 전국대표대회(이하 국민당 제13차 대회로 약칭)를 통해 일단락되었다. 국민당 제13차 대회는 장징궈 사후 국민당의 권력구조 개편이 불가피한 상황에서 개최되었으며, 리덩후이체제가 각종 개혁정책을 주도적으로 추진하기 위한 당내 기반을 구축할 수 있느냐 하는 점에서 매우 중요한 의미를 갖는 회의였다.

국민당 제13차 대회에서 나타난 주요 특징은 우선 국민당의 권력 핵심이라고 할 수 있는 중앙상무위원의 인사 교체가 그 어느 때보다도 대대적으로 이루어졌고, 특히 대만 출신 인사들이 대거 포함되어 있다는 점이었다. 즉 총 31명의 중앙상무위원 중에서 12명이 교체되었으며, 대만 출신은 16명으로 전체에서 차지하는 비율이 1986년 제12차 대회의 45%에서 약 51.6%로 증가했다.[7] 또한 국민당 제13차 대회에서는 중앙상무위원 이외에 국민당 중앙위원도 대폭 교체되었는데, 예를 들어 제13차 대회에서 선출된 180명의 중앙위원 가운데 제12차 대회에서 유임된 중앙위원은 73명에 불과했다.

국민당 지도부의 권력 개편과정에서 나타난 또 다른 특징은 국민당 원로 및 이들과 불가분의 관계를 맺어 온 행정부 원로 관료들의 혼합파벌인 소위 '당권파'(當權派)들이 퇴진한 반면, 젊은 지식층을 주축으로 하는 신진 기술관료들의 진출이 두드러지게 나타났다는 점이다.[8] 예를 들어 13대의

---

7 국민당 중앙상무위원회의 대만 출신 인사 비율은 1973년 11월의 제10차 대회 4중전회(中全會) 14%, 제11차 대회 1중전회(1976. 11) 18%, 제11차 대회 4중전회(1979. 12) 33%, 제12차 대회 2중전회(1984. 2) 39%, 제12차 대회 3중전회(1986. 3) 45%, 제13차 대회 1중전회(1988. 7) 51.6%로 변화해 왔다. 南民(1986); 『中央日報』(88/07/15) 참조.

8 1980년대 이후 대만의 국민당과 행정원의 당정조직을 주도해 온 양대 세력은 원로 당권파와 기술관료들이다. 당권파는 국민당은 물론 행정원, 입법원에서 절대적인 위치를 차지해 왔으며

신임 중앙위원 중 국민당 및 행정부처의 실무 기술관료(technocrat)들이 47.2%를 차지했으며, 1988년 7월 19일에 있었던 행정원 개각에서도 우보숑(吳伯雄), 샤오톈잔(蕭天讚), 첸푸(錢復), 궈웬룽(郭婉容), 천뤼안(陳履安) 등 신진 기술관료들이 대거 기용되었다.[9]

그러나 전체적인 측면에서 볼 때 국민당 제13차 대회의 인사 개편은 권력구조의 핵심보다 주로 중간 부분에서 이루어졌기 때문에 리덩후이체제가 완전하게 구축되었다고 평가할 수는 없었다. 따라서 리덩후이 총통의 잔여 임기가 끝나는 1990년 초에 다시 한 번의 당내 대립과 권력 개편이 불가피했다. 1990년 초 국민당 지도부는 우선 부총통 후보자 지명문제와 관련해 첨예하게 대립했다. 왜냐하면 리덩후이는 리웬주(李元簇)를 부총통 후보로 지명하고자 한 반면, 국민당 내의 리덩후이 반대세력은 장징궈의 동생이자 당시 국가안전회의 비서장인 장웨이궈(蔣緯國)를 부총통 후보로 지명하고자 했기 때문이다. 결국 당내의 후보자 선출을 위한 임시선거를 거쳐 리웬주가 부총통 후보로 결정되었으며, 1990년 3월 20일의 국민대표대회에서 리덩후이와 리웬주를 총통·부총통으로 각각 선출했다.

이처럼 리덩후이는 총통직 승계 이후 2년여의 기간 동안 국민당 제13차 대회 및 1990년의 총통 선거를 거치면서 국민당의 권력구조를 개편하는 데 상당한 성과를 거두었다. 즉 리덩후이 총통이 자신의 완벽한 친정체제를 구축했다고 보기는 어렵지만 대만의 당정체제를 장씨 일가 및 그 측근들의 영향력으로부터 벗어나게 함으로써 대내외 정책의 혁신적인 전환

거의 예외 없이 대륙 출신자인 외성인들이었다. 한편 기술관료들은 당권파에 비해 젊은 지식층이 주축이었는데, 이들은 대체적으로 미국 등지에서의 유학을 통해 대외적인 네트워크와 활동능력이 뛰어난 '국제화'된 인재집단이었다. 대만의 당정개혁은 당권파와 이들 신진 기술관료 간의 점진적인 권력 승계(接班)와 맥을 같이한다고 할 수 있다.

9 『中央日報』(88/07/13) 참조.

을 추진할 수 있는 권력기반을 확립했다.

2) 정치적 규제의 점진적 철폐

1990년 5월 제2기 총통 취임을 고비로 권력기반을 확립한 리덩후이가 주안점을 둔 개혁조치는 1949년 이후 대만의 강력한 일당독재체제, 총통제를 가능하게 했던 각종 정치적 규제를 완화시켜 나가는 것이었다. 즉 리덩후이는 장징궈 집권 말기에 이미 결정한 계엄령의 해제 및 야당 설립 허용조치를 구체적으로 실천하는 동시에 이를 위해 필요한 부수적인 개혁조치를 추진했다. 리덩후이의 이러한 정책 방향은 1990년 5월 20일의 총통 취임사에서도 잘 나타나는데, 여기에서 강조된 주된 내용은 대내적인 정치개혁과 대륙정책의 현실적인 전환이다.

우선 대내적인 정치개혁과 관련해 리덩후이는 대만 내의 정치환경이 과거와는 다르며 민주주의와 법치주의 실현에 대한 국민들의 요구가 날로 증가하고 있다는 점을 전제하고 "가능한 한 가장 빠른 시기 내에 헌정체제의 혁신, 정당정치의 확립을 통해 민주헌정을 관철할 것"(李登輝 1990)이라고 강조했다. 또한 법적 절차를 밟아 중앙민의기관, 지방정치제도, 정부조직 등과 관련된 헌법조항을 시대조류에 맞게 수정해 민주정치 확립의 기초로 삼을 것임을 강조했다.

한편 리덩후이는 대륙정책과 관련된 부분에 대해서도 정책 전환을 시사했는데, 핵심적인 내용은 "중국이 대만의 정치적 지위를 인정한다면 양안의 교류와 협력은 물론 국가의 통일을 위해 공동 노력할 것"[10]이라는 것이었다. 이는 곧 중국이 대만을 대등한 정치실체로 인정할 경우 대만도 중

---

10 行政院 大陸委員會(1991, 壹-17·壹-18) 참조.

국을 인정할 것이라는 점을 강조하는 것이다. 대륙정책의 이러한 전환이 중요성을 갖는 이유는 대만의 각종 정치적 규제가 대륙정책과 불가분의 관계를 맺고 있어서 대륙정책의 전환 없이는 현실적으로 대만의 정치적 규제 철폐, 민주헌정 실천이 불가능했기 때문이다.

위에서 언급한 리덩후이의 정치개혁과 대륙정책 전환 의지를 바탕으로 추진된 대표적인 정치규제 완화조치는 대만의 정치민주화를 실질적으로 불가능하게 했던 '비상시기'(動員勘亂時期)의 종식을 선언하고(1991. 5) 이와 관련된 헌법상의 '임시조항'(動員勘亂時期臨時條款)[11]과 〈반란처벌조례〉(懲治叛亂條例)를 폐지한 것이었다. 이러한 조치들은 총통의 초법적 통치권을 규제하고 정상적인 헌정체제를 확립한다는 것 이외에 국민당 정부가 행한 각종 정치적 규제의 구실이 되어 온 대륙정책 및 양안관계의 전환이라는 의미를 갖는다. 즉 리덩후이체제는 과거 국민당 정부가 "국민당과 중국공산당은 양립할 수 없다."는 입장에 따라 중국공산당을 반란단체로 규정했던 기존의 정책을 전환함으로써 정치적 규제의 근거를 제거했다고 할 수 있다.[12] 또한 리덩후이 정부가 비상시기 임시조항과 계엄령을 효과적으로 실천하고 반정부세력을 억압하는 전위조직으로서의 역할을 담당해 온 '대만경비사령부'(臺灣警備司令部)를 1992년 7월 1일 해체한 것 역시 정치적 규제를 철폐해 나가는 과정에서 중요한 의미를 갖는다.

---

11 1954년 11월 결의된 비상시기 임시조항은 국가·인민이 긴급재난에 직면할 경우 총통이 ① 입법원의 간섭을 받지 않는 긴급조치권, ② 총통의 무제한 연임권, ③ 행정기구·인사기구 조정권, ④ 비상기구 설치권, ⑤ 임시 국민대회 소집권 등을 행사할 수 있음을 명시하고 있다.
12 한편 리덩후이 정부는 정치적 규제조치 폐지 이후 중국과의 관계를 규율할 수 있는 법적 제도를 완비한다는 차원에서 1992년 7월 31일 〈대만지구와 대륙지구 인민관계조례〉(臺灣地區與大陸地區人民關係條例)를 공포했다. 조례의 구체적 내용은 馬英九(1992, 99-125) 참조.

3) 정치참여의 확대

과거 장제스·장징궈 통치시대의 국민당 정부는 대내외 정책에 대한 일반 국민들의 참여 여지를 철저히 봉쇄해 왔으며, 이러한 정치참여 제한의 불가피성을 대륙의 중국공산당 정권으로부터의 위협, 국제적 고립상황과 연계시켜 설명했다. 특히 대내 정치, 대륙정책과 관련된 정책결정은 국민당 최고 수뇌부의 배타적인 독점사항이었다.

대만에서의 정치참여는 장징궈 집권 말기에 추진된 정당 설립 금지 및 신문 발행 규제(報禁) 해제 조치 이후에 비로소 새로운 전기를 맞았다. 당시 이러한 조치들은 비록 대만에서의 정치참여를 급격하게 확대시켰다고 말하기는 어렵지만, 적어도 정치참여 확대를 위한 최소한의 여건이 마련되었다고 볼 수 있다. 리덩후이체제 출범은 이러한 제도적 기반을 바탕으로 대만에서의 정치참여가 좀 더 확대될 수 있는 중요한 계기로 작용했다. 즉 리덩후이는 국민당 지도부의 권력 개편에 이은 각종 정치적 규제 완화, 대륙정책의 전환을 바탕으로 대만 국민들의 정치참여 욕구를 수용하고, 이를 통해 자신의 지지기반을 강화하려는 정치적 의도를 갖고 있었다.

한편 리덩후이체제하에서 추진된 대만의 정치참여 확대과정에서 나타난 가장 두드러진 변화는 민진당을 중심으로 한 재야세력의 정치적 영향력이 매우 빠른 속도로 신장되어 왔다는 점이다. 즉 민진당의 창당을 계기로 산재해 있던 각종 재야세력의 상당 부분이 제도권 내의 야당으로 편입되어 정치적 기능을 강화해 왔다. 또한 민진당의 정치적 입지 강화는 자연스럽게 국민당의 권력구조 개편 및 대만화(臺灣化)를 촉진하는 요인으로 작용했을 뿐만 아니라, 결과적으로 국민당의 정치적 입지를 약화시켰다.[13]

---

13 계엄령하의 대만에서 선거가 민주화에 미친 직간접적인 영향과 관련해서 Chao and Myers (1999, 387-409) 참조.

대만의 정치참여 확대과정에서 나타난 국민당의 정치적 입지 약화와
야권의 성장 추세는 입법원, 국민대표대회 및 지방자치단체장 선거에서
잘 나타나고 있다. 예를 들어 리덩후이체제의 안정 및 대만 내 정국 변화
의 중요한 전기가 될 것이라는 점에서 관심을 모았던 1992년 12월의 입법
원 선거에서 민진당은 총 의석 161석 중에서 50석을 차지함으로써 국민당
의 독주를 견제할 수 있는 제1야당으로서의 정치적 기반을 확고히 했다.[14]
그 밖에 1993년 1월에 실시된 지방자치단체장 선거에서도 민진당, 무소속
등 야권 후보들의 성장이 두드러지게 나타났다.

한편, 제도권 내에서 무소속을 포함한 야권의 정치적 영향력 강화는
일반 국민들의 정치참여 욕구를 증대시키는 기능을 했다. 즉 과거에 경험
하지 못했던 각종 선거과정에서 행해진 각 정당의 조직적인 선거운동과
야권인사들의 중앙정치무대 진출은 일반 국민들의 정치적 관심과 참여 욕
구를 자극했다. 따라서 대만 국민들은 리덩후이체제가 기존의 권력체계를
최대한 유지하는 상태에서 부여하는 제한된 범위 내에서의 정치참여에 만
족하지 않고 좀 더 확대된 범위의 정치참여 기회를 요구하게 되었다.

4) 정치체제개혁, 민주화의 한계

장징궈의 사망과 리덩후이의 총통직 승계를 전후한 시기의 대만에서
는 정치체제 개혁, 민주화에 대한 요구가 점증하고 있었다. 따라서 리덩후
이 총통은 대내적으로 많은 부담을 안고 출발했으며, 자신의 권력기반 확
립과 대내적인 민주화 요구를 동시에 만족시킬 수 있는 방향에서 정치개

---

14 그 밖에 국민당이 102석, 무소속과 사민당이 각각 8석, 1석을 얻었다. 당시의 구체적인 선거
　　결과는 施華(1993, 58); Nathan(1993, 424-438) 참조.

혁을 추진했다. 이러한 상황은 리덩후이체제로 하여금 정치개혁을 추진하
도록 한 촉진요인이자 한계요인으로 작용했다.

리덩후이체제하에서 추진된 대만의 정치체제 개혁과 민주화 조치를
단적으로 평가하기는 쉽지 않으나 리덩후이체제의 권력기반 확립, 정치적
규제 완화 및 정치제도화, 정치참여 확대를 추진하는 과정에서 나타난 제
반 특징, 대만의 정치현실을 중심으로 1988년 이후 대만의 정치개혁, 민주
화 과정을 다음과 같이 평가할 수 있다.

첫째, 리덩후이체제가 갖고 있는 권력기반의 한계는 역시 정치체제 개
혁 추진의 근본적인 한계로 작용했다. 즉 리덩후이체제가 독자적인 권력
기반 없이 장징궈의 사망과 국민당 지도부의 대립 등 당시의 특수한 정치
상황에 의해 출범했기 때문에 정치체제 개혁의 추진력에 있어서 근본적인
취약성을 갖고 있었다. 특히 리덩후이는 한편으로 기존의 국민당 권력체
제에 의존하고 다른 한편으로는 지지기반 확보를 위해 자신이 대만 출신
의 본성인(本省人)이라는 점을 활용하고자 했으나, 정작 개혁 추진과정에
서 대륙 출신의 국민당 보수세력, 대만 출신의 진보세력 모두로부터 비판
을 받는 경우가 많았다. 즉 대륙 지향적인 국민당 보수원로들은 리덩후이
의 개혁조치가 반통일적일 뿐만 아니라 궁극적으로 '하나의 중국'에서 벗
어나 대만의 독립기반을 확립하는 데 초점을 두고 있다는 의구심을 갖게
되었고, 민진당 등 대만 출신들로 구성된 진보적 정치세력과 대만 주민들
로부터는 개혁 의지가 부족하고 국민당의 구태와 한계를 벗어나지 못한다
는 비판을 받았다(Lee and Yang 2003, 107-109).

둘째, 리덩후이체제하의 정치체제 개혁은 대만의 경제·사회·문화적
수준과 균형을 이루지 못해 온 기존의 비정상적인 정치체제를 개혁하는
변혁 일변도의 과정이었다. 따라서 그 과정에서 기득권에 안주해 온 지도
부 내의 반발과 각종 정치적 규제의 완화와 철폐에 따른 폭발적인 정치참
여 등으로 인해 정국의 혼란이 가중되었다. 즉 제반 정책 추진과정에서 국

민당과 대립하고 있는 민진당과 같은 야당 및 이를 지지하는 진보적인 정치세력은 물론 기업계, 지식인, 일반 주민에 이르기까지 다양한 입장과 주장을 제기함으로써 국론의 분열현상이 심화되었다.

셋째, 중국과의 정치적 관계 설정, 국제적 지위의 불안정은 여전히 대만의 정치체제 개혁에 부정적인 영향을 미쳤다. 리덩후이체제는 정치규제 완화, 폐쇄적인 대륙정책의 전환과 함께 탄성외교 추진을 통해 대만의 대내외적 지위를 제고하는 동시에 정치적 지지기반을 확보하고자 했다. 그러나 리덩후이체제의 이러한 정책은 중국의 강경한 반발과 이를 의식하지 않을 수 없는 국제사회의 무관심으로 인해 한계에 직면할 수밖에 없었다. 따라서 리덩후이체제는 대만의 대내외적 지위 제고 가능성에 대한 대만 주민들의 기대감만 고조시키고 이를 충족시키지 못함으로써 오히려 주민들의 불만과 좌절감을 가중시키는 결과를 가져왔다.

넷째, 대만 사회가 안고 있는 고유한 문제인 본성인과 외성인(外省人)의 대립 역시 리덩후이체제하의 정치개혁에 하나의 부담으로 작용했다. 앞서 언급한 바와 같이 리덩후이 총통은 권력기반 확립과정에서 자신이 대만 출신자라는 점을 활용하고자 했으나, 국민당에 뿌리를 두고 있는 상태에서 대만인들의 정서에 부합하는 정책을 추진하기가 용이하지 않았다.

이처럼 리덩후이체제하에서 추진된 대만의 정치개혁은 1949년 이후 장씨 일가의 통치하에 구축된 초법적 일당지배체제에서의 탈피라는 측면에서는 많은 성과가 있었으나, 대만의 정치·경제·사회에 부합하는 새로운 정치체제의 확립이라는 측면에서는 큰 진전을 이루지 못했다. 여기에는 리덩후이체제가 여전히 기존의 국민당 통치체제에 상당 부분 의존할 수밖에 없었다는 점과 대만이 처해 있는 특수한 대내외적 상황이 중요한 요인으로 작용했다. 또한 잠재되어 있던 대만 주민들의 정치참여 욕구가 정치권의 수용능력을 넘어서 급격하게 분출됨으로써 비생산적인 정쟁이 이어지고, 이는 결국 정국 불안요인으로 작용했다. 이와 같이 리덩후이체제에서 추진된 대만의 정치개혁은 하나의 과도기적인 정치변혁과정이었다.

3. 민진당 정권의 정치체제 개혁과 민주화

1) 천수이볜 정권 출범의 정치적 의미

2000년 3월 18일의 대만 총통 선거는 대만의 정치적 변혁과 민주화 과정에서 또 하나의 중요한 이정표가 되었다. 왜냐하면 1988년 이후 리덩후이 정권하에서 추진되었던 대만의 정치개혁, 민주화가 질적으로 한 단계 성숙할 수 있느냐를 결정하는 시금석으로서의 의미를 갖기 때문이었다. 이러한 이유로 선거과정에서 전례 없는 과열·혼탁 양상이 나타났고, 대외적으로는 미국, 일본 등 세계 각국의 주목을 받았다. 결국 민진당의 천수이볜 후보, 국민당의 롄잔 후보, 무소속의 쑹추위 후보 등 세 명이 경합한 2000년 총통 선거는 40%에 다소 못 미치는 지지를 얻은 천수이볜 후보의 승리로 일단락되었고, 천수이볜은 2000년 5월 20일 총통으로 정식 취임했다.

한편 그 동안 대만의 정치·경제·사회를 절대적으로 지배했던 국민당 정권의 퇴진과 천수이볜 정권의 출범이 갖는 정치적인 의미는 다음의 몇 가지로 요약될 수 있다.

첫째, 1949년 국민당 정부가 대만으로 천도한 이후 초유의 정권교체라는 점이다. 앞서 지적한 것처럼 그 동안 국민당 정부는 장제스·장징궈로 이어진 부자세습의 초법적 통치기간을 거쳐 1988년 리덩후이가 총통을 승계하면서 이미 상당한 변화를 겪어 왔다. 그러나 이는 어디까지나 국민당 내의 변화였다는 점에서 명백한 한계를 가질 수밖에 없었으나 당시 선거는 전례를 찾기 어려운 국민당의 50년 독재체제를 종식시키는 결과를 가져왔다.

　특히 총통 후보 지명과정에서 심화될 대로 심화된 국민당 지도부의 내분은 국민당의 조직력에 심각한 손상을 입혔는데, 이는 결국 천수이볜의 승리를 가져다준 중요 요인으로 작용했다. 국민당 지도부의 갈등은 리덩후이가 총통 후보 선정과정에서 대중적 인기가 높은 쑹추위 후보를 배제하고 롄잔 후보를 지지하면서 더욱 심화되었고, 집권여당이 분열된 상태에서 야당 후보와 격돌해야 하는 지극히 불리한 상황이 초래되었다.[15] 실제로 국민당의 롄잔 후보는 화려한 경력과 조직의 총력 지원에도 불구하고 선거 초반부터 고전을 면치 못했다. 집권여당의 지원도 개혁과 변화를 희구하는 거센 물결을 가르기에는 역부족이었다. 이는 부와 권력에 안주해 온 기득권층을 대변하는 개인적 이미지와 21세기의 새로운 비전을 제시하기엔 너무 노쇠하고 무력하게 비춰지는 국민당 이미지에 대한 대만 주민들의 깊은 불신과 거부감이라고 볼 수 있다.

　사실 국민당 지도부의 분열은 1988년 1월 장징궈 총통이 사망하고 대만 출신인 리덩후이가 집권하면서 이미 예견된 일이었다. 그는 대륙 출신의 기존 국민당 지도부와 같은 강렬한 대륙적 정서를 갖고 있지 않았다. 따라서 국민당 지도부 및 권력구조를 개편하는 과정에서 대만 요인을 철저히 고려했다. 결과적으로 리덩후이체제 출범 이후의 국민당은 이미 과거 장씨 일가 집권 시기의 국민당이 아니었으며, 점차 대만화된 국민당으로 변모하기 시작했다. 물론 이러한 탈바꿈 속에서도 그들은 국민당의 법통을 유지함으로써 막대한 조직력과 재력을 승계했으며, 이는 1990년대

---

15 사실 많은 대만 관측자들은 이러한 가능성을 총통 선거가 본격화된 1999년 후반부터 이미 제기했다. Cabestan(2000, 178-180) 참조.

리덩후이 정권이 존속할 수 있었던 결정적 힘이었다.

둘째, 개혁·패기의 이미지를 갖고 있는 대만 출신의 진보적 인사가 총통에 당선되었다는 점이다. 국민당의 현실성 없는 대륙 지향적 정서와 정책 및 패배주의적 성향에 식상한 대만인들은 중국을 포함한 국제사회에서의 무력감을 극복하고 살아 있는 대만의 정체성을 부각시킬 수 있는 인물을 선택했다. 특히 과거 최초의 직선 타이베이(臺北) 시장으로서 천수이벤이 보여 준 청렴과 강직성은 대만인들의 마음을 사로잡기에 충분했다.

셋째, 리덩후이 총통 집권 시기에 이미 가시화된 대만의 적극적인 외교공세가 한층 강화될 수밖에 없고, 특히 민진당과 천수이벤의 정치적 성향이 기본적으로 대만의 독립을 추구한다는 점에서 일단 중국과 대만의 양안관계에 긴장이 초래될 가능성이 높아졌다. 물론 대만인들의 절대다수는 대만의 정치·경제적 안정 기조를 무너뜨릴 수도 있는 급격한 통일이나 독립보다는 현상유지, 즉 통일도 아니고 독립도 아닌 '불통불독'(不統不獨) 상태를 원하고 있어서 천수이벤 정부로서도 국제사회에서의 독립·자주적 공간을 위한 정책을 조급하게 서두르지는 않을 것이라는 관측이 지배적이었다. 실제로 천수이벤의 이러한 정책 방향은 이미 당시의 총통 취임연설에서 표명된 바 있고, 취임 이후 대륙정책을 포함한 대외정책 추진과정에서도 잘 나타났다.[16]

결국 2000년 총통 선거와 정권교체는 대만에 있어서 역사적인 전환이

---

[16] '대만이 일어섰다'라는 제목의 총통 취임연설에서 천수이벤은 '중화민국', '자유·민주', '대만 인민' 등의 단어를 많이 사용하면서 의도적으로 대만을 부각시키고자 했지만, 대만의 독립이라는 표현을 직접적으로 사용하지는 않았다. 천수이벤 총통의 취임사 내용을 예의 주시했던 중국은 중공중앙대만공작판공실(中共中央臺灣工作辦公室), 국무원대만사무판공실(國務院臺灣事務辦公室)의 성명을 통해 "취임사에서 향후 대만 독립을 선포하지 않을 것이라는 점을 언급한 것은 긍정적이나 하나의 중국 원칙 수용이라는 중요한 문제에 있어서 회피적이고 모호한 태도를 취했다."고 평가했다. 『中國時報』(00/05/20);『明報』(00/05/21);『人民日報』(00/05/21) 참조.

자 진정한 민주화를 향한 또 하나의 시작이었다. 특히 거대한 공룡과도 같은 국민당 정권에 대항하면서 성장한 민진당과 이를 대표하는 민주인사로서의 투쟁경력과 이미지를 갖고 있는 천수이벤이 총통에 당선됨으로써 정치체제 개혁, 민주화 등의 측면에서 좀 더 긍정적인 환경이 조성되었다.

2) 정치체제 개혁, 민주화 관련 정책기조

2000년 5월 민진당 정권 출범 시 천수이벤 총통과 뤼슈렌(呂秀蓮) 부총통은 취임사에서 '자유·민주'의 중요성을 강조하는 동시에 이를 구체화하기 위한 각종 정책과 방안을 제시했다.[17] 이를 좀 더 구체적으로 분석하면 첫째, 천수이벤 총통은 민진당 정권의 출범을 아시아지역의 민주 경험에 있어서 새로운 모범을 수립한 동시에 전 세계 민주조류에 감동적인 사례를 더했다고 자평했다. 둘째, 2,300만 대만인들의 확고한 의지로 선거를 통한 정권교체를 이룩한 민주주의 승리를 바탕으로 국제사회의 인권수호에 노력을 기울일 것이며, 더 나아가 각종 국제적인 인권규범을 국내법화함으로써 대만의 자유·민주·인권을 진작시키겠다는 점을 강조했다.

이처럼 천수이벤 총통은 초유의 정권교체를 대만 민주주의의 승리라

----

17 뤼슈렌 부총통은 천수이벤 총통과 오랫동안 민주화 및 인권 투쟁을 함께 한 정치적 동지로, 천수이벤의 총통 유세과정에서 많은 역할을 했다. 특히 뤼 부총통은 젊은 여성 유권자들의 지지를 확보하는 데 큰 역할을 했다. 다만 뤼 부총통은 양안관계 및 대륙정책에 있어서 대만 독립을 추구하는 성향을 노골적으로 표출시킴으로써 중국 정부의 비난의 대상이 되어 왔다. 뤼 부총통의 이러한 정치적 노선과 성향은 천수이벤 총통으로서도 '독립과 통일의 선택'에서 현실적으로 뾰족한 묘안이 부재한 상태에서 정치적 부담으로 작용할 소지를 안고 있었다. 실제로 뤼 부총통은 여러 차례에 걸쳐 중국 정부와 설전을 벌였는데, 하나의 예를 들면 2000년 9월 25일 중남미 엘살바도르 방문기간 중 현지 대학에서 행한 연설에서 뤼 부총통은 "중국 정부가 말하는 하나의 중국에 있어서 '중국'은 중화인민공화국일 뿐 대만은 결코 중국에 속하지 않으며, 대만과 중국은 두 개의 국가"라고 강조하기도 했다. 『中國時報』(00/09/27) 참조.

고 선언하고 대만을 세계의 주목을 받는 '민주의 섬'(民主之島)으로 발전시
키겠다는 의지를 표명했다. 천수이볜 총통의 이러한 민주·인권 인식과 의
지는 분명 대만의 민주화에 긍정적인 요인으로 작용했으며, 그가 강조한
대로 대만의 정치발전과 민주화문제를 국내적인 차원에서 국제적인 차원
으로 끌어올리는 데 일정하게 기여했다. 그러나 다른 한편으로 천수이볜
정권의 정치체제 개혁, 정치발전, 인권신장을 향한 행보에 아무런 장애가
없었던 것은 아니다. 즉 천수이볜 총통의 대내적 입지가 그렇게 확고부동
하지 않았기 때문에 정권을 담당했던 경험이 없는 야당의 신생 정권이 갖
는 한계를 가질 수밖에 없었다. 이는 천수이볜 정권의 출범 당시 많은 사
람들이 우려했던 바와 같이 비록 노쇠했다고는 하지만 지난 40여 년 동안
대만의 정치·경제·사회를 좌지우지했던 거대한 국민당의 노련함이 천수
이볜 정권을 궁지로 몰 수 있는 가능성이 상존했다.

　실제로 천수이볜 정권은 출범 이후 몇 달이 지나면서 초대 행정원장으
로 취임했던 탕페이(唐飛)가 사임하는 등 대내적으로 어려운 국면에 직면
했으며, 이러한 어려움이 천수이볜 정권의 정치적 입지를 제약했다. 또한
국가적 관심을 모았던 각종 사안을 둘러싼 여론 및 정치권의 갈등과 대립
역시 천수이볜 정권을 어렵게 만들었다. 오랫동안 대만 내에서 정치권의
논란의 대상이 되어 왔던 제4원자력발전소 건설과 관련된 문제가 대표적
인 예다. 이는 국민당 정권하에서 건설이 결정되어 이미 약 40%의 공정을
보이고 있던 제4원자력발전소 건설을 천수이볜 총통이 중단을 결정하면
서 이를 둘러싼 정치권의 대립과 갈등이 증폭된 것이다. 특히 다수당을 차
지하고 있던 국민당과 총통 선거과정에서 천수이볜과 박빙의 경합을 벌였
던 쑹추위의 친민당, 신당 등이 천수이볜의 반대 입장에 서고, 더욱이 이
들 야당이 주동이 되어 마치 한국의 노무현 대통령이 경험했던 것처럼 천
수이볜 총통의 탄핵을 추진하는 등 천수이볜 정권을 더욱 궁지로 몰았다.[18]

　천수이볜 정권이 첫 임기 중에 겪었던 이러한 국내정치적 어려움은 상

당 부분이 이미 예상되었던 것으로, 어차피 천수이볜 총통이 극복해 가야 할 우선적인 과제였다. 물론 민진당 정권의 이러한 정치적 곤경이 곧바로 대만 주민들로 하여금 민진당 정부의 집권능력에 대한 근본적인 불신과 회의를 갖게 한 것은 아니었다. 또한 천수이볜 총통 역시 특유의 대중적 이미지와 추진력을 바탕으로 롄잔이 주도하는 국민당, 쑹추위가 주도하는 친민당 등과 다양한 형태의 연합과 제휴를 통해 원내 소수정당으로서 약체 민진당 정권이 갖는 한계를 극복하고 정국 주도를 위한 돌파구를 마련하고자 했다.[19] 특히 그 과정에서 천수이볜 정권은 국민당 등 야당과의 차별화 전략으로 자유, 민주, 인권 등을 더욱 강조하면서 여론의 지지를 확대 재생산하고자 했으나 이 역시 적잖은 한계에 직면했다.

---

18 총통에 대한 탄핵은 입법위원 재적의원 2/3 이상의 찬성으로 입법원을 통과하면 60일 이내에 중앙선거위원회가 국민투표에 회부하게 되며, 50% 이상의 찬성으로 확정된다. 이와 관련해 2000년 11월 2일 현재 대만 입법원에서는 재적의원 2/3인 147명에서 5명이 모자라는 142명이 탄핵결의안에 서명하는 등 천수이볜 총통에 대한 정치적 압박을 계속해 왔다(『中國時報』 00/11/03). 당시 각종 여론조사에서도 천수이볜 총통에 대한 지지도가 크게 하락한 것으로 나타났다. 예를 들어 대만의 대표적인 일간지인 『중국시보』(中國時報)가 2000년 11월 18일과 19일 양일 간 실시한 여론조사에 따르면 조사대상자의 34%가 천수이볜 정권의 시정능력이 60점에 미치지 못한다고 답했고, 19%는 60점을, 그리고 36%만 70점 이상을 준 것으로 나타났다. 또한 국민당의 중앙정책회(中央政策會)가 2000년 19일에 발표한 여론조사에서는 신정부에 대한 만족도가 42.88%, 불만족도가 45.35%로 나타났다. 이는 2000년 하반기에 접어들면서 천수이볜 정권에 대한 불만족도가 만족도를 상회하는 것을 보여 주는 것으로, 천수이볜 총통에게는 정치적 부담이 아닐 수 없었다. 관련된 자료는 『中國時報』(00/11/20) 참조.

19 실제로 천수이볜 총통은 당시 롄잔, 쑹추위 등 야당 총수에게 제4원자력발전소 건설문제 등과 관련해 정치적인 사과를 하는 동시에 헌정체제에 부합하는 범위 내에서 연합내각 구성을 긍정적으로 검토하겠다는 의사를 표명하기도 했다. 『明報』(00/11/07).

4. 대만 정치체제 개혁의 제약요인

앞서 분석한 바와 같이 리덩후이체제하에서 추진된 대만의 정치개혁은 1949년 이후 별다른 변화 없이 유지되어 온 대만의 정치체제 전반에 새로운 변화를 초래했다. 또한 이러한 정치적 변화 속에서 대만 국민들의 정치참여 기회가 확대되었음은 물론 이들의 정치적 기대와 요구 또한 증대되어 왔다. 사실 2000년 5월 역사적인 천수이볜 정권의 출범 역시 1990년대에 대만이 이룩한 민주화 개혁의 기반 없이는 불가능했다.

한편 대만의 정치민주화 및 이와 관련된 각종 개혁조치들은 앞으로도 지속될 수밖에 없으나, 그 과정에서 적지 않은 부작용이 수반될 것이다. 이는 과거의 리덩후이 정권, 현재의 천수이볜 정권이 갖고 있는 정권 차원의 한계에 기인하는 것도 있으나 상당 부분은 정치권의 대립·분열, 중국과의 정치적 대립, 국제적 지위의 취약 등 대만의 대내외적 환경이 안고 있는 고유한 문제와 결부되어 있다.

1) 정치권의 대립과 분열

정치개혁을 둘러싼 정치권의 대립과 분열이 대만에 국한된 문제는 아니다. 그러나 대만의 경우 장기간 지속된 장씨 일가의 초법적 통제체제의 후유증과 비정상적인 대만의 정치적 지위 등으로 인해 정치권의 대립과 갈등이 지속되어 왔으며, 이는 리덩후이 정권 이후 현재의 천수이볜 정권에 이르기까지 대만의 정치체제 개혁에 부정적인 요인으로 작용하고 있다.

우선 리덩후이체제가 각종 정치개혁을 추진하는 과정에서 직면했던 1차적인 한계는 국민당 지도부 내의 대립이었다. 국민당 지도부의 대립은 총통직 승계 당시 리덩후이의 국민당 내 권력기반이 취약했고, 리덩후이가 대만 출신이라는 점에서 충분히 예견되었던 문제였다. 국민당 원로들

은 당시 상황에서 리덩후이의 과도기적인 총통직 승계를 묵인할 수밖에 없
었지만, 적어도 국민당 주석직 승계에 대해서만은 상당한 반감을 갖고 있
었다. 국민당 원로들의 불만은 리덩후이체제가 국민당 지도부의 권력 개
편을 포함한 정치개혁을 본격적으로 추진하면서 더욱 고조되었는데, 특히
정치개혁과정에서 대륙 출신들의 퇴진과 대만 출신의 진입에 따른 국민당
의 대만화가 가속화되면서 리덩후이체제에 대한 국민당 원로들의 불만이
가중되었다.[20] 그 결과 국민당 지도부는 리덩후이를 옹호하는 주류와 리덩
후이 지도체제에 불만을 갖는 비주류의 대립이 심화되는 경향을 보였다.

국민당 내 주류와 비주류의 대립은 1993년 1월 비주류의 핵심 인물인
하오보춘(郝柏村) 행정원장의 사임과 리덩후이의 측근인 롄잔 신임 행정원
장의 취임을 전후해 더욱 고조되었다. 하오보춘 행정원장의 사임은 그 동
안 누적된 국민당 내 주류·비주류의 대립이 1992년 12월의 총선 결과를
놓고 폭발한 것이었다. 즉 총선 이후 국민당 주류는 국민당이 총선에서 부
진했던 주요 원인이 국민당 비주류의 해당행위에 있다는 점을 강조하고,
이에 대한 책임을 물어 하오보춘 행정원장의 사임을 종용했다.[21] 이런 국
민당 지도부의 대립은 1993년 8월 자오샤오캉(趙少康) 등 국민당 비주류의
일부 소장파 의원들이 국민당을 탈당해 새로운 정당(新黨)을 설립하면서
분열 국면으로 접어들었다. 이들 국민당 비주류 소장파 의원은 대부분 대륙

---

20 대륙 출신자들의 퇴진과 대만 출신의 새로운 충원은 국민당 조직뿐만 아니라 정치권의 전반
　적인 추세였다. 예를 들어 1991년 12월 국민대표대회 제2기 대표 선거결과 총 의석 403석 중
　약 80%가 대만 출신이었으며, 1992년 12월 입법의원 선거에서는 총 의석 161석 중 대만 출
　신이 약 85%를 차지했다. 『中央日報』(92/12/20) 참조.
21 하오보춘 행정원장의 사임과 롄잔의 행정원장 취임은 당시 대만의 정국 변화와 관련해 중요
　한 의미를 갖고 있었다. 대만 군부의 최고실력자이자 대륙 출신의 대변자 역할을 해 온 하오
　보춘의 사임은 대륙 출신 당·군부 원로들의 정치 일선 퇴진을 의미하며, 대만 출신이자 리덩
　후이의 측근인 롄잔의 행정원장 취임은 '대만인에 의한 대만 통치'가 가속화될 것임을 예고하
　는 것이었다. 林瑞(1993, 59-61); Baum(1993a, 13); Baum(1993c, 12) 참조.

출신 국민당 원로의 2세로 리덩후이의 지도노선에 불만을 갖고 있었다.[22]

이처럼 국민당 지도부의 대립이 심화되고 분열로까지 이어지는 상황에서 국민당의 정치적 지위는 더욱 약화될 수밖에 없었으며, 결과적으로 리덩후이체제의 정치개혁 추진력이 큰 손상을 입을 수밖에 없었다. 그리고 이러한 양상은 리덩후이체제가 대륙 지향적인 기존의 국민당 체제에 권력기반을 둔 채 대만의 현실적인 정치적·경제적 이익을 우선시하는 대내외 정책을 추진하는 데서 야기되는 구조적 문제이기 때문에 단시일 내에 극복되기 어려운 측면을 갖고 있었다.

리덩후이체제하에서 야기된 국민당 지도부 내의 대립과는 차이가 있으나 천수이볜 총통의 민진당 정권 내에서도 정치권의 크고 작은 갈등은 여전히 대만의 정치발전과 안정을 저해하는 요인으로 작용했다. 앞서 지적한 바와 같이 천수이볜 정권은 그 출범 자체가 국민당 최고지도부의 분열에 힘입은 바 크며, 특히 '여소야대' 상황하에서 정국 장악 능력에 원초적인 문제의 소지를 안고 있었다. 더욱이 주요 국책사업을 둘러싼 여야의 극한 대립은 천수이볜 정권에 엄청난 부담이자 대만의 정치발전을 저해하는 요인이었다. 대만 내 정치권의 이러한 대립과 갈등은 단기간에 치유되기 어려운 구조적 문제를 안고 있었으며 지금도 계속되고 있는 정치권의 이합집산의 원초적인 요인이다.[23]

---

22 예를 들어 이들은 리덩후이체제가 재력가들을 대거 유입함으로써 금권정치, 부정부패를 부추기고 있다는 점을 비난하는 한편, 민진당과의 연합을 통해 총통 직선제 및 공직자 재산공개법안인 일명 '양광법'(陽光法)을 추진하기도 했다.

23 일례를 들어 민진당 집권 초기에 과거 민진당 주석을 역임하는 등 민진당의 정치력 확장과정에서 중요한 역할을 담당했던 쉬신량(許信良), 스밍더(施明德) 등의 주요 인사들이 민진당을 탈당했다. 또한 롄잔 주도하의 국민당 내에서도 리덩후이 계파 인물의 재등용, 쑹추위 친민당과의 정치적 연합 등을 둘러싼 지도부 간의 대립이 지속되었다. 또한 리덩후이 총통은 2000년 퇴임 이후 오히려 민진당보다 더 급진적인 대만 독립을 주장하는 '대만단결연맹'(臺灣團結聯盟)을 주도함으로써 현 국민당 지도부는 물론 민진당 정권과도 대립하고 있는데,

2) 양안의 통일·독립을 둘러싼 갈등

양안의 통일과 대만의 독립을 둘러싼 인식과 정책상의 갈등 역시 대만의 정치발전을 제약하는 요인으로 작용하고 있다. 특히 대륙정책, 통일정책 등과 관련된 이러한 문제는 비단 정치권에 국한되지 않으며, 대만 사회 전반의 갈등요인이다.

리덩후이체제 출범 이후 대륙정책, 통일정책에 대한 가장 큰 변화는 '본토수복'(本土收復), '대륙광복'(大陸光復) 등 기존의 비현실적인 구호를 지양하고 중국공산당을 중국 대륙의 실질적인 통치실체로 인정하는 바탕 위에서 중국과의 교류협력, 통일정책 추진을 위한 각종 제도와 조직을 정비했다는 것이다. 즉 대만은 1991년 9월 총통부(總統府) 직속의 '국가통일위원회'(國家統一委員會)를 구성한 이래 대륙정책, 통일정책을 전담하는 최고 실무기관으로 행정원 산하의 '대륙위원회'(大陸委員會)를 설립하고, 체계화된 통일지침으로 '국가통일강령'(國家統一綱領)을 공포했다. 또한 제도·조직의 정비와 함께 중국과의 교류협력 확대를 위한 조치들을 추진했다.[24]

이러한 조치들은 대만이 대내외적인 변화상황에 적응하고 중국과의 관계를 새롭게 정립하기 위한 불가피한 조치였으나, 그 추진과정에서 대륙정책 및 통일정책에 대한 근본적인 인식 차이에 따른 갈등을 유발했다. 예를 들어 통일문제와 관련해 대만 내에는 통일 지향 세력과 대만의 독립

이는 그가 장징궈의 후계자로서 국민당 주석이자 총통이었다는 사실을 무색하게 하는 것이다. 대만 정치권의 이러한 대립과 갈등은 결국 대만의 건전한 정치발전과 민주화 개혁을 저해하는 요인으로 작용할 수밖에 없다.

24 이러한 조치들로 인해 2000년대에 접어들면서 양안 간 비정치·민간 차원의 교류협력이 급격히 증대되는데, 대표적으로 인적 교류의 경우 2000년 한 해 동안 중국 대륙을 방문한 대만인은 연인원 310만 8,600명에 달했다. 이는 1987년 10월 교류를 시작한 이래 1988년의 43만 7,700명에서 급격히 증가한 것이다. 2000년 한 해 동안 600만 명의 대만 주민이 해외를 방문한 것을 감안하면 그 중 절반 이상이 중국 대륙을 방문한 셈이다. 『人民日報』(01/02/14) 참조.

지향 세력이 존재하고, 이러한 기본 인식상의 차이는 구체적인 통일정책에 대한 갈등으로 표면화되었으며, 중국과의 교류협력 확대 및 제도화 추진과 관련된 사안에 대해서는 더욱 첨예화된 대립 양상을 보였다. 이와 관련된 예는 반관반민기구(半官半民機構)인 중국의 해협양안관계협회(海峽兩岸關係協會) 회장 왕다오한(汪道涵)과 대만의 해협교류기금회(海峽交流基金會) 회장 꾸전푸(辜振甫)를 대표로 한 '왕꾸회담'(汪辜會談)을 전후해 야기된 대만 내의 심한 갈등에서 찾을 수 있다. 이 회담은 대만이 중국과의 공식적인 접촉·담판·타협을 거부하는 '삼불정책'을 고수하는 상황에서 열린 양안의 교류협력 확대를 위한 실무회담이었으나, 당시 대만에서는 중국과의 접촉, 회담의 필요성, 추진전략 등에 대해 대략 세 가지의 상이한 입장이 대두되었다. 첫째, '왕꾸회담'을 비롯한 양안의 회담 자체를 지극히 부정적으로 인식하는 입장이었다. 둘째, 해협양안관계협회와 해협교류기금회 같은 민간기구의 회담을 통해 우선 비정치·민간 차원 교류협력의 제도화를 추진하고, 이를 발판으로 정치적인 관계 개선을 도모하는 것이 현실적이라는 입장이었다. 셋째, 양안의 회담을 추진하되 대만 정부가 중국에 대해 명확한 정책 방향을 제시하고 더욱 적극적인 태도를 취해야 한다는 입장이었다.[25] 리덩후이 정부가 중국과의 새로운 관계 정립을 추진해 가는 과정에서 직면했던 이러한 대립과 갈등은 대만의 정치개혁에 대한 또 하나의 부담으로 작용했다.

이처럼 대만이 처한 정치현실상 대륙정책에 대한 정치권의 공감대, 범국민적 합의를 도출하는 것이 결코 용이하지 않았으며, 천수이볜 정권 역시 이러한 부담에서 결코 자유롭지 않았다. 더욱이 천수이볜은 누구보다

---

[25] "以善意和務實態度看待汪辜會談," 『中央日報』(93/04/28); Baum(1993b, 12); "A dangerous warmth," *The Economist*(93/05/01), p. 23 참조.

도 대만의 독립을 주장해 온 사람으로서 중국 정부는 물론 대륙 지향적인 정서를 갖고 있는 대만의 정치지도자들로부터도 비난을 받아 왔다. 따라서 천수이볜 정권하에서는 통일과 독립을 포함한 양안관계를 둘러싼 대립이 더욱 고조되고, 결과적으로 정치권과 국민 여론의 분열로 이어질 가능성을 늘 안고 있었다. 물론 천수이볜 총통은 취임 이후 첫 임기 중에는 대만의 독립에 대한 주장의 수위를 현실적으로 조절함으로써 중국으로부터의 압박과 대만 내부로터의 반발을 억제하는 데 노력을 기울여 왔으나[26] 후반으로 접어들면서 자신들의 정치적 입지 강화, 대만 독립에 대한 신념의 실천이라는 차원에서 점차 독립에 대한 주장의 강도를 높여 갔다.

3) 정치적 지위 불안정

대만의 정치적 지위 불안정은 국제사회가 '중국은 하나이고 대만은 중국의 불가분한 일부분'이라는 중국 정부의 '하나의 중국' 입장을 공식적으로 승인하고 있는 데 기인하는 것이다. 따라서 중국이 대만정책, 통일정책을 근본적으로 전환하거나 국제사회가 중국의 입장을 거부하지 않는 한 대만의 정치적 지위는 여전히 불안정한 상태이며, 이는 직간접으로 대만의 정치발전에 부정적인 영향을 미칠 수밖에 없다.

대만의 정치적 지위에 대한 중국과 대만의 첨예한 대립은 각자가 공식적으로 표방하는 통일정책의 기본 방향에서 잘 나타나고 있는데 우선 중

---

26 천수이볜 정부의 이러한 정책은 궁극적으로 대만의 독립을 추구하되 현실적인 한계를 수용하는 전략이며, 여기에는 절대다수 대만 주민들이 당장의 독립·통일보다는 일정 기간 동안 '불통불독'의 현상유지를 원하고 있다는 점이 커다란 영향을 미쳤다고 볼 수 있다. 실제로 대만국가평화안전연구회가 2000년 12월 3일 당시 발표한 여론조사에 따르면, 대만 주민의 89.8%가 양안관계의 현상유지를 주장했고 63%가 중화민국과 중화인민공화국은 상호 예속되지 않는 동시에 상호 대표하지도 않는다고 인식했다. 『中國時報』(00/12/04) 참조.

국은 하나의 중국, 두 제도의 공존, 고도의 자치를 핵심적인 내용으로 하는 '일국양제' 통일방안을 주장하고 있다. 이는 하나의 중국을 전제로 대만에 고도의 자치권을 부여함으로써 대륙의 사회주의 제도와 대만의 자본주의 제도가 장기간 공존할 수 있도록 한다는 것이다. 그러나 중국의 일국양제 통일방안은 비록 대만의 자치권과 평화적 공존을 강조하고는 있지만, 대만의 정치적 지위를 홍콩과 같은 지방정부 차원의 '특별행정구'(特別行政區)로 규정하는 문제점을 안고 있다.

한편 대만이 국가통일강령에서 제시하고 있는 통일방안의 핵심은 대륙과 대만이 중앙정부와 지방정부 차원이 아니라 독립적인 통치권을 갖는 두 개 지역의 공존을 통해 통일을 실현해야 한다는 것이다. 여기에서 대만이 강조하고 있는 핵심은 대륙과 대만이 중앙·지방, 주종의 관계로 불평등하게 공존하는 것이 아니라 독자적인 통치권, 통치지역을 갖는 대등한 정치실체로 공존해야 한다는 것이다.

이처럼 중국과 대만은 하나의 중국에 대해서는 원칙적으로 공감하면서도 하나의 중국 내에서 중앙정부와 지방정부의 공존이냐, 아니면 독립적인 정치실체로서 대등한 지역 혹은 대등한 정부로서의 공존이냐 하는 문제에 있어서는 첨예하게 대립하고 있다. 이러한 대립은 중국과 대만의 정치적 관계 설정을 가로막고 있는 근본적인 장애이며, 결과적으로 대만의 정치적 지위를 불안정하게 하는 요인이다. 따라서 대만의 정치적 지위 확보라는 가장 근본적인 문제를 해결하지 못하고 있는 상황은 과거의 리덩후이체제와 현재의 천수이볜체제를 불문하고 대내적인 정치개혁을 효율적으로 추진하는 데 한계요인으로 작용했다.

4) 국제적 지위 신장의 한계

과거 리덩후이 정부가 출범하면서 대만은 기존 대외정책의 획기적인 전환을 통해 국제사회에서의 고립을 탈피하고 자신들의 국제적 지위와 역할을 제고하는 데 노력을 기울여 왔다. 그리고 이러한 대외정책 전환은 대내적인 정치개혁과 함께 리덩후이체제가 추진한 개혁조치의 중요한 한 축을 차지했다. 당시 리덩후이 정부가 대외정책의 전환을 도모하게 된 배경에는 다음과 같은 요인이 중요하게 작용했다.

첫째, 적극적인 외교정책을 통한 국제적 고립 타파를 요구하는 대만 내의 여론을 수렴하고 이를 대내적인 지지기반 강화수단으로 활용하고자 했다. 둘째, 대만의 정치적 실체와 지위에 대한 국제사회의 인식 전환을 통해 국제적 지위를 제고하고, 이를 대만의 정치적 지위에 대한 중국의 인식 전환 촉구수단으로 활용하고자 했다.

이처럼 리덩후이 정부의 대외정책 전환은 대내 정치적인 요인과 밀접하게 연계되어 있었으며, 이러한 정책 전환은 현재 국민당 주석인 롄잔이 행정원장으로 취임하고 탄성외교의 필요성을 역설하면서 더욱 가속화되었다. 즉 행정원장 취임 이후 롄잔은 쌍중승인 정책을 공식적으로 표명했으며, 리덩후이 총통 역시 1993년 4월의 국민대표대회 연설을 통해 유엔을 비롯한 각종 국제기구 가입에 전력할 것임을 강조했다.[27] 또한 대만은 리덩후이, 롄잔 등이 태국, 필리핀, 인도네시아 등을 비공식적으로 방문하

27 당시 대만은 자신들이 동원할 수 있는 모든 논리와 수단을 총동원해 국제적 지위 확보를 위한 자신들의 노력의 정당성과 불가피성을 강조했다. 유엔 가입의 정당성과 관련된 대만의 주장과 논리를 보여 주는 자료는 Baum(1993d, 15); Hu(1995, 20-21); "The Participation of the Republic of China on Taiwan in the United Nations: The Fundamental Rights of the People and Government of the ROC on Taiwan to Participate in the United Nations and International Activities," *Ministry of Foreign Affairs Republic of China* April 1994, pp. 1-17; "The Republic of China on Taiwan and the United Nations," *Ministry of Foreign Affairs Republic of China* August 1994, pp. 1-15; "Why the UN Resolution No. 2758 in 1971 Should Be Reexamined Today: The Fundamental Rights of the People and Government of the ROC on Taiwan to Participate in the United Nations and Other International Organizations," *Ministry of Foreign Affairs Republic of China* July 1994 참조.

고 그곳 지도자들과 접촉함으로써 자신들의 탄성외교정책을 노골적으로 과시했다.[28]

그러나 대만의 이러한 적극적인 외교공세는 중국의 초강경 반대, 국제적 지지 확보의 어려움 등 많은 한계에 직면했다. 우선 중국은 대만의 탄성외교가 양안관계의 현실을 왜곡시키고 중국의 주권 및 통일대업을 음해하고 있다고 비난해 왔으며, 지금까지도 만약 대만이 중국의 입장에 반하는 정책을 추진할 경우 무력 사용도 불사하겠다는 점을 강조하고 있다.[29] 중국의 강경한 입장 이외에 대만의 적극적인 외교공세에 대한 국제사회의 지지 역시 한계를 갖고 있다. 즉 미국과 주요 서방국가들의 대만정책이 다소 변화 조짐이 있으나 이는 어디까지나 중국과의 기존 관계를 기본적으로 유지한다는 것을 전제로 한 것이어서 대만 정부가 의도하는 정책 목표와는 상당한 거리가 있을 수밖에 없었다. 따라서 국제적 지위 신장을 위한 대만의 외교적 노력은 중국으로부터 정치실체를 인정받기 위한 노력과 함께 쉽게 해결되기 어려운 문제로서 결국 천수이볜 정부의 제반 정치개혁 과정에 직간접으로 부정적인 영향을 미쳤다.

---

28 그 밖에 대만은 1994년 7월 5일에 발표한 '대해양안관계설명서'(臺海兩岸關係說明書)를 통해 ① 중국이 대륙과 대만으로 분열된 근원과 본질, ② 양안관계의 변화 추이, ③ 양안관계에 영향을 미치는 대내외적 요인을 구체적으로 서술하는 한편, 대만이 대등한 정치실체로서 중국과 함께 국제사회에 참여하는 것이 궁극적으로 통일에 유리하다는 점을 강조했다. 『中國時報』(94/07/06) 참조.
29 대만의 유엔 가입 문제에 대한 중국의 공식적인 입장은 다음과 같다. ① 유엔은 주권국들의 조직으로서 중국의 일부분인 대만은 가입자격이 없다. ② 대만이 유엔에 가입하고자 하는 것은 '하나의 중국과 하나의 대만'을 조장해 중국의 분열상태를 장기화하려는 것이다. ③ 이는 중화민족(中華民族)의 근본 이익에 위배되는 것으로서 대만 동포를 포함한 중국 인민 모두가 결사 반대하는 것이다. 중국의 이러한 공식적인 입장을 파악할 수 있는 자료는 China Daily(00/09/30); 中華人民共和國國務院臺灣事務辦公室·國務院新聞辦公室(2000) 참조.

5. 정치체제 개혁, 민주화 과정의 평가

　19세기 말 이후 1980대에 이르기까지 대만이 겪어 온 정치적 역정은 그야말로 억압과 통제로 점철된 암울한 상황의 연속이었다. 즉 대륙으로부터의 철저한 소외와 무관심, 청조의 쇠락과 패전에 따른 일본으로부터의 장기간의 식민지배, 대륙에서의 지배권을 상실한 장제스 국민당 정부의 대만 패퇴 이후 극도의 억압과 초법적 통치, 1971년 중국을 대표하는 유일한 합법정부로서의 지위 상실과 유엔 안보리 상임이사국으로서의 지위 상실 및 유엔으로부터의 축출로 이어진 일련의 과정은 대만 주민들의 의사와는 전혀 관계없이 중앙정부의 흥망성쇠에 따라 대만의 정치적 운명이 결정지어지는 지극히 비주체적인 과정이었다.

　대만의 정치민주화 과정은 1970년 이후 서서히 분출되기 시작한 국민당 통치체제에 대한 불만이 1980년대에 이르러 점차 확산되고 소위 '당외 인사'라고 불리는 재야세력을 중심으로 조직적인 반정부 활동이 확대되면서 비로소 본격화되었다. 당시 대만 내의 민주화 요구와 사회적 불만은 특정 사건을 계기로 일시적으로 분출된 것이라기보다는 1950년대 이후 장기간에 걸쳐 누적되어 온 대만 국민들의 불만과 요구가 서서히 표출되고 진보적 인사들을 중심으로 조직화되기 시작한 것이었다.

　장징궈를 위시한 국민당 지도부도 점차 이러한 대내 정치적 환경 변화 상황을 더 이상 외면할 수 없다는 인식을 갖게 되었고, 특히 장징궈 총통이 자신의 집권 말기인 1980년대 중반 이후 국민당 주도의 초법적 통치체제의 완화 필요성을 인식하면서 비록 제한적이지만 대만의 민주화 개혁이 시작되었다. 당시 초보적인 민주화 과정은 양안관계 및 대륙정책에 있어서 기존의 거부 일변도 정책을 조정하는 것을 함께 포함하고 있었다. 왜냐하면 국민당 정부의 초법적 통치를 가능하게 했던 각종 정치적 규제는 극도로 폐쇄적인 대륙정책과 밀접하게 연계되어 있어서 이를 우선 수정하지 않고는 정치적 규제를 완화할 수 없었기 때문이다.

장징궈 총통의 집권 말기에 본격화된 대만의 정치적 규제 완화 및 대륙정책의 변화 움직임은 리덩후이의 권력 승계로 가속화되었다. 물론 리덩후이체제하에서 추진된 대만의 정치체제 개혁은 앞서 지적한 바와 같이 리덩후이의 정치적 입지, 국민당 정부가 1949년 이후 대만 내에서 구축한 정치체제의 독특한 성격, 양안관계의 정치·경제적 불균형, 대륙 출신과 대만 출신의 대립을 포함한 대만 사회의 구조적 갈등, 대만의 국제적 지위의 취약성 등의 한계로 인해 많은 어려움을 겪어 왔으나 리덩후이의 집권기간은 대만의 정치민주화 및 이와 결부된 인권 상황이 대대적으로 진전된 시기였다.

한편 2000년 5월 천수이볜 민진당 정권의 출범은 리덩후이 정권에 이어 대만의 정치발전, 민주화의 중요한 계기로 작용했다. 특히 2000년 당시 대만의 전체 인구 약 2,300만 명 중에서 95만여 명을 당원으로 가입시켰던 난공불락의 거대한 국민당 정권에 대항하면서 성장한 민진당과 이를 대표하는 민주인사로서의 투쟁경력과 이미지를 갖고 있는 천수이볜의 총통 당선은 그 자체만으로도 대만의 정치민주화를 보여 주는 것이었다.

이처럼 대만은 2000년 이후 대내외적 정치환경에 따른 기나긴 비민주적 정치과정을 청산하고 본격적인 민주화의 길로 들어섰지만 대만의 정국에는 여전히 불안정요인들이 상존하고 있다. 특히 앞서 지적한 바와 같이 장기간 지속된 초법적 통치체제의 후유증으로 인한 정치권의 고질적인 대립과 이합집산, 양안의 통일·독립을 둘러싼 정치권과 여론의 분열 양상, 국제적 생존공간 확대를 위한 노력의 한계와 양안관계의 군사적 긴장 등은 대만의 정치발전에 부정적인 요인으로 작용할 수밖에 없다.

제3장

민진당의 재집권과 양안관계

2000년 5월 천수이볜 민진당 정권의 출범이 대만의 정치체제 개혁과 민주화의 질적 성장 여부를 결정하는 시금석이자 양안관계의 또 다른 변화를 촉진할 수 있는 요인으로 인식되었듯이 2004년 5월 민진당의 재집권은 국민당 정권을 무너뜨린 초유의 정권교체에 못지않은 중요한 의미를 갖는다. 즉 천수이볜의 재선은 그 동안 민진당과는 비교할 수 없을 정도로 조직, 인적 구성, 재정 등의 측면에서 강력한 영향력을 갖고 있는 거대 야당 국민당과의 치열한 경쟁구도하에서 생존했고, 결국 또 다른 임기를 부여받았다는 것은 무경험의 약체로 출범한 민진당 정권으로서는 대단한 성과가 아닐 수 없었다.

이와 함께 천수이볜 정권의 등장이 50여 년간 지속된 국민당의 초법적 권위주의 체제를 청산함으로써 대만정치사에 새로운 장을 열었다면 천수이볜의 재집권은 대만 정치과정의 민주화와 다원화, 더 나아가 '타이완'(Taiwan)의 정체성 회복과 국제사회에서의 지위 강화를 향한 행보가 더욱 구체화될 수 있는 여건이 조성되었음을 의미했다. 실제로 제1기 천수이볜 정부가 장제스·장징궈 사후 권력을 승계한 리덩후이 정부의 과도기적 한계와 권위주의 잔재를 청산하는 데 주력했다면 재집권 이후 천수이볜 정부의 정책적 중점은 정치민주화와 인권신장, 경제 번영, 독립·자주적 정치실체로서의 국제적 승인을 확보하기 위한 대외적 도약에 주력하고자 했다.

물론 민진당 정부의 공과에 대해서는 또 다른 차원의 검토와 평가가 이루어져야 하고 천수이볜 개인의 리더십에 대해서도 다양한 의견이 제시될 수 있으나, 이러한 것들이 그의 재선이 갖는 의미를 크게 손상시키지는 않는다. 특히 대만 정치과정의 구조적 특성상 민진당과 국민당의 첨예한 대립뿐만 아니라 각 정당 내 세력 간의 갈등과 이합집산, 어느 면에서는 통제불능상태로까지 확대·발전된 양안관계, 대만의 통일과 독립문제를 둘러싸고 끊임없이 분출되는 대만 내의 다양한 여론들이 천수이볜의 지도력을 저해하는 요인으로 작용하고 있으나 다른 한편으로 이는 민진당 정부의 출범과 유지의 원동력이기도 하다.[1]

이러한 측면을 고려해 본 장에서는 2004년 총통 선거 이후 대만의 정국 동향과 양안관계를 분석하고자 하며, 이를 위해 다음과 같은 점에 특히 주목하고자 한다.

첫째, 대만정치사에서 확연히 구분되는 기간인 천수이볜의 제1기 재임 중 추진된 대내개혁과 대륙정책을 간략히 분석하고자 한다. 이는 천수이볜 정부의 향후 과제와 추진능력을 검토하는 데 필요한 부분이다. 둘째, 민진당과 국민당의 구체적인 선거전략을 포함한 선거과정, 선거결과 및 문제점을 분석하고자 한다. 셋째, 2004년 총통 선거가 선거 전날 천수이볜에 대한 저격사건 등 의외의 변수가 선거결과에 적지 않은 영향을 미쳤고, 그것이 선거 이후 천수이볜에게 계속 부담으로 작용하고 있다는 점에서 재집권 이후 민진당 정부의 대내외 과제와 양안관계를 전망하고자 한다.

---

1 대만의 궁극적인 독립과 그 일환으로서 국제적 지위 강화를 위한 다양한 정책의 제기와 추진은 대만 출신자들과 젊은 층을 중심으로 한 민진당 정권 지지기반의 확대 재생산에 매우 중요한 부분이다. 즉 천수이볜 총통의 정치적 성향 및 지지기반과 불가분의 관계를 맺고 있는 대만의 독자적인 정체성 회복과 이를 위한 외교공세는 그것이 갖고 있는 대내외적 한계와 부정적 영향에도 불구하고 천수이볜으로서는 자신의 정치적 기반 강화를 위한 전략적 수단으로 활용할 수밖에 없는 것이 현실이다.

1. 제1기 민진당 정부의 대내개혁과 대륙정책

2000년 총통 선거와 정권교체는 대만에 있어서 하나의 역사적인 전환이자 정체성 확립을 위한 대내외적 변화가 본격적으로 시작될 것임을 의미하는 것이었다. 특히 1949년 이후 대만의 정치·경제·사회를 초법적으로 지배했던 국민당 정부의 퇴진과 민진당 정부의 출범은 대내적으로 경제발전과 중국의 위협으로부터의 생존이라는 구실 아래 장기간 왜곡되었던 대만의 정치과정을 혁신하고, 대외적으로는 소위 생존공간 확대를 위한 긍정적 환경이 조성되었음을 의미하는 것이었다.

이처럼 국민당의 현실성 없는 대륙 지향적 정서와 정책 및 패배주의적 경향에 식상했던 대만 국민들은 중국을 포함한 국제사회에서의 무력감을 극복하고 엄연히 독립적으로 존재하고 있는 대만의 정체성을 부각시킬 수 있는 인물을 선택했다. 실제로 2000년 당시 민진당 총통 후보 천수이볜에 대한 대중적 지지는 그가 갖고 있던 반독재, 인권, 청렴 등의 이미지와 대만 지향적인 성향에 기인한다. 따라서 취임 이후 그의 리더십 구축과 정권의 안정성 역시 이러한 측면의 적극적인 활용과 불가분의 관계를 가질 수밖에 없었다.

우선 대내적인 정치개혁과 관련해 2000년 5월 당시 대만의 상황은 1988년 리덩후이 정권 출범 당시와는 비교할 수 없을 정도로 정치민주화 및 인권 상황이 개선되었기 때문에 천수이볜 총통으로서는 개혁, 규제 완화 일변도의 정책을 취할 필요가 없었다. 즉 대만의 대내 정치적 환경은 이미 과거와 전혀 달랐고, 따라서 민주화 개혁 역시 초법적 통치체제의 잔재를 제거하는 것이라기보다는 기존 개혁의 연장선에서 민주화 수준을 한 단계 제고하는 데 초점이 두어졌다.[2] 이와 함께 천수이볜 총통은 대만의 정치민주화, 정치발전 문제를 국내적 차원에서 국제적 차원으로 확대함으로써 자신들의 국제적 지위 제고를 위한 하나의 간접적 수단으로 활용하고자 했다.

이처럼 천수이벤 총통은 초유의 정권교체를 대만 민주주의의 승리라고 선언했는데 이러한 민주·인권 인식과 의지는 분명 대만의 민주화에 긍정적인 요인으로 작용했다. 그러나 다른 한편으로 천수이벤 정권의 민주·인권을 향한 행보에 아무런 장애가 없었던 것은 아니다. 즉 천수이벤의 대내적 입지가 그렇게 확고부동하지 않았으며, 정권 담당 경험이 없는 신생 정권이 갖는 한계를 보일 수밖에 없었다. 예를 들어 철옹성 같던 정권을 민진당에 빼앗기고도 여전히 다수당을 차지하고 있던 국민당과 2000년 선거과정에서 천수이벤과 박빙의 경합을 벌였던 쑹추위의 친민당, 신당 등이 천수이벤 총통의 반대 입장에 섰다. 더욱이 주요 현안을 둘러싼 정치권의 대립과 갈등이 증폭되면서 천 총통이 궁지에 몰렸으며, 심지어 총통 탄핵안이 추진되기도 했다. 물론 이러한 정치적 어려움은 원내 소수정당이자 약체인 민진당 정권에게는 이미 예상되었던 것이었다. 이러한 상황에서 천수이벤은 특유의 대중적 이미지와 추진력을 바탕으로 야당과의 차별화 전략으로 자유, 민주, 인권 등을 더욱 강조하면서 여론의 지지를 확대 재생산하는 전략을 추진했다.

이처럼 천수이벤 민진당 정부는 집권 초기부터 대내적인 어려움에 직면했으며 정권 출범 2주년을 맞은 지난 2002년에는 전례 없는 심한 가뭄으로 주요 산업에 대한 공업용수 공급마저 힘든 상황이 야기되었고, 이는 당시 가뜩이나 침체에서 벗어나지 못하던 경제상황을 더욱 어렵게 했다.

---

2 실제로 1996년 최초의 총통 직선을 거치면서 대만 내의 기본적인 민주화 과정이 일단락되었다고 할 수 있다. 이를 좀 더 구체적으로 살펴본다면 우선 민주적인 제도 수립과정이 국가 권위의 붕괴 혹은 정치적 불안정 없이 일단락되었고 둘째, 경쟁적인 정당체제가 확립되고 특히 야당의 정치적 기능이 확대되었으며 셋째, 과거 대의제의 정상적인 실천을 저해했던 법적 장애물이 대부분 제거되었다. 이와 관련된 구체적인 분석은 Copper(1998, 111-118); Tian and Chu(1996, 1168-1170) 참조.

더욱이 크고 작은 지진이 빈발하고, 설상가상으로 대만의 국적기 '중화항공'(中華航空) 여객기가 타이베이에서 홍콩으로 비행하던 중 대만해협에 추락해 200여 명이 사망하기도 했다. 이러한 상황에서 천수이볜 총통은 여비서와의 성추문으로 곤욕을 치르기도 했으며, 2003년에 들어서는 중증급성호흡기증후군, 즉 '사스'(SARS)의 발생으로 최악의 상황에 직면했다.

한편 대내적인 차원에서 국민당을 중심으로 한 기득권 세력으로부터 거센 저항을 받았고, 예기치 못한 천재지변까지 겹친 상황에서 천수이볜의 대륙정책과 대외적 지위 확대를 위한 외교공세도 획기적인 진전을 이루지 못했다. 즉 현 단계 양안관계의 특성상 특정 지도자 및 그를 중심으로 한 정치세력이 정치적 측면에서 양안관계의 급진전이나 대외적 입지의 급격한 강화를 이루기도 어렵고, 더욱이 약체 신생 정권에게는 힘에 부치는 일이었다. 그럼에도 불구하고 앞서 지적한 바와 같이 천수이볜의 이미지와 그에 대한 정치적 지지의 원천이 대만인들의 정서에 기반해 중국과 국제사회로부터 독립·자주적 정치실체로서의 대만을 부각시켜 나가는 것이었다는 점에서 이와 관련된 정책을 전략적으로 추진하지 않을 수는 없었다.

우선 중국과의 관계에서 천수이볜은 비록 총통 취임 이후 선거기간 중 강도 높게 강조했던 대만의 자주적인 지위 확보와 독립에 대한 발언의 수위를 낮추었지만, 중국이 양안관계 및 대만문제 해결을 위한 불변의 철칙으로 강조하는 '하나의 중국', '일국양제'에 대해서는 강하게 반발했다. 예를 들어 천수이볜은 기본적으로 대만은 이미 엄연한 독립·자주적 정치실체이지만 국제정치의 불합리한 원칙과 역학구조 속에서 유엔 가입 등을 통해 정식 국가로 인정받지 못할 뿐이라는 인식을 갖고 있다. 따라서 그는 대만이 중국의 불가분한 일부분이라거나 대만문제가 전적으로 중국의 내정이라는 하나의 중국 원칙은 지극히 불합리하며, 결국 이에 근거한 일국양제는 결코 수용할 수 없다는 입장을 고수했다.

천수이볜의 이러한 인식은 넓은 의미에서 하나의 중국 원칙에 공감하거나 적어도 이를 정면으로 부정하지 못하던 과거 국민당 지도자들의 입장에서 점차 중국이 우려하는 '하나의 중국과 하나의 대만' 입장으로 전환되고 있음을 의미하는 것이었다. 즉 천수이볜 총통은 리덩후이 총통이 1997년 7월 제기했던 양국론[3]의 연장선에서 이를 좀 더 구체화하는 동시에 대내외적으로 부각시킴으로써 중국에게는 좀 더 당당하게 대응하고, 더 나아가 양안관계의 정치적 측면을 국제화하고자 했다. 사실 중국과 대만의 관계가 '특수한 국가 대 국가'라는 것이 엄연한 법적·역사적 사실이라는 점을 강조한 양국론이 제기되었을 당시 중국은 리덩후이가 제기한 양국론은 양안관계의 특수성을 내세워 민족분열의 본질을 가리고자 하는 것에 불과하다는 점을 비난했다. 이는 대만 출신 정치지도자들이 갖고 있는 분리주의적 성향을 겨냥한 것이다.

결국 천수이볜 총통은 하나의 중국과 통일의 당위성을 인정한다 하더라도 현실적으로 중국이 1949년 이후 대륙과 대만지역이 독립된 통치지역으로 분할되어 있다는 점을 강조하는 '분치개념'[4], 양국론 등 대만의 독립적인 정치실체에 초점을 맞춘 리덩후이 집권 시기의 새로운 주장과 논리의 연장선에서 '일변일국론'(一邊一國論)[5]을 제기하고 궁극적으로 하나의

---

3 리덩후이가 제기한 양국론은 1949년 이후 양안은 '분열·분치'(分裂·分治)상태로서 중화인민공화국 정부가 대만을 통치한 적이 없으며, 특히 대만에는 중국 대륙과 무관한 정치체제가 존재하고 있다는 점에서 양안관계는 '특수한 국가와 국가의 관계'라는 것을 주요 논거로 한다.

4 리덩후이 정부는 1949년 이후 중국이 대륙과 대만지역(臺灣·澎湖·金門·馬祖)이 독립된 통치지역으로 분할되어 있는 현실을 '일국가·양지구·분치'(一國家·兩地區·分治)의 개념으로 설명해 왔다. 이는 하나의 중국과 통일의 필요성을 부정하지도 못하고, 그렇다고 중국의 주장에 동조하기도 어려운 상황에서 중국이 주장하는 하나의 중국 논리를 우회하면서 1949년 이후 대만지구를 유효하게 통치하고 있는 자신들의 정치적 실체를 부각시키려는 전략적 의도를 담고 있는 것이다. 이와 관련된 대만 내의 논의에 대해서는 趙春山(1999, 41-50); 石之瑜(2001, 28-41) 참조.

5 즉, 천수이볜은 2002년 8월 3일 '세계대만인대회'에 보낸 축하 메시지에서 대륙과 대만이 중앙

중국과 하나의 대만을 향한 대내외적 분위기를 조성하는 방향으로 대륙정
책, 대외공세 기조를 설정했다. 특히 천수이볜은 대내적으로 자신의 정치
적 기반이 약화되고 국민들의 지지가 하락하는 상황에서 대만의 정체성
회복을 위한 대내외적 강성조치를 통해 정치적 분위기를 혁신하고, 이를
2004년 총통 선거에 활용하고자 했다.

2. 2004년 대만 총통 선거과정

1) 대만의 정치과정과 총통 선거

대만의 정치과정에서 총통 선거가 중요한 사안으로 등장한 것은 오래
전 일이 아니다. 과거 장씨 일가의 초법적 통치가 행해졌던 시기에 대만의
총통은 국민대표대회 대표들에 의한 간접선거로 행해졌기 때문에 국민당
수뇌부의 지시에 의해 총통의 선출 혹은 임기 연장을 자동적으로 승인하
는 지극히 형식적인 절차에 불과했다. 따라서 국민당 통치수단의 하나였
을 뿐 대만의 정치과정에 영향을 미치지 못했다.

그러나 장징궈 사후 리덩후이체제 출범과 국민당의 권력구도 변화, 정
치과정의 제도화 및 투명성 제고 등 대만 내에서 일련의 정치적 변혁이 추
진되면서 총통의 선출방식과 역할문제가 대만 정국의 주요 사안으로 제기

<hr>

·지방, 주종의 관계로서 불평등하게 공존하는 것이 아니라 "대만해협을 사이에 두고 독자적인
통치권, 통치지역을 갖는 대등한 정치실체로서 공존하고 있다."(Taiwan and China standing
on opposite sides of the strait, one country on each side)는 점을 '일변일국'으로 표현했다. *A
Brief Introduction to Taiwan*, Taipei: The Government Information Office, 2003, pp. 54-55.

되었다. 결국 리덩후이 총통은 장징궈의 잔여 임기 이후 한 차례의 간접선거를 통해 1990~1995년에 총통을 연임했으며, 1996년부터는 국민들의 직접선거에 의해 총통을 선출하는 총통 직선제를 수용하지 않을 수 없었다. 그 이후 총통 선거는 대만의 정치과정에서 최대 변수로 작용하고 있다.

대만의 총통 선거가 갖는 정치적 의미는 과거의 간선제에서 직선제로 전환되었다는 선출방식의 변화에 따른 것만은 아니다. 과거 경험하지 못했던 최고지도자의 직접 선출과정이 대만인들의 정치적 관심을 불러일으킨 것과 함께 누가 총통으로 선출되느냐 하는 것이 대내외적으로 미묘한 상황에 처한 대만의 정치·외교·안보·경제적 미래에 결정적인 영향을 미칠 수 있다는 점이 정치적 의미를 더욱 증대시키는 요인이었다. 특히 리덩후이 집권 후반기에 가속화된 국민당의 대만화와 당 지도부의 분열, 민진당의 정치적 영향력 강화와 대만의 정당구도 변화, 양안관계에 대한 대만 주민들의 인식 변화와 기존 대륙정책의 변화 촉구 등은 총통 선거과정을 과열시키는 요인으로 작용하기도 했다.

한편 중국은 대만의 총통 선거를 일개 지방 당국자를 선출하는 지방선거에 불과하다고 폄하하고 무관심한 듯한 태도를 보이지만 실제로는 선거과정을 주도면밀하게 분석하고, 과연 누가 총통에 당선될 것이고, 그가 어떤 성향의 정책을 취할 것인지에 대해 지대한 관심을 갖고 있다. 그 이유는 앞서 지적한 바와 같이 총통 선거가 대만 정국 변화와 밀접한 관련을 갖고 있을 뿐만 아니라 대만 정치지도자들이 선거전략적인 측면에서 양안관계, 대만의 국제적 지위 문제 등을 정치화(politicization)하고 있기 때문이다. 실제로 1990년대 중반 이후 리덩후이 정부는 대만의 독립·자주적인 지위를 요구하는 대만 내의 여론을 의식하고 이를 대륙정책과 대외정책에 반영했으며, 결과적으로 중국의 반발과 양안의 정치·군사적 긴장을 초래하기도 했다.[6] 물론 양안관계의 국내정치화는 대만 정부에 국한된 것으로 보기는 어렵다. 중국의 경우에도 민족적 과제로서 대만문제 해결의 절박성을 강조하고 대만의 독립 지향적 경향을 비판하는 내면에는 최고지도부의 정치적 의도가 담겨 있음을 부정하기 어렵다.[7]

대만 총통 선거가 대만의 정치과정에 미치는 영향, 양안관계 및 국제사회에 미치는 영향은 천수이볜 총통 집권 이후 더욱 심화되고 있는 것으로 보인다. 그 이유는 첫째, 과거에 비해 총통 선거의 비중과 이에 대한 대만 주민들의 관심이 높아졌기 때문이다. 둘째, 국민당의 50년 집권을 무너뜨리고 대만인 중심의 민진당 정권이 들어서면서 자연히 대륙 지향적 정책보다는 대만 지향적인 정책 성향이 두드러지게 나타났고, 결과적으로 양안관계의 정치적 긴장과 양안 지도부 간의 정략적인 설전이 가중되었다. 셋째, 천수이볜 총통이 기대에 미치지 못하는 자신의 정치적 기반을 강화하는 차원에서 노골적으로 소위 양안의 통독문제, 대만의 정치적 정체성 등의 문제를 제기하고 더 나아가 이를 국제화하려는 정책을 취했기 때문이다.

2) 민진당의 선거전략

2000년 5월 렌잔과 쑹추위의 후보 단일화 실패와 국민당 지도부의 내분에 크게 힘입어 출범한 천수이볜 정부는 집권 초기부터 천재지변을 포함한 크고 작은 장애물을 만났고, 그 과정에서 정치적 지지기반을 상당 부분 상실했다. 특히 경제침체의 장기화와 정치권의 불안으로 인해 상당수 대만인들은 심정적 지지에도 불구하고 천수이볜의 지도력을 의심하게 되었고 더욱이 2000년과는 달리 국민당의 렌잔이 총통 후보, 친민당의 쑹추

6 문흥호(2000, 240) 참조.
7 중국과 대만의 지도부가 양안관계를 정치화하는 배경에 대한 논의는 Chen(1999, 11-16) 참조.

위가 부총통 후보로 단일화해 천수이볜을 심하게 압박했다. 따라서 천수이볜은 2004년 3월 선거의 승리를 전혀 낙관할 수 없는 상황이었고 이를 극복하기 위해 다양한 선거 전략을 수립·추진하는 데 전력을 다했다.

(1) 민주화 및 인권신장 주체로서의 민진당 부각

천수이볜에 대한 대중적 지지는 그가 갖고 있던 반독재, 민주, 인권, 청렴 등의 이미지에서 기인한다. 이는 그가 2000년 총통에 당선될 수 있었던 지지의 원천이며, 이러한 이미지의 확대·발전을 통한 지지기반의 확충과 정권의 안정은 2004년 선거 승리를 위한 중요한 자원이었다. 실제로 천수이볜은 과거 자신의 승리를 대만 민주주의의 승리라고 선언했듯이 대만의 민주화를 장기간의 투쟁을 통해 권위주의 체제를 타파한 국제사회의 대표적 민주화 사례로 부각시키고 자신과 민진당을 그 주체로 자리매김하고자 했다.

물론 천수이볜 정부의 민주화 개혁은 정치과정을 상당 부분 민주화한 리덩후이 정부 개혁정책의 연장선에서 이루어진 것이다. 따라서 어떤 측면에서는 실질적인 의미보다 상징적인 의미가 더 크다고 할 수 있다. 그러나 리덩후이 정부의 민주화가 국민당이라는 기득권 세력이 수용할 수 있는 범위 내에서 이루어졌다는 한계가 있었고, 천수이볜 정부는 이를 타파하고 대만의 민주화 개혁을 마무리했다는 점을 부인할 수는 없다. 예를 들어 대륙정책을 포함한 양안 관련 정책의 결정, 추진과정을 최고 수뇌부의 독점적인 영역에 묶어 두지 않고 여론 수렴을 통해 투명하게 추진하고 대만의 정치적 절차, 인권의 수준을 국제적인 제도와 규범에 맞추고자 했다.

결국 2004년 대선 승리전략으로서 민주화와 인권신장 주체로서의 천수이볜과 민진당의 부각은 대내적으로 진보적 성향의 청년층 지지 확보에 여전히 유효하다는 점과 대만의 정치적 현실을 고려할 때 국제사회에서의 지지가 직간접적인 영향을 미친다는 점을 고려한 것이다. 실제로 천수이벤은 대만의 국제적 지위 신장 필요성을 강조하는 과정에서 예외 없이 국제사회가 대만의 민주화 개혁, 인권신장의 탁월한 성과와 중국 대륙의 비민주적·비인권적 상황을 객관적으로 비교 검토하고 대만의 국제적 지위와 생존공간을 확대해 주어야 한다는 점을 역설했다.[8]

(2) 대만의 정체성 부각과 대만문제의 국제화

대만의 정치민주화와 인권신장을 위한 국민당과의 투쟁이 민진당 성장의 원동력이었고 결국 천수이볜의 집권을 가능하게 했다면, 대만의 정체성 부각과 대만문제의 국제화는 민진당의 재집권을 위한 전략이었다. 즉 민주화와 인권문제는, 민진당이 야당으로서 정치적 역량을 확장하는 과정과 초유의 정권교체를 이룬 초기 단계에서는 민진당과 천수이볜에 대한 지지와 정치적 기반을 강화하는 데 매우 효과적인 수단이었다. 하지만 이는 사안의 성격상 지속적으로 확대 재생산되기는 힘들다. 특히 대만의 정치민주화와 인권 상황이 이미 일정한 궤도에 오른 상황에서는 더욱 그렇다.

따라서 민진당과 천수이볜으로서는 대만 주민들의 관심을 집중시킬 수 있는 새로운 현안을 제기하고, 이와 관련된 일정한 성과를 얻어 내야 했다. 그 중에서 가장 적합한 사안은 천수이볜의 표현대로 2,300만 대만 주민들이 그토록 염원하는 자주·독립적인 정치실체로서 대만의 정체성을 확립하고 이를 실현하기 위한 하나의 수단으로서 대만문제의 국제화를 도모하는 것이다. 이는 한마디로 중국이 주장하고 국제사회가 인정하는 '하나의 중국' 원칙의 틀 속에 수동적으로 묶여 있기보다는 이를 타파하기 위한 시도를 끊임없이 전개하는 것이다.

---

8 "Interview with Taiwanese President Chen Shui-bian," *The Washington Post*(03/10/10).

우선 천수이볜 정부는 대만이 중국의 불가분한 일부분인 지방정부가 아니라 엄연히 주권과 영토를 가진 독립적인 국가라는 점을 분명히 하고, 그러한 인식의 연장선에서 '하나의 중국과 하나의 대만' 개념과 맥을 같이 하는 '일변일국론'을 민진당의 공식적인 입장으로 표방하고 이를 국민당의 불분명한 입장을 공격하는 수단으로 활용했다. 예를 들어 천수이볜은 국민당 총통 후보인 롄잔에게 공개적으로 "당신은 왜 지금까지도 일변일국론을 감히 제기하지 못하는가? 무엇을 두려워하는가? 왜 중국을 두려워하는가?"[9]라고 비난했다.

이처럼 천수이볜 총통은 대만의 정체성 확보 문제를 자신의 정치적 기반과 직결된 문제로 인식하고 있으며 국민당이 쉽게 떨쳐 버리지 못하는 독재, 금권정치 등과 함께 국민당 후보를 공격하는 호재로 활용했다. 특히 천수이볜 총통은 2003년 중반 이후 국민당의 롄잔 후보가 대중적인 지지도가 높은 쑹추위 친민당 주석을 부총통 후보로 영입해 '롄쑹페이'(連宋配)[10]를 이루어 선전함으로써 자신과 뤼슈롄 부총통의 '천뤼페이'(陳呂配)를 크게 앞지르자 대만의 정체성 확보와 관련된 문제를 더욱 강도 높게 제기하기 시작했다. 즉 천수이볜 총통은 정체성 확보에서 더 나아가 노골적으로 대만의 독립, 대륙 시절의 중화민국이 아니고 지금의 대만 현실에 맞는 새로운 헌법 제정 등의 필요성을 제기하고, 이러한 사안의 구체적인 추진 여부를 대만 주민들에게 묻기 위한 국민투표 계획까지 공표하는 등 대대적인 공세를 취하기 시작했다. 심지어 민진당은 중국이 대만 정부의 국민투표 계획을 궁극적으로 독립 여부를 대만 주민들에게 묻기 위한 것이

---

9 "扁三問連戰: 爲何怕中國," 『中國時報』(03/12/08).
10 당시 대만에서는 이들 두 사람의 성(姓)인 롄(連)과 쑹(宋)을 붙여 총통·부총통 러닝메이트를 의미하는 '롄쑹페이'로 지칭했으며, 이와 마찬가지로 천수이볜과 뤼슈롄의 성 천(陳)과 뤼(呂)를 따서 '천뤼페이'라고 지칭했다.

고, 따라서 결코 묵과할 수 없다는 강경반응이 나오는 상황에서도 신헌법 제정을 위한 2006년 12월 국민투표, 베이징 올림픽이 열리는 2008년 신헌 법 발효라는 구체적인 일정까지 제시했다.

이처럼 대만의 대내외적 정체성 확립과 궁극적인 독립을 염두에 둔 정 책은 민진당 지도부가 갖고 있는 '대만인'으로서의 신념과 대선전략으로서 의 계산이 내포된 것으로, 지지도 확산에 긍정적인 영향을 미쳤다. 예를 들어 천수이볜에 대한 지지도는 2003년 6월의 여론조사에서 롄잔 국민당 후보에 약 20%가 뒤지는 것으로 나타났으나, 선거 100일을 앞두고 실시된 2003년 12월 9일의 여론조사에서는 약 1% 차이로 줄어들었다.[11]

3) 국민당 · 친민당의 선거전략

(1) 지도부의 화합과 '롄쑹페이'의 유지

국민당 입장에서 2000년 대선 실패의 결정적인 요인은 지도부의 분열 이었다. 따라서 국민당이 내세우는 최우선 선거전략은 과거의 전철을 밟 지 않고 지도부의 단결과 화합을 통해 막강한 조직과 재력을 십분 활용하 는 것이었다. 실제로 국민당과 친민당이 야당연합의 성격을 강화하고, 급 기야 롄잔과 쑹추위가 총통·부총통 후보로 확정되면서 민진당과의 지지 율 격차를 더욱 벌리기 시작했다. 이러한 측면에서 국민당으로서는 일단 가장 중요한 선거전략의 하나를 성공적으로 추진한 셈이다.

---

11 한편 천수이볜 총통은 2003년 12월 10일 민진당 중앙당사에서 "團結, 出航, 爲臺灣"을 구호 로 내세우고 뤼슈롄 현 부총통을 차기 부총통 후보, 여우시쿤(游錫昆) 행정원장을 선거대책 위원장, 쑤전창(蘇貞昌) 가오슝(高雄) 시장을 총간사로 각각 지명하는 등 2004년 3월의 대선 을 향한 공식적인 출정식을 가졌다. 『中時晩報』(03/12/11) 참조.

이와 함께 국민당과 친민당은 마잉주(馬英九) 타이베이 시장을 선거대책위원회 총간사로 임명하는 등 본격적인 선거전에 대비해 조직을 강화했다. 마잉주 타이베이 시장은 기존의 국민당 지도부의 이미지와 달리 비교적 젊고 진취적인 대만의 대표적인 차세대 지도자로 주목받는 인물이다. 특히 그는 지난 타이베이 시장 선거에서 현 시장이던 천수이볜을 누르고 승리하면서 대만 정가의 스타로 부상했으며, 여성과 청년층의 폭넓은 지지를 받았다.

(2) 천수이볜 정부의 실정과 정치·안보 불안의 비판

국민당은 지도부의 화합, 친민당과의 연합을 통해 역량의 분산을 방지하는 것과 함께 천수이볜 정부의 정책적 실패와 장기화되고 있는 경제적 침체, 양안관계와 관련된 공세 일변도의 정책에 따른 중국으로부터의 군사적 위협 노출 등 대만의 안보 불안에 대한 공격을 중요한 선거전략의 하나로 추진했다. 즉 국민당은 크고 작은 정책적 혼선을 빚어 온 천수이볜 리더십의 문제점을 부각시키는 동시에 그 대안으로 국민당의 정권 담당 경험과 현실적인 능력을 강조했다.

예를 들어 2003년 12월 7일 롄잔·쑹추위 후보가 선거 100일을 남기고 출정식을 갖는 자리에서 롄잔 국민당 주석 겸 총통 후보는 천수이볜 정권이 지난 4년간의 실정(失政)으로 대만 초유의 50만 실업자 양산, 마이너스 경제성장, 국민소득 감소, 사·농·공·상(士·農·工·商) 전 계층의 가두시위, 60배를 초과하는 빈부격차, 연 3,000명을 상회하는 자살자 등 6개 분야에서 새로운 기록을 남겼다는 비난공세를 벌였다. 이어서 롄잔은 천수이볜 총통에게 ① 공개적으로 대만 독립에 반대한다는 점을 천명할 것, ② 중국 지도부가 대만에 대한 무력을 동원하지 말 것, ③ 전 국민이 입법의원의 연대서명을 통해 중화민국이 주권·독립을 유지하는 현 상황을 수호하도록 지지할 것을 호소하는 '3개 호소'(三呼籲)를 제기했다. 또한 위에서 언급한 실정을 수습하기 위해 ① 출신지역, 혈연 등을 초월한 범국민적 융합(族群融合)의 선도, ② 뜻과 능력, 성과가 있는 정부 건립, ③ 경제 진흥, ④ 공평하고 정의로운 사회 건설, ⑤ 양안의 평화적 대화 조성 등 5대 시정 요구를 제기했다.[12] 물론 이러한 비난에 대해 천수이볜 정부는 현 단계 대만의 경제적 침체와 사회적 불균형은 국민당의 50년 넘는 독재와 실정의 후유증이라고 반박하지만, 민진당 정권으로서도 그에 대한 책임을 완전히 모면하기는 어려운 상황이었다.[13]

한편 롄잔 후보 측은 천수이볜 정부의 대내적 실정에 대한 비판과 대안 제시를 통해 지지를 확산시키는 전략과 함께 양안관계, 특히 대만의 주권·독립과 관련된 천수이볜의 지나친 공세적 태도가 미국 등 대만의 정치·안보상황에 절대적으로 중요한 국가들과의 관계를 불편하게 하고 전쟁불사 운운하는 중국의 군사적 위협으로 인한 대만의 안보상황이 악화되고 있으며, 이러한 상황은 결과적으로 대만의 평화·안정·번영에 이롭지 않다는 점을 부각시키고자 했다. 예를 들어 롄잔과 연합한 쑹추위 친민당 주석은 천수이볜 총통이 어떻게 설명하든 간에 방어성 국민투표가 대만의 통독문제와 무관하다고 해석하기는 매우 어렵다고 전제하고, 실제로 천수이볜이 양안의 현상, 즉 독립을 기도하지 않고 중국의 군사적 위협도 받지 않는 '불통불무'(不獨不武)의 평형관계를 깨고 독립을 기도함으로써 중국의 위협을 자초하는 '이독도무'(以獨挑武)를 주동하는 것은 대만의 이익에 결코 부합하지 않는다는 점을 강조했다.[14]

<hr>

12 "連戰三籲扁: 公開反臺獨,"『中國時報』(03/12/08).
13 롄잔 후보는 2003년 12월 6일 전국공업총회의 '지도자 포럼'에서 천수이볜 정부의 실정에 따른 경제침체를 강조하고 대만 경제가 '자유화·국제화'를 통해 제2의 경제 기적을 실현하는 것만이 대만의 정치·경제를 방어하는 최적의 방안이라는 점을 역설했는데, 실제로 이러한 관점은 대만 주민의 상당수로부터 공감을 얻었다. "連戰: 再創經濟奇蹟才是最佳防禦,"『中國時報』(03/12/06).

야당연합의 이러한 공세는 정략적인 측면에서 과장된 부분도 없지 않다. 하지만 중국이 천수이벤의 공세에 대해 군사력 동원의 경우 발생할 수 있는 막대한 희생을 감수하고라도 대만의 독립 기도를 저지할 것이라는 점을 강조하고 실제로 대만을 겨냥한 미사일 증강 배치 등 군사적 움직임을 구체화하는 상황에서는 대만 주민들의 불안심리를 자극한 것이 사실이다. 심지어 원자바오(溫家寶) 중국 총리는 대만문제 해결을 위한 무력 사용이 불가피할 경우 상당수의 인명 손실, 경제발전의 10년간 지연, 2008년 베이징 올림픽 개최 무산 등 '3개 대가'(三個代價)를 치르는 한이 있어도 대만의 독립 움직임을 저지할 것임을 강조했다. 그럼으로써 대만 독립에 대한 민진당 정권의 집착과 비현실적 공세가 도리어 대만의 정치·경제·안보적 불안과 양안관계의 긴장을 고조시킴으로써 절대다수 대만 주민들에게 실익보다 엄청난 손실을 초래할 수 있다는 국민당 진영의 주장에 설득력을 더했다.

4) 선거결과와 문제점

2004년 총통 선거의 가장 중요한 특징은 롄잔 국민당 주석과 쑹추위 친민당 주석이 총통·부총통 후보로 단일화했다는 점이다. 이는 2000년 선거에서 적전분열(敵前分裂)로 인해 천수이벤에게 어부지리를 안겨주었다는 국민당 지도부의 반성하에 여전히 막강한 국민당의 인적·물적 조직력과 동원력, 그리고 쑹추위 친민당 주석이 갖고 있는 대중적 지지를 결합하는 대선 승리전략이었다.[15]

---

14 "宋楚瑜指扁'以獨挑武," 『中國時報』(03/12/04) 참조.
15 참고로, 지난 2000년 총통 선거에서 쑹추위가 얻은 36.84%의 득표율과 롄잔이 얻은 23.1%의

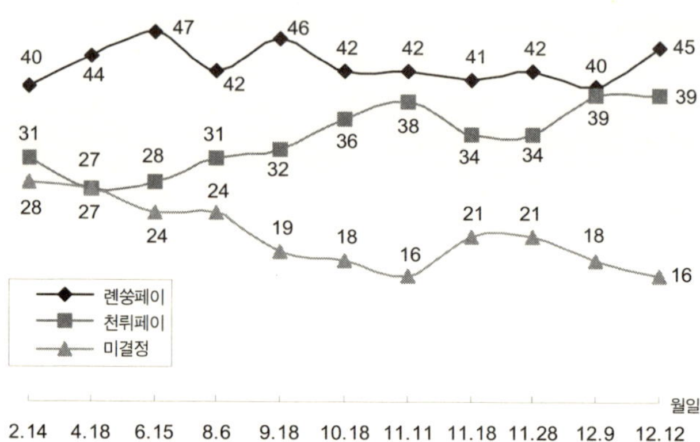

자료 : 臺灣 『聯合報』 여론조사 센터 자료를 중심으로 재구성.
http://udn.com/pe2004/ statistics/index.shtml

실제로 국민당과 친민당의 연합전략은 위력을 발휘해 렌잔·쑹추위의 후보 단일화가 성사된 2003년 4월 이후 7월까지 천수이볜·뤼슈롄 진영을 15~20% 가까이 앞섰으며, 그 이후에도 격차가 줄어들긴 했지만 11월까지 약 5~8%의 우세를 지켰다.[16]

〈표 1〉을 통해 알 수 있는 것은 첫째, 국민당과 민진당이 선거 진영을 정비한 2003년 초부터 2003년 12월 중순까지의 여론조사에서 기간별로 차이가 있음에도 불구하고 렌잔과 쑹추위에 대한 지지가 우세를 유지했다. 둘째, 천수이볜 총통이 대만의 정체성 확립과 국제적 지위 제고를 위

득표율을 합하면 59.94%에 이르며, 당시 천수이볜의 득표율은 39.3%였다. 물론 후보 단일화가 각 후보 득표율의 합산으로 동일하게 이어지지는 않지만, 경우에 따라서는 단일화의 시너 지효과로 인해 그 이상의 지지 확산으로 이어질 가능성을 배제할 수 없다.

16 http://udn.com/pe2004/statistics/udnsurvey/ep9209.shtml(검색일: 2003. 12. 27).

한 공세적 발언, '일변일국' 주장의 연장선에 있는 신헌법 제정 등과 관련된 국민투표 추진계획 발표, 11월 27일 대만 입법원의 '방어성 국민투표법안'(defensive referendum)[17] 통과 등으로 11월 말 이후 12월 초의 기간 중 천수이볜은 1%의 근소한 차이로 롄잔을 추격했다. 셋째, 대만의 정치적 지위 및 양안관계 등과 관련된 천수이볜의 공세적 정책에 대한 미국의 반대 입장 표명, 중국의 군사적 위협과 양안관계의 긴장 고조에 대한 대만 주민들의 우려로 인해 천수이볜에 대한 지지 상승세가 멈추고 도리어 정치적 안정과 경제적 번영을 담보하는 현상유지를 주장하는 롄잔의 지지가 다시 상승하는 경향을 보였다.

롄잔 후보의 이러한 우세는 2004년 초에도 계속되었다. 이는 천수이볜의 주요 전략이라고 할 수 있는 대만의 정체성 확립과 국제적 지위 강화를 위한 공세적 정책이 일시적으로 대만 출신과 젊은층의 정서를 자극함으로써 지지율 상승효과를 가져왔지만, 중국의 초강경 대응은 물론 미국 등 국제여론의 지지를 받지 못함으로써 지속적인 지지율 상승요인으로 작용하지 못했기 때문이다. 이는 또한 일반 대만 주민들에게는 적어도 당분간 통일과 독립을 거론하지 않는 '불통불독'의 현상유지 선호 경향이 보편적이라는 점을 보여 주는 것이기도 하다.[18]

결국 2004년 3월 선거 직전까지 롄잔의 승리가 보편적으로 예상되었으며, 특히 각종 여론조사에서 타이베이시, 타이베이현 선거 승패의 중요 지역에서 롄잔이 천수이볜을 앞섰다. 물론 양 진영의 지지율 격차가 결정

---

17 이는 국민투표법 초안 제15조로서 "대만이 외부 세력으로부터 위협의 우려가 있을 경우 총통이 국가의 안전(國安) 사항을 행정원 결의를 거쳐 국민투표를 실시할 수 있다."는 것이다.

18 양안관계의 안정적인 유지에 대한 바람은 특히 중국 대륙에 진출한 대만의 각종 기업인, 즉 '대상'(臺商)들에게 두드러지게 나타나고 있었던 것으로 보인다. 지금까지 각종 경제 부문에서 중국에 직간접으로 진출한 대만인의 규모는 100만 명 정도로 추산되는데, 당시 이들의 약 70%는 '롄쑹페이'를 지지했던 것으로 나타났다. 『中時晩報』(03/12/27) 참조.

적으로 벌어진 것은 아니었고 선거 막바지에 변화 속의 안정, 안정 속의 변화를 추구하는 대만인들의 복잡한 표심이 어떻게 나타날지 단언하기 어려웠지만 큰 이변이 없는 한 렌잔의 당선이 무난하다는 것이 일반적인 관측이었다. 그러나 선거결과는 예상과 다르게 비록 2만 9,518표라는 박빙의 차이지만 천수이볜의 승리로 나타났다.

3. 재집권 이후 민진당 정부의 대내외 과제와 양안관계

이처럼 천수이볜 민진당 정권의 재집권은 적어도 대만의 정치·경제·외교적 차원에서 큰 의미를 갖지만 여기에는 적지 않은 한계요인이 내재되어 있다. 특히 그의 재집권이 선거 직전의 저격사건, 유례를 찾기 어려울 정도의 근소한 표차, 과다한 무효표 등으로 빚어진 의혹과 이를 둘러싼 정치권 및 사회 전반의 갈등과 대립 속에서 이루어졌다는 것은 천수이볜의 리더십 구축과 지지기반 확대에 상당한 장애요인으로 작용할 수밖에 없다. 또한 '중국은 오직 하나이고 대만은 중국의 불가분한 일부분'이라는 하나의 중국 원칙이 양안관계를 규정하는 국제사회의 보편적인 원칙으로 통용되는 한 천수이볜의 정책적 선택 범위는 구조적 한계를 벗어나기 어렵다.

1) 선거 후유증 극복

2004년 총통 선거는 치열한 접전 속에서도 선거운동기간 내내 렌잔의 우세가 이어졌던 상황과 다르게 천수이볜의 당선이라는 뜻밖의 결과가 나왔다. 그러나 앞서 언급한 바와 같이 천수이볜의 당선은 선거 전날인 3월 19일의 총통저격사건 등 선거와 직결된 정황과 각종 수치에서 적지 않은 문제의 소지를 안고 있었으며, 따라서 롄잔 후보 측은 다음의 이유를 들어 선거 무효와 재검표를 주장했다.

첫째, 두 후보 간의 득표수에서 패자가 쉽게 승복하기 어려울 정도로 극히 근소한 차이를 보였으며, 특히 무효표가 지나치게 많았다. 즉 전체 유권자 1,650만여 명 중 1,325만여 명이 투표에 참가해(80.2%) 유효표가 1,291만 4,422표에 달했고, 그 중 천수이볜이 647만 1,970표(50.12%), 롄잔이 644만 2,452표를 얻은 것으로 최종 집계되었다. 문제는 2만 9,518표라는 득표 차와 이것의 11배를 상회하는 33만 7,297표가 무효 처리되었다는 것이다. 특히 무효표 수치는 대만 유권자의 규모, 교육수준 등을 고려할 때 납득하기 어려운 것이 사실이다.

둘째, 선거 개시 10여 시간을 앞두고 발생한 천수이볜 후보에 대한 저격사건 역시 선거결과에 적지 않은 의혹을 제기하는 요인이다. 사실 이는 선거 직전 천 총통에 대한 동정표로 작용했고, 결과적으로 뒤져 있던 그가 역전에 성공할 수 있었던 결정적 요인이었다. 따라서 롄잔 측으로서는 이 사건의 전말에 깊은 의혹을 제기했으며 막판 뒤집기를 겨냥한 자작극이라는 주장까지 폭넓게 제기되었다.

셋째, 국민당 측은 천 총통의 피격 직후 군인, 경찰 등 공무원 20여만 명에게 24시간 비상경계 태세를 명령했고, 결과적으로 민진당에 비우호적인 상당수 공무원들이 투표에 참여하지 못했다는 점이 지적되었다.[19]

이처럼 총통 선거과정과 결과에 대한 공정성 시비와 의혹이 제기되고 국민당 지지자들의 대규모 집회와 과격 시위가 계속되면서 결국 국민당은 사법부에 총통 당선 무효소송을 제기했으며, 2004년 5월 10~19일에 재검표까지 실시했다. 따라서 선거결과의 번복 여부와 관계없이 일련의 의혹

---

19 문흥호(2004a, 9-11) 참조.

과 이를 둘러싼 여야의 대립은 대만 정국의 불안정요인이었으며, 결국 천수이벤의 제2임기는 대만의 정치, 사회 전반에 만연된 선거 후유증의 극복이라는 과제를 안은 채 시작되었다.

2) 대만의 정체성 확립과 국제적 지위 강화

선거과정에서 빚어진 의혹과 이를 둘러싼 정치권의 불신과 사회적 갈등의 해소가 단기적인 과제였다면, 대만의 정체성 확립과 국제사회에서의 영향력 확대는 천수이벤이 제2기 재임 중에 역점을 두어야 할 중장기적 과제였다. 왜냐하면 이는 민진당의 궁극적인 정치적 목표이며, 천수이벤 역시 그 연장선에서 자신의 지지기반을 확대 재생산해야 하기 때문이다.

이와 관련해 우선 천수이벤은 대만·대만인을 강조하면서 점차 '중화민국'(Republic of China)과는 구별되는 순수한 대만의 역사와 문화를 강조하는 소위 역사·문화적 정체성을 강조해 나가고자 했다. 이러한 작업은 이미 제1기 재임시에 시작되었으며, 이러한 대만화 작업의 효율적 추진과 가시적 성과 여부가 천수이벤의 정치적 입지에 적지 않은 영향을 미칠 수밖에 없었다. 실제로 천수이벤은 2004년 5월 20일의 총통 취임사 후반부에서 '대만의 자손' '우리의 영원한 어머니 대만' '대만 인민' 등의 표현을 여러 차례 사용했다. 이와 함께 민진당 정부는 대만의 역사를 중국대륙사의 미미한 일부분이 아닌 독립된 역사로 설정하고, 이를 실제 공교육 교과과정에 반영하고 있다.

이처럼 대만의 역사와 문화를 대륙과 일정하게 구분하고 대만의 정체성을 강화하려는 노력은 천수이벤의 제2기 잔여 임기 중에 더욱 강화될 것이다. 최근 대만 내에서는 국제사회에서 중국과 혼동을 빚고 있는 중화민국의 국호보다는 '타이완'으로 전환하려는 움직임이 가시화되고 있다. 예를 들어 천수이벤이 직접 이러한 의사를 표명했고, 대만 외교부장 천탕산

(陳唐山) 역시 "대만의 공식 명칭은 여전히 중화민국이지만 약칭은 타이완이며, 가능한 한 타이완의 명칭을 광범하게 사용할 수 있기를 바란다."는 입장을 확인하기도 했다.[20]

대만의 역사와 문화에 대한 재인식이 대만의 정체성 확립을 위한 대내적인 과정이라고 한다면, 대만의 국제적 지위 강화와 자주·독립적인 영역 확대는 대만의 정체성 확립을 위한 대외적 과정이다. 사실 대만의 정체성은 궁극적으로 국제사회에서 인정받아야만 그 의미가 있으며, 그러지 않을 경우 하나의 중국 원칙과 일국양제를 거부하고 자신들의 독립적인 지위를 강조하는 내부적인 움직임으로 비춰질 뿐이다. 따라서 천수이벤 정부로서는 대만의 정체성 확립을 위한 대내외적 전략을 효율적으로 추진해야 하며, 이를 통해 제2임기의 리더십과 정치적 안정을 확보해야 한다.

문제는 정체성 확립을 위한 대외적 과정이 수교국 확대, 각종 국제조직·기구에서의 역할 증대 등 소위 국제사회에서의 생존공간을 확보하고 결국에는 유엔 가입을 통해 독립·자주적인 정치실체로서의 지위를 획득하려는 것이기 때문에, 이러한 일련의 과정이 중국에는 대만의 분리·독립 운동으로 인식될 수밖에 없다는 것이다. 실제로 중국은 대만이 세계 대다수의 국가와 경제·무역·문화적인 교류를 하고 있으며, 이에 대한 이의를 제기하지 않는 상황에서 천수이벤이 추진하는 국제적 생존공간 요구는 곧 대만의 독립 요구라고 비난하고 있다. 중국의 이러한 입장은 후진타오체제하에서도 지속될 수밖에 없다. 일례로 중국은 2004년 5월 17일 '중공중앙대만사무판공실'(中共中央臺灣事務辦公室)과 '국무원대만사무판공실'(國務院臺灣事務辦公室) 명의의 성명, 즉 '후진타오의 7개 건의'(胡七點)에서 천수이벤이 2000년 제1기 정권을 출범시키면서 공언한 소위 '四不一沒有', 즉

---

① 대만의 독립을 선포하지 않는다, ② 국호를 개정하지 않는다, ③ 양국론을 헌법에 명시하지 않는다, ④ 양안의 현상을 변화시키는 '통일·독립문제'를 국민투표에 회부하지 않는다, ⑤ 국가통일위원회, 국가통일강령을 폐지하지 않는다는 약속을 저버렸다고 비난했다. 이와 함께 양안의 ① 대화·담판·협상 재개, ② 적당한 방식의 연계 유지 및 협상을 통한 교류상의 문제 해결, ③ 전면적 삼통 실현, ④ 대만의 산업구조 및 경제상황을 고려한 경제협력의 긴밀한 안배와 '호리호혜'(互利互惠) 강화, ⑤ 다양한 인적 교류의 강화, ⑥ 화해협력 분위기하에서 대만인들이 추구하는 평화, 사회 안정, 경제발전 실현, ⑦ 대만지구의 국제적 지위 및 그에 상응한 활동공간 문제를 협상을 통해 적절히 해결함으로써 중화민족의 존엄을 공유하자는 점을 강조했다.[21] 따라서 대외적 차원에서 대만의 정체성 확립을 위한 노력은 필연적으로 중국과의 마찰이 야기될 수밖에 없으며, 그 과정에서 중국과 미국, 대만과 미국 등 3국의 미묘한 삼각관계가 중요한 변수로 작용할 것이다. 그럼에도 불구하고 이를 위한 다각적인 노력과 일정한 성과는 천수이벤 정부의 속성상 결코 포기할 수 없는 작업이다.

3) 양안관계의 안정적 유지

천수이벤 정부가 대만의 정체성 확립을 위한 대내외적 전략을 지속적으로 추진할 수밖에 없고, 이는 결국 중국과의 크고 작은 마찰과 긴장을 야기하겠지만 다른 한편으로 중국과의 양안관계를 안정적으로 유지해야 하는 모순적인 과제를 안고 있다. 이는 천수이벤 정부가 처한 최대 딜레마이며 적어도 현 단계에서는 대만의 외교적 성과, 특히 대만의 국제적 지위

---

21 『人民日報』(04/05/17) 참조.

강화와 양안관계의 안정적 발전이 양립하기는 어렵다.

사실 현 단계에서 양안관계를 포함한 대만문제는 하나의 중국, 하나의 중국과 하나의 대만, 중앙정부와 지방정부, 독립적이고 동등한 두 개의 정부 등 민감한 정치적 사안을 둘러싼 중국과 대만의 대립이 도저히 해소될 수 없는 상황에서 어느 일방도 해결할 능력을 갖고 있지 않다. 또한 대만문제와 양안관계는 앞서 지적한 바와 같이 미국을 중심으로 한 국제적 요인이 절대적인 영향을 미치고 있다. 따라서 2004년 9월 중국공산당 제16기 4중전회(中全會) 이후 당·정·군 삼권을 승계한 중국의 후진타오체제와 대만의 천수이볜 정부를 불문하고 이러한 현상을 타파하기 위한 통일 혹은 독립의 시도는 거의 불가능하다. 이는 대만문제와 양안관계가 이미 중국과 대만의 특정 지도자, 정치세력이 근본적인 변화를 추진하기 어려울 정도로 대내외적인 요인이 복합적으로 연계되어 있음을 의미한다(문흥호 2004b, 111-112).

우선 대만의 정책적 선택의 범위는 더욱 제한적이라는 측면에서 천수이볜 정부의 제2기 출범 이후에도 양안관계가 급격히 변화할 가능성은 높지 않다. 특히 정치·안보적 대립에도 불구하고 중국과의 비정치·민간 차원의 교류협력은 이미 인위적인 규제를 통해 통제하기 어려울 정도로 확대되었으며, 이는 정치·이념적 대립과 간헐적인 군사적 긴장에도 불구하고 기존의 교류협력을 지속하지 않을 수 없는 가장 중요한 요인이다.

물론 중국과 대만의 폭발적인 교류협력 증대와 현실적인 제약하에서도 대만인들의 내면에는 대만의 정체성 회복, 즉 중국이 신주단지 모시듯 하는 '하나의 중국' 원칙으로부터 벗어나고자 하는 욕구가 계속 증대될 것이다. 이미 100년 넘도록 대륙과는 다른 삶을 살아 온 대만인들의 입장에서 자신들을 정체불명의 국제고아로 전락시키고 통일논리를 앞세워 자신들의 삶을 구속하는 '중화', '중국'이라는 거창한 허울에서 벗어나 독립·자주적으로 살기를 희망하는 것은 당연한 일이다. 그러나 유감스럽게도 그들의 희망 앞에는 극복 불가능한 난관들이 놓여 있는 것이 현 단계 양안관계의 현실이다. 천수이볜 총통 역시 이러한 현실을 직시하면서 양안관계의 안정적 유지를 도모하지 않을 수 없을 것이다.

다만 중장기적인 측면에서 민주화된 '대만', '대만인'으로서의 역사·문화적 정체성을 확립하고 이를 통해 국제적 지위를 강화함으로써 대만식 '보통국가'(普通國家)를 향한 다양한 움직임은 지속될 것이다. 왜냐하면 이는 대만인들의 내면적인 바람인 동시에 천수이볜 정부의 존재 이유이기 때문이다. 단적으로 천수이볜은 2004년 10월 10일 중화민국 건국 93주년 기념연설에서 중국 정부에 대해 군비통제협상, 양안회담, 점진적 삼통 추진을 제의하면서도 "대만은 국토·국민·정부를 갖고 있으며, 세계무역기구(WTO)를 비롯한 국제기구의 회원국이자 세계 15대 무역국"이라는 점을 강조함으로써 유엔 가입을 통한 자주·독립적 지위 확보 의지를 강하게 표명했다. 이는 대만의 대내외적 정체성 확보와 양안관계의 안정적 유지라는 모순된 과제를 병행 추진할 수밖에 없는 천수이볜 정부의 정치적 부담을 극명하게 보여 주는 것이다.

제4장

양안의 통일 규범과 현실

1990년대 이후 중국과 대만은 각자의 입장을 최대한 고수하면서도 양안의 정치적 관계 개선, 통일논의를 진전시킬 수 있는 방안을 모색해 왔다. 이와 관련된 양안의 노력은 불리적이고 일방적인 해방(중국 입장에서), 수복(대만 입장에서)을 통한 '하나의 중국' 실현에 집착했던 인식과 정책의 전환을 바탕으로 이루어졌다. 즉 정치·이념·군사적 측면에 치중해 상대방의 제거에 초점을 두었던 '공존 불가'의 기존 정책을 더욱 현실화하는 것으로부터 시작되었다. 이는 중국과 대만이 양안의 정치적 관계 개선, 통일논의 진전이라는 현실적 필요에 직면해 이와 관련된 새로운 정책을 수립하는 동시에 이를 효율적으로 추진하기 위한 조직을 재정비한 것이다.

우선 중국은 대만에 비해 통일문제에 더욱 적극성을 보였으며, 홍콩문제의 해결방식으로 이미 1980년대 중반에 제시했던 '일국양제' 통일방안을 좀 더 구체화하고 양안의 평화공존 가능성을 부각시킴으로써 일국양제에 대한 대만의 거부감을 완화시키는 데 주력했다. 한편 대만은 현실적으로 통일문제에서 수세적일 수밖에 없었으나 '대륙광복', '본토수복' 등 기존의 비현실적인 구호를 지양하고 중국공산당 정권을 중국 대륙의 실질적인 통치실체로 인정한 바탕 위에서 새로운 통일방안을 구상했다. 대만이 총통 직속의 '국가통일위원회'를 설립하고 '국가통일강령'을 제정한 것은 양안관계 및 통일문제에 대한 대만 지도부의 인식 전환의 결과물이다.

물론 양안의 통일·독립문제는 앞서 지적한 바와 같이 과거에 비해 점차 양상을 달리하고 있는데 주요 원인은 하나의 중국, 통일에 대한 양안의 인식이 큰 차이를 보이기 때문이다. 과거 국민당 독재 시기에 중국과 대만은 비록 자신이 주체가 된 자기 방식의 통일을 주장하긴 했지만 하나의 중국과 통일의 당위성을 부정하지는 않았다. 그러나 하나의 중국, 통일에 대한 대만의 인식은 점차 '하나의 대만'으로 방향을 선회하고 있는 상황이며, 이를 여실히 보여 준 예는 천수이볜 총통이 추진한 '국가통일강령'과 '국가통일위원회'의 기능 정지를 의미하는 '종지'(終止) 선언이다. 따라서 과거 리덩후이 집권 시기에 구체적으로 명문화된 대만의 통일정책은 이제 별 의미가 없으며, 이러한 점에서 대만에는 통일정책이 존재하지 않는다고 할 수도 있다. 이는 곧 양안의 통일·독립문제의 규범과 현실, 이상과 현실의 괴리를 보여 주는 것이다.

그럼에도 불구하고 중국과 대만이 상대방을 일방적인 해방·수복의 대상으로 인식하던 관점에서 벗어나 평화적인 방식으로 하나의 중국을 실현하기 위해 명문화한 단계별 정책 기조를 검토할 필요가 있다. 중국의 경우에는 현재까지도 이러한 정책 기조를 철저하게 고수하면서 대만문제의 해결을 도모하고 있으며, 대만의 경우에도 통일정책의 많은 부분이 상징적인 의미로 퇴색된 감이 없지 않지만 이에 대한 검토를 통해서 대만 내의 통일과 독립논의를 좀 더 심도 있게 이해할 수 있을 것이다. 즉 중국과 대만이 설정하고 있는 통일의 원칙과 단계, 통일된 중국의 미래상을 비교 검토함으로써 쌍방의 입장을 좀 더 명확히 이해하는 동시에 대만문제와 양안관계의 미래를 전망할 수 있을 것이다.

1. 중국의 통일정책

1) 일국양제 통일방안의 배경

중국이 표방하고 있는 통일정책의 핵심은 하나의 중국, 평화적 통일, 고도의 자치권 보장 등을 핵심 내용으로 하는 일국양제 통일방안이며, 이는 덩샤오핑체제 출범과 불가분의 관계를 갖는다. 즉 중국은 덩샤오핑 집권 이후 자신들의 대내외 정책 및 주변 국제정세 변화에 맞춰 통일정책을 포함한 기존의 대만정책을 상당 부분 수정하지 않을 수 없었으며, 이러한 모든 상황을 종합적으로 고려해 제정된 것이 바로 일국양제 통일방안이다.

중국이 일국양제 통일방안을 구상하게 된 배경을 좀 더 구체적으로 살펴보면 다음과 같다. 첫째, 농업·공업·국방·과학기술의 4개 부문 현대화(四個現代化)를 최우선 국책으로 설정했다는 점이다. 중국의 소위 4개 현대화정책은 총체적인 경제발전 우선정책으로, 이를 위해서는 기존 대내외 정책 기조의 대대적인 전환이 불가피했다. 덩샤오핑체제의 이러한 정책 전환은 자연히 홍콩·마카오·대만문제를 모두 포괄하는 통일문제에 대한 기존 정책에 직접적인 영향을 미쳤다.

둘째, 대만과의 관계를 재정립할 필요성을 인식했다는 점이다. 중국은 4개 현대화정책의 성공 여부가 대내적인 정치적 안정과 대외개방을 통한 서방국가들과의 경제협력 활성화에 달려 있다는 인식을 갖게 되었다. 따라서 대내적인 문제이면서도 대외관계 발전의 걸림돌로 작용해 온 대만문제와 양안관계를 새롭게 정립해야 할 필요성에서 대만정책의 획기적인 전환을 시도했다.

셋째, 홍콩과 마카오 반환문제를 해결하기 위한 묘안이 필요했다는 점이다. 중국은 영국과의 홍콩반환협상을 본격적으로 추진한 이후 홍콩 반환의 성패 여부가 마카오 및 대만문제 해결에 절대적인 영향을 미친다는 점을 철저히 고려했다.[1] 따라서 중국은 영국과의 협상과정에서 영국의 반발을 무마하고 홍콩 주민들의 불안을 최소화할 수 있는 방안을 모색했으며, 이러한 정책적 고려가 결집된 것이 일국양제 방안이다. 이는 1997년 7월 1일 홍콩 반환 이후 일정 기간 동안의 과도기를 통해 홍콩의 기존 정치·경제체제를 존속시킴으로써 반환에 따른 충격을 최소화하고 홍콩이 갖고 있는 경제적 역량을 확대·발전시키고자 한 것이었다.[2]

이처럼 중국이 새로운 통일방식으로 구상한 일국양제는 덩샤오핑체제 출범 이후 중국의 대내외 정책 변화 및 국제정세 변화의 복합적인 영향 하에서 형성되었다. 또한 일국양제 통일방안은 당시 중국과 영국이 홍콩 반환협상을 순조롭게 타결하는 데 결정적인 역할을 했을 뿐만 아니라 중국으로 하여금 향후 대만문제 해결에 자신감을 갖도록 하는 계기가 되었다.

2) 일국양제 통일방안의 기본 구상

중국이 대만에 대한 각종 제의를 통해 일국양제와 유사한 내용들을 간헐적으로 언급하기 시작한 이후, 일국양제 구상은 중국의 대내외 정책 변화, 국제정세 변화 추이에 맞춰 점진적으로 구체화되어 왔다. 결국 중국은 1993년 8월 31일 국무원이 발표한 『통일백서』(統一白書)인 '대만문제와 중국의 통일'(臺灣問題與中國的統一)을 통해 기존의 모든 논의를 체계적으로

---

1 홍콩문제와 대만문제의 연계성에 대한 중국 지도부의 인식은 Chiou(1986, 469-471) 참조.
2 중국의 이러한 의도는 1982년 9월 대처(Margaret Thatcher) 영국 총리와 덩샤오핑의 베이징 회담 내용에서도 잘 나타난다. 이 자리에서 덩샤오핑은 "홍콩의 번영을 계속 유지하기 위해 홍콩의 기존 정치·경제제도 및 대부분의 법률을 계속 보류시킬 것"이라는 점을 강조했다. 鄧小平(1993, 13-14).

종합하는 동시에 대만문제 해결을 위한 기본 방침으로서 일국양제를 구체적으로 제시했다.

(1) 하나의 중국(一個中國)

하나의 중국 원칙은 일국양제 통일방안 중에서도 가장 핵심적인 부분이며, 이에 대한 중국의 기본 입장은 "중국은 오직 하나이고, 대만은 중국의 불가분한 일부분이며, 중국의 중앙정부는 베이징에 있다."[3]는 것이다. 이와 관련된 중국의 입장을 좀 더 구체적으로 분석하면 다음과 같다.

첫째, 중국은 하나의 중국 원칙이 세계적으로 공인된 사실이라는 점을 강조하고 있다. 즉 중국은 1971년 제26차 유엔 총회 제2758호 결의안이 통과된 이후 중국을 대표하는 '유일한 합법정부로'서의 중화인민공화국의 지위와 불가분한 그 일부로서 대만의 지위는 결코 변화될 수 없다는 점을 강조하고 있다.

둘째, 중국은 조국의 통일을 염원하는 양안의 주민 모두가 하나의 중국 원칙을 지지하며 소위 대만의 '자결'문제는 근본적으로 존재하지 않는다는 점을 강조하고 있다. 중국의 이러한 주장은 대만에서 제기되고 있는 대만 독립 주장을 일축하는 동시에 대만 정부가 이를 정치적으로 이용할 가능성을 사전에 방지하고자 하는 의도를 담고 있다.

셋째, 중국은 하나의 중국 원칙이 대만문제의 평화적 해결을 위한 대전제라는 점을 강조하고 있다. 이는 곧 대만이 중국의 주권과 영토의 분열을 초래하는 소위 '하나의 중국, 하나의 대만'을 추진할 경우 대만에 대한 무력 사용을 결코 배제할 수 없다는 경고의 의미를 담고 있다. 즉 중국은

---

3 國務院臺灣事務辦公室·國務院新聞辦公室, "臺灣問題與中國的統一,"『人民日報』(93/09/01 참조).

양안의 평화적 통일을 희망하지만, 이는 어디까지나 대만이 하나의 중국 원칙을 준수하는 조건하에서만 가능하다는 점을 강조하고 있다.

(2) 두 제도의 공존(兩制共存)

상이한 두 제도의 공존은 하나의 중국 원칙과 더불어 일국양제 통일방안을 구성하고 있는 핵심적인 요소다. 중국은 두 제도의 공존이 내포하고 있는 주요 의미를 "하나의 중국을 전제로 대륙의 사회주의 제도와 대만의 자본주의 제도가 장기간 공존하고, 공동발전을 추구하며 서로가 상대방을 파멸시키지 않는 것으로서, 이는 통일 이후 중국 국가체제의 커다란 특징"(鄧小平 1993, 58)이라고 설명하고 있다. 또한 중국은 자신들이 두 제도의 공존을 통일방안의 주요 부분으로 설정한 이유는 대만의 현실과 대만 주민들의 실제 이익을 고려했기 때문이라는 점을 강조하고 있다.[4]

두 제도의 공존과 관련된 중국의 의도는 이미 홍콩문제 해결과정에서 여러 차례 강조되었다. 즉 중국은 영국과의 홍콩반환협상을 추진하면서 홍콩의 주권을 회복한 이후에도 일국양제 방식에 따라 홍콩의 기존 자본주의 체제와 그에 부수적인 각종 제도는 그대로 존속될 것임을 강조했다. 또한 홍콩에 대한 모든 정책은 홍콩의 번영과 안정 유지를 전제로 실시될 것이며, 만약 일부 기존의 정책이 변한다면 이는 홍콩의 번영과 안정을 더

---

4 물론 중국의 이러한 주장이 전혀 설득력이 없는 것은 아니지만 중국이 두 제도의 공존을 강조하게 된 좀 더 근본적인 이유는 첫째, 중국과의 정치·경제체제 통합에 대한 대만 주민들의 불안심리를 최소화함으로써 자신들이 제기하는 일국양제 통일방안에 대한 거부감을 약화시키고 둘째, 대만이 갖고 있는 정치·경제적 역량의 손실을 최대한 방지하고자 하는 데 있다. 즉 중국은 대만과의 통일 이후 대만의 기존 사회·경제제도의 불변, 생활방식의 불변, 대외경제관계의 불변을 강조하고, 특히 대만 주민들의 사유재산·주택·토지·기업 소유권 및 화교·외국인의 투자에 대한 법률적 보호를 약속함으로써 양안의 통일에 대한 대만 주민들의 불안감을 약화시키고 자신들이 제기하는 통일방안의 설득력을 제고하려는 의도를 갖고 있다.

욱 촉진하기 위한 것이지 결코 홍콩 주민의 이익을 침해하기 위한 것이 아니라는 점을 강조해 왔다.[5] 이처럼 중국은 대만과의 통일 이후 정치적으로는 하나의 중국임에도 불구하고 사회주의 제도와 자본주의 제도의 공존을 통해 대만의 번영과 안정이 보장될 수 있다는 점을 강조하고 있다.

(3) 고도의 자치권 부여(高度自治)

중국이 일국양제 통일방안에서 명시하고 있는 고도의 자치권은 정치적인 통합하에서 두 제도의 공존을 유지시키기 위한 수단으로서의 성격을 갖는다. 즉 중국은 대만과의 통일 이후 대만으로 하여금 고도의 자치권을 향유하도록 함으로써 중국 대륙과 상이한 자본주의 제도가 효율적으로 유지될 수 있는 정치적 환경을 부여한다는 점을 강조하고 있다. 사실 중국은 이미 1980년대 초에 통일 이후 대만에 대한 자치권 부여문제에 대해 구체적인 구상을 표명한 바 있다. 예를 들어 1983년 6월 덩샤오핑은 "대만의 완전한 자치는 두 개의 중국을 의미하므로 실현 불가능하며 일정한 한계를 갖는 자치권을 부여할 수 있다."[6]는 점을 언급했다. 이는 통일 이후 대만은 하나의 지방정부일 수밖에 없으나 중국 대륙과 다른 제도를 운영할 수 있는 독자적인 권한을 향유한다는 점을 강조한 것이다.

한편 중국은 통일 이후 대만에 대한 고도의 자치권 부여문제를 구체화하고, 이를 실현하기 위한 방안으로 '특별행정구' 개념을 도입했다. 즉 중국은 "통일 이후 대만은 중국의 특별행정구로서 기타 다른 성(省)이나 소수민족자치구(少數民族自治區)와 다른 고도의 자치권을 향유한다."[7]는 점

---

5 홍콩 반환 이후 기존 제도·정책의 불변과 홍콩 주민들의 권익 보호에 대한 중국의 구체적인 입장은 鄧小平(1993, 72-73) 참조.
6 鄧小平(1983) 참조.
7 중국은 특별행정구 설치와 관련해 1982년 12월 제5기 전국인민대표대회 제5차 회의에서 수정·

을 강조하고 있다. 중국의 『통일백서』에서도 통일 이후 '대만 특별행정구'의 자치권 문제를 구체적으로 언급하고 있는데, 주요 내용은 다음과 같다.

첫째, 대만은 행정관리권, 입법권, 사법권 및 종심권(終審權)을 향유한다. 둘째, 당, 정, 군, 경, 재정 등에 대한 자율적 관리권을 향유한다. 셋째, 외국과의 상무·문화협정 체결권 및 일정 정도의 '외사권'(外事權)을 향유한다. 넷째, 독자적인 군대를 보유하며 중국 대륙은 군대는 물론 행정관리를 파견하지 않는다. 다섯째, 특별행정구 정부 및 대만 내 각계 인사는 국가기구의 지도적 직책 및 전국적인 사무관리 업무에 참여할 수 있다.[8]

(4) 평화적 협상(和平談判)

이상에서 언급한 3개 기본 구상이 통일 이후 일국양제의 실천을 위한 구체적인 방안이라면, 양안의 평화적 협상은 통일을 실현하기 위한 방안을 의미한다. 중국의 『통일백서』에서도 평화적 협상을 일국양제 구상의 중요 부분으로 강조하고 있는데, 구체적인 내용은 다음과 같다.

첫째, 평화적 통일은 전 민족의 대단결, 전 중국의 진흥과 부강에 유리할 뿐만 아니라 대만의 사회·경제적 안정·발전에 유리하다. 둘째, 양안의 적대관계 종식, 평화통일의 실현을 위해 쌍방의 조속한 접촉·협상이 실현되어야 한다. 셋째, 하나의 중국의 전제하에 협상방식, 협상에 참여하는 당파·단체·각계 대표자 선정, 대만이 관심을 갖고 있는 모든 문제 등에 대해 논의할 수 있다. 넷째, 평화적 협상을 촉진하는 일환으로 상호존중·호보호리 원칙에 따라 양안의 경제합작 및 각종 교류를 적극 추진하고 삼통을 허

통과시킨 헌법 제31조에 특별행정구 설치 규정을 명문화했다. 즉 중국 헌법 제31조는 "국가가 필요시 특별행정구를 설치할 수 있다. 특별행정구에서 시행되는 제도는 구체적인 상황에 따라 전국인민대표대회에서 법률로 정한다."라고 규정하고 있다. 『中國年鑑』(1986, 11) 참조.

8 "臺灣問題與中國的統一," 『人民日報』(93/09/01) 참조.

용해야 한다.

2. 대만의 통일정책

1) 국가통일강령의 제정 배경

대만은 1979년 이후 중국이 제시한 일련의 대만정책이 '평화를 위장한 통일전선의 일환'이라고 일축하면서도 다른 한편으로는 자신들의 입장에 기초한 통일방안과 대륙정책을 체계화하는 작업을 추진했다. 대만 정부의 이러한 정책 전환은 장기적인 차원에서 중국의 각종 제의를 무조건 거부하는 것만으로는 중국의 평화공세에 효과적으로 대처할 수 없을 뿐만 아니라 대만 주민의 내부적인 동요를 억제하기 어렵다는 국민당 지도부의 판단에 따른 것이다.

특히 장징궈 사후의 리덩후이 정부는 1980년대 후반 이후 급격히 확대된 양안 간 교류협력과 주변 국제정세 변화를 감안해 양안관계를 새롭게 규정할 수 있는 통일방안 제정 필요성에 직면했다. 따라서 대만은 총통부 직속의 국가통일위원회를 설립하는 동시에 1991년 3월 대륙정책 및 양안의 통일문제를 포괄적으로 명시한 국가통일강령을 공포했다. 국가통일강령은 기존의 삼민주의 통일방안에 비해 좀 더 현실적인 입장에서 통일문제에 대한 기본 입장과 단계별 정책 추진을 위한 구체적인 조치와 조건들을 명시하고 있다.

2) 국가통일강령의 주요 정책 방향

(1) 통일의 목표

대만이 국가통일강령에서 제시하고 있는 통일의 목표는 "민주·자유·균부에 바탕을 둔 하나의 통일된 중국 건설"이다. 이는 곧 양안이 이성·평화·대등·호혜의 전제하에 일정한 기간의 교류·합작·협상 및 민주·자유·균부에 대한 공감대 형성을 통해 하나의 통일된 중국을 수립해야 한다는 점을 강조하는 것이다.

대만이 설정하고 있는 이러한 통일 목표가 내포하고 있는 의미를 좀 더 구체적으로 분석하면 다음과 같다.

첫째, 정치민주화를 실현하는 것이다. 이는 정당정치, 자유선거, 지방자치 등을 실시해 중국 대륙의 정치민주화를 실현해야 한다는 것을 의미한다. 둘째, 경제자유화를 실현하는 것이다. 경제자유화가 담고 있는 의미는 곧 사유재산 보장, 자유로운 기업활동 보장, 시장기능에 따른 자율적 가격메커니즘 보장 등이다. 셋째, 사회적 다원화를 실현하는 것이다. 즉 여론의 개방, 정보의 공유, 사회적 발전 경로의 다원화 등을 통해 중국과 대만 주민의 생활수준과 복지수준을 향상시켜야 한다.

(2) 통일의 원칙

대만은 양안의 통일이 단기적인 목표가 아니고 궁극적인 목표라는 점을 강조하고 다음과 같은 통일의 원칙을 명시하고 있다.

첫째, 대륙과 대만은 모두가 중국의 영토이며 국가의 통일을 촉진하는 것은 중국인의 공통된 책임이다. 여기에서 강조한 '대륙과 대만은 모두가 중국의 영토'라는 의미는 중국은 오직 하나뿐이라는 하나의 중국 원칙을 강조하는 것이다. 그러나 대만이 지칭하는 중국은 대륙의 현 중국공산당 정권을 의미하는 것은 아니다. 즉 대만은 중국이 대륙의 공산당 정권과 대만의 중화민국 정권으로 분열되어 있으며 각자는 독자적인 통치권을 가진 정치실체라는 점을 강조하는 것이다. 대만이 이러한 점을 강조하는 이면에는 중국으로부터 독립된 정치실체로서의 지위를 인정받고 현재의 양안관계를 '일국양구'(一國兩區)로 규정한 바탕 위에서 통일을 추진하겠다는 정치적 의도가 내포되어 있다.[9]

둘째, 중국의 통일은 전 국민의 복지에 바탕을 두어야 하며 당파 간의 정쟁에 의해 추진되어서는 안 된다. 이는 곧 지리적으로 두 개의 통치지역으로 존재하는 양안의 현 상황을 인정하고 각자가 정치·경제개혁을 통해서 인민들의 생활수준을 향상시킴으로써 평화통일의 기반을 조성해야 한다는 것이다. 또한 내면적으로는 대만이 통일정책을 군사력을 통한 대륙의 수복을 의미하는 '반공대륙'(反攻大陸)에서 평화통일방식으로 전환한 만큼 중국도 진정한 평화통일 의지를 표명한다는 차원에서 대만에 대한 무력 사용을 포기해야 한다는 점이 강조되고 있다.[10]

셋째, 중국의 통일은 중화문화의 앙양, 인간의 존엄성 수호, 기본적 인권의 보장, 민주·법치의 실천을 기본 이념으로 해야 한다. 여기에서 강조하는 것은 양안의 통일이 결과적으로 대만의 현행 정치·경제·사회제도가 대륙의 공산정권에 편입되는 방식으로 추진되어서는 안 된다는 점이다.

넷째, 중국의 통일은 그 시기와 방식에서 우선적으로 대만지역 주민의

---

9 '일국양구' 개념은 1990년 6월 대만의 '국시회의'(國是會議)에서 당시 행정원 부원장이던 스치양(施啓揚)에 의해 제기된 것으로, 중국은 하나지만 현실적으로 대륙지구와 대만지구로 분할되어 각자가 독자적이고 대등한 정치실체로서의 지위를 갖고 있다는 점을 강조하기 위한 것이다. 또한 '일국양구' 개념은 1980년대 말 대만의 정치권에서 계속 제기되어 온 '일국양부'(一國兩府) 개념을 다소 변형·발전시킨 것이다. 즉 대만은 중국이 끊임없이 제기하는 일국양제 통일방안에 대응한다는 차원에서 '하나의 중국과 두 개의 대등한 정부'를 의미하는 '일국양부' 개념을 도입했으나, 개념이 명확치 않고 '대등한 정부'에 중국의 반응이 극히 예민하다는 점을 감안해 '일국양부' 대신에 '일국양구'를 양안관계를 규정하는 개념으로 사용해 왔다.

10 國立編譯館(1993, 8-9) 참조.

권익·안전·복지를 존중하고 이성·평화·대등·호혜의 원칙하에 단계적으로 실현되어야 한다. 여기에서는 우선 양안의 통일과정에서 대만 주민의 권익과 안전·복지, 생활방식이 보호되어야 한다는 점이 강조되고 있다. 아울러 정치·경제·사회체제가 상이한 양안의 통일은 장기적이고 힘든 정치적 공정이라는 점에서 점진적·단계적으로 추진되어야 한다는 점을 강조하고 있다.[11]

(3) 통일의 추진단계

① 제1단계: 교류·호혜단계

첫째, 양안 교류를 통해 상호이해를 촉진하고 호혜의 정신으로 적대감을 해소하며, 교류과정에서 상대방의 안전·안정을 위협하지 않고, 상대방의 정치실체를 인정함으로써 우호적인 상호관계를 확립한다.

둘째, 양안의 교류규범 제정, 중재기구 설립 등을 통해 교류질서를 확립하고 양안 주민의 권익을 보호한다. 또한 각종 제한을 점진적으로 철폐해 민간 교류를 확대함으로써 양안의 사회적 번영을 촉진한다.

셋째, 국가통일의 목표하에 양안 주민의 복지를 증진한다. 특히 대륙지역은 경제개혁, 여론의 개방, 정치민주화를 실현해야 하며, 대만지역은 헌정개혁, 국가건설을 적극 추진해 균부의 사회를 건립해야 한다.

넷째, 양안은 적대관계를 해소하고 하나의 중국 원칙하에 평화적인 방식으로 모든 쟁점을 해결해야 한다. 또한 국제사회에서의 상호존중, 배타적인 태도를 지양함으로써 상호신뢰·합작단계에 진입할 수 있도록 해야 한다.

---

11 黃昆輝(1993, 4-5) 참조.

98

이처럼 교류·호혜단계는 국가통일강령이 설정하고 있는 통일정책의 단기적인 목표이며, 여기에서 가장 중요한 정책 목표로 설정하고 있는 사항은 중국과 대만이 대륙·대만을 각각 통치하는 정치실체로서의 지위를 상호 인정하는 동시에 중국이 대만에 대한 무력 사용 가능성을 완전히 포기함으로써 양안의 진정한 평화 정착을 실현하는 것이다. 따라서 대만은 중국이 대만의 정치실체를 인정하지 않고, 무력 사용 가능성을 포기하지 않을 경우 양안의 적대감 해소, 민간 차원의 교류협력 확대 등 제1단계 정책이 효율적으로 추진될 수 없을 뿐만 아니라 다음 단계로 진입할 수도 없다는 점을 강조하고 있다.[12]

② 제2단계: 상호신뢰·합작단계

첫째, 정부 차원의 대등한 양안 간 접촉창구를 확립한다.

둘째, 양안의 통우·통항·통상, 즉 소위 삼통을 전면적으로 개방하고 중국 대륙의 동남 연안 및 기타 지역의 공동개발을 추진해 양안 주민의 생활수준 격차를 축소한다.

셋째, 양안이 상호 협력해 국제조직·활동에 참여한다.

넷째, 고위지도자 상호방문을 통해 통일협상의 유리한 여건을 조성한다.

한편 국가통일강령에서 설정하고 있는 제2단계 진입의 전제조건은 제1단계에서 양안의 상호신뢰·합작을 위한 기반이 조성되어야 한다는 것이다. 그 중에서도 중국이 대만의 정치실체를 인정하고 무력 사용을 포기하는 것이 제2단계 진입의 가장 중요한 조건이다. 또한 제2단계 통일정책의 제1항이 명시하고 있는 양안의 공식적인 접촉창구 확립은 제1단계에서 추진된 민간 차원의 교류를 정부 간 접촉으로 확대·발전시키는 것을 의미한

---

12 黃昆輝(1991, 5-9) 참조.

다. 그리고 제2항에서 명시하고 있는 양안의 삼통에 대한 대만의 공식적인 입장은 순수하게 경제적인 측면만 고려할 경우 삼통을 앞당길 수도 있으나 정치·안보적인 측면을 고려할 때 제1단계에서의 조건이 만족되지 않을 경우 결코 허용할 수 없다는 것이다. 제3항에서 강조하고 있는 국제사회에서의 상호협력은 국제적 지위·역할을 확대하려는 대만의 탄성외교정책과 관련을 갖는다. 마지막으로 제4항에서 언급하고 있는 고위지도자의 상호 방문을 통한 통일협상의 여건 조성은 제2단계 통일정책을 종결짓는 동시에 제3단계 통일정책 추진을 위한 기반을 확립하는 의미를 갖는다.

③ 제3단계: 통일협상단계

국가통일강령에서 설정하는 단계별 정책 추진의 마지막 단계인 통일 협상단계는 양안이 통일협상기구를 설립하고 양안 주민의 염원에 의거해 정치적 민주, 경제적 자유, 사회적 공평 및 군대의 국가화(군이 당의 통제를 받지 않는 국군화를 의미)라는 원칙하에 통일대업을 함께 논의하며, 헌정체제를 구상함으로써 민주·자유·균부의 중국을 건립하는 단계이다.

3. 중국과 대만의 통일정책 비교

중국과 대만이 『통일백서』, '국가통일강령'에서 명시하고 있는 통일정책은 각자가 설정하고 있는 통일의 기본 전제 내지는 출발점이 근본적으로 대립되기 때문에 양자를 다각적으로 비교하기가 용이하지는 않으나 상호 비교·분석을 통해 중국과 대만의 기본 입장과 그들이 그리는 중국의 미래상을 좀 더 명확히 이해할 수 있다.

중국이 시종일관 양안의 통일을 위한 최적의 방안으로 강조하고 있는

'일국양제' 통일방안은 양안의 통일 이후 대륙의 사회주의와 대만의 자본주의가 공존할 수 있다는 하나의 국가, 두 개의 제도에 중점을 두었을 뿐, 이를 실현하기 위한 구체적인 방안과 절차를 명확하게 설정하지 않고 있다. 또한 대만의 국가통일강령은 외형적으로 하나의 중국을 통일의 기본 원칙으로 설정하고 있으나, 내면적으로 우선 중국으로부터 대만의 정치적 실체를 보장받고 양안관계를 '일국양구'로 확립하는 데 중점을 두고 있기 때문에 중국이 제시하는 일국양제 통일방안의 기본 구상 자체를 부정하고 있다.

1) 통일의 원칙 및 기본 전제

(1) 하나의 중국

중국과 대만의 통일정책은 적어도 형식적으로 하나의 중국이라는 원칙에는 공감하고 있다. 즉 통일의 시기와 방식 및 조건에서는 상이한 입장을 갖고 있지만, 양안의 분열상태를 종식하고 통일된 중국을 건설해야 한다는 점에서는 이견이 없다. 다만 중국은 하나의 중국 원칙을 일국양제 통일방안의 가장 핵심적인 요소이자 불변의 철칙으로 인식하는 반면, 대만은 실질적으로 하나의 중국에 대한 집착이 강하지 않다. 천수이볜 총통의 국가통일위원회 기능 및 국가통일강령 적용 '종지' 선언을 중국이 극도로 비난하는 것도 하나의 중국과 통일에 대한 대만의 부정적인 속내를 노골적으로 드러냈기 때문이다.

앞서 지적한 바와 같이 중국은 『통일백서』에서 중국은 오직 하나이고, 대만은 중국의 불가분한 일부분이며, 베이징 정부가 중국을 대표하는 유일한 합법정부라는 점을 강조하고 있다. 또한 대만 독립 움직임과 관련된 소위 대만의 자결문제는 근본적으로 존재하지 않는다는 점을 못박고 있다. 반면에 대만의 국가통일강령은 하나의 중국이라는 표현을 사용하지 않고 있으며, 그 대신 '대륙과 대만은 모두가 중국의 영토'이며 국가의 통일을 촉진하는 것은 중국인의 공통된 책임이라는 점만 강조하고 있다. 여기에는 대만이 중국 통일의 당위성은 인정하되, 그와 함께 중국이 1949년 이후 대륙과 대만이 독립된 통치지역으로 분할되어 있다는 현실을 강조하려는 의도가 담겨 있다. 즉 대만은 하나의 중국이라는 표현 대신에 대륙과 대만이 모두 중국의 영토라는 우회적인 표현을 사용함으로써 자신들의 '일국양구' 개념을 부각시키는 동시에 중국에 대해 대만이 하나의 중국 원칙을 부정한다는 비난의 구실을 제공하지 않으려는 의도를 갖고 있다.

(2) 일국양제와 일국양구

일국양제와 일국양구는 중국과 대만의 통일방안을 대표하는 동시에 통일에 대한 기본 인식과 정책 방향이 집약적으로 표현된 개념이다. 일국양제와 일국양구의 '일국'이라는 표현 자체에서 나타나듯이 중국과 대만은 모두가 하나의 중국을 표방하고 있으며, 적어도 형식적으로는 별다른 대립이 없다. 반면에 '양제'와 '양구'는 중국과 대만의 통일정책의 근본적인 차이를 보여 준다. 중국의 일국양제 통일방안에서 일국이 통일정책의 대전제라고 한다면 '양제'는 중국이 궁극적으로 실현하고자 하는 양안관계의 정형이다. 즉 중국은 하나의 중국을 전제로 대륙의 사회주의와 대만의 자본주의가 공존하는 통일중국을 건설하고자 하는 것이다. 그리고 여기에서 가장 핵심적인 요소는 하나의 중국 내에서 사회주의와 자본주의라는 두 제도가 공존하는 것이지 결코 독립적인 정치적 지위를 갖는 두 개의 정치실체가 공존하는 것이 아니라는 점이다.

그러나 대만이 표방하는 '양구'는 중국이 강조하는 것처럼 한 국가 내에서 두 제도가 단순히 공존하는 것과는 그 차원이 다르다. 대만이 인식하는 '양구'는 단순히 대륙의 사회주의 제도와 대만의 자본주의 제도가 주종, 중앙·지방의 관계로서 불균형적으로 공존하는 것이 아니라 독자적인 통치지역, 통치권을 가진 두 개의 정치실체가 공존하는 것을 의미한다. 즉 대만은 자신들이 베이징 중앙정부의 정책 변화에 따라 쉽사리 지위가 변화될 수 있는 결정적인 취약점을 갖는 '특별행정구'로서 지위가 규정되는 것을 거부하는 것이다.

이처럼 중국이 강조하는 '양제의 공존'과 대만이 주장하는 '양구의 공존'은 중국과 대만 모두가 하나의 중국 원칙을 고수함에도 불구하고 근원적인 갈등요인을 갖고 있다. 이는 곧 양안관계를 중앙정부와 지방정부의 관계로 규정하려는 중국과, 두 개의 대등한 정부 혹은 지역의 관계로 설정하려는 대만의 근본적인 입장 차이에서 비롯된다.[13]

(3) 통일방식

1979년 이후 중국은 대만문제의 해결방식을 기존의 무력적 해결방식에서 평화적인 방식으로 전환했으며, 대만 역시 무력적 해결방식 내지는 본토 탈환을 의미하는 '반공대륙'(反攻政策)정책을 포기하고 양안의 평화 정착, 교류협력을 통한 평화적 해결방식으로 수정했다.[14] 즉 중국은 양안의 평화적 협상을 일국양제 기본 구상의 중요 부분으로 설정하고 있으며, 대만 역시 ① 두 개의 통치지역이 존재하는 양안의 현 상황 인정과 평화

---

[13] 이에 대해 중국은 "하나의 국가 내에서 다른 제도가 공존할 수는 있지만 두 개의 대등한 정치 실체가 존재한다는 것은 근본적으로 불가능하며, 대만의 이러한 주장은 중국의 분리·독립을 촉진하기 위한 것"이라는 점을 강조하고 있다. "鼓吹生命共同體制造分離意識,"『人民日報』 (95/08/05).

[14] 대만은 1991년 5월 헌법에 규정된 '비상시기 임시조항'을 철폐했는데, 이는 대만이 중국공산 당을 반란단체로 규정했던 기존의 정책을 전환함으로써 중국공산당이 중국 대륙을 통치하고 있는 사실을 인정하는 것이다.

정착, ② 양안 주민들의 생활수준 향상, ③ 평화통일 기반 조성 등을 통해 평화적인 방식에 의한 통일을 추진해야 한다는 점을 강조하고 있다.

이처럼 중국과 대만 모두가 양안의 평화적 통일방식을 강조하고 있다는 점에서 외견상 통일방식에 대한 이견이 없는 것처럼 보이지만 실제로는 대립요인을 안고 있다. 그 중에서도 중국이 대만에 대한 무력 사용 가능성을 유보하고 있는 문제는 가장 큰 대립요인이다. 중국이 양안의 평화적 통일을 강조하면서도 대만에 대한 무력 사용 가능성을 계속 유보하고 있는 가장 큰 이유는 대만에 대한 무력적 위협을 대만의 독립 움직임을 견제하는 가장 효율적인 수단으로 인식하기 때문이다. 즉 중국은 유엔 가입의 적극 추진 등에서 볼 수 있듯이 대만 정부의 외교 행태가 단순히 대외적 활동을 강화하고 국제적 지위를 제고하는 수준을 넘어서 궁극적으로 대만의 독립을 추구하는 방향으로 전개되고 있다는 인식을 갖고 있다. 따라서 중국은 대만에 대한 무력 사용 가능성마저 포기할 경우 대만의 외교 공세를 제어하기 어렵고, 결과적으로 양안의 통일문제가 더욱 어려움에 직면할 것으로 판단하고 있다. 이러한 요인 때문에 중국의 대만정책이 획기적으로 전환되거나 대만이 중국의 일국양제 통일방안을 전폭적으로 수용하지 않는 한 중국의 공식적인 무력 사용 포기를 기대하기는 어렵다.

2) 통일 추진단계

중국은 현 단계에서 양안의 통일을 실현하기까지의 과정에 대해서 대만과 같이 구체적인 추진단계를 설정하고 있지 않다. 다만 중국은 "양안의 현 상황을 고려해 통일 실현 이전에 상호존중·호보호리 원칙에 따라 양안의 경제합작 및 각 분야의 교류를 적극 추진하고 직접적인 통상·통항·통우를 개방함으로써 평화통일을 위한 여건을 조성한다."[15]는 점만 강조하고 있다. 중국의 이러한 입장은 우선 양안이 적대관계를 청산하고 교류협력을 증대함으로써 점진적으로 평화통일을 위한 협상을 추진해야 하며, 이를 위해서는 대만이 양안의 공식적인 접촉, 교류협력의 확대를 제약하고 있는 삼불정책, 삼통 불허 방침을 철회해야 한다는 것이다.[16]

양안의 통일정책 추진단계에 대한 대만의 정책 방향은 중국에 비해 구체적으로 설정되어 있다. 즉 대만은 현 단계에서 통일을 위한 최종 협상에 이르는 과정을 3단계로 구분하고 각 단계에서의 주요 정책 방향을 명시하고 있다. 또한 하위 단계에서 설정한 정책 목표 실현을 전제로 상위 단계로 진입할 수 있다는 점을 강조하고 있다. 예를 들어 대만은 양안의 삼통 문제를 2단계의 주요 정책 목표로 설정하고 있는데, 이는 제1단계에서 중국이 대만의 정치실체를 인정하고 대만에 대한 무력 사용을 포기하는 조건하에서만 양안의 삼통을 허용하겠다는 정치적 의도가 담겨 있다. 또한 제2단계에서는 양안의 대등한 공식적인 접촉창구 확립, 고위지도자의 상호방문, 대만의 국제조직 참여·활동 보장 등을 주요 목표로 설정하고 있으며, 이러한 조건들이 실현되어야 제3단계에서 통일협상기구를 설립하고 통일대업을 논의할 수 있다는 점을 명시하고 있다.

이처럼 중국과 대만은 양안의 교류협력 확대, 공식적인 접촉 및 지도자의 상호방문, 통일협상 등 평화적인 방식을 통해 점진적·단계적으로 통일이 추진되어야 한다는 대원칙에는 공감하고 있으나, 구체적인 단계 설정 및 각 단계의 정책 목표, 조건 등에 있어서는 입장을 달리하고 있다.

---

15 "臺灣問題與中國的統一," 『人民日報』(93/09/01).

16 중국의 이러한 입장은 1995년 1월 장쩌민이 제시한 중·대만관계, 통일문제 관련 8개 요점(江八條)에서도 잘 나타나고 있다. 여기에서 장쩌민은 ① 하나의 중국 원칙 견지, ② 민간 차원에서 이루어지는 대만의 대외경제·문화교류 인정, ③ 평화통일을 위한 양안의 협상 추진, ④ 대만에 대한 무력 사용 유보는 대만 동포를 겨냥한 것이 아님, ⑤ 삼통 추진을 통한 경제교류·협력 강화, ⑥ 평화통일 기반으로서의 중화문화 진흥, ⑦ 대만 동포의 생활방식과 정당한 권익 보장, ⑧ 대만 지도자의 중국 방문(적절한 신분으로서) 환영 등을 강조하고 있다. 江澤民(1995) 참조.

3) 통일중국의 미래상

중국이 설정하고 있는 통일 목표는 명실상부한 하나의 중국 건설을 통해 국가의 주권을 수호하고 영토를 보존하는 것이다. 또한 통일 이후의 목표는 대륙의 사회주의와 대만의 자본주의가 공존하는 일국양제하에서 양안의 상호협력, 호보호리, 경제발전 등을 통해 중화민족의 진흥을 도모하는 것이다. 이는 곧 양안이 중앙정부와 지방정부의 관계 설정하에 하나의 중국을 건설함으로써 국가의 주권과 영토를 수호하는 동시에 두 가지 제도의 공존을 통해 민족의 공동번영을 실현한다는 것이다. 반면에 대만의 통일 목표는 대륙을 포함한 중국 전역에서의 정치민주화, 경제자유화, 사회적 다원화 실현을 통해 민주·자유·균부에 바탕을 둔 하나의 통일된 중국을 건설하는 것이다.

이처럼 중국과 대만은 모두가 통일된 하나의 중국 건설을 통해 민족의 번영을 도모한다는 점을 강조하고 있다. 그러나 통일 이후 민족의 공동번영을 실현하기 위한 정책 및 통일중국의 정치·경제체제에 대해서는 상이한 입장을 갖고 있다. 즉 중국은 통일 이후 대륙의 현 사회주의 체제와 대만의 자본주의 체제가 주종관계로 공존하고, 민족의 번영을 위해 공동 노력한다는 입장을 갖고 있다. 반면에 대만은 상호 대등한 일국양구 체제하에서 자신들의 정치·경제·사회·문화적 발전 경험과 성과를 대륙에 전파함으로써 양안의 경제적 격차를 해소할 수 있고 국가의 부강, 민족의 번영을 실현할 수 있다는 입장을 갖고 있다.

결국 중국과 대만은 양안의 교류협력 성과를 바탕으로 좀 더 근본적인 문제인 쌍방의 정치적 관계 개선, 통일문제에 대한 공감대를 형성해 가야 하는 어려운 과제를 안고 있다. 그러나 중국과 대만은 양안의 정치적 관계를 진일보 발전시켜야 한다는 공통인식을 갖고 있으면서도 이를 실현하기 위한 구체적인 방법에서는 여전히 근본적인 인식 차이를 보이고 있다. 또한 쌍방의 정치적 관계 개선에 대한 중국과 대만의 인식 차이는 통일정책상의 차이로 나타나고 있다. 중국이 주장하고 있는 일국양제 통일방식에서 가장 핵심적인 내용은 '하나의 중국', '두 제도의 공존', '대만의 자치권 보장' 등이다. 특히 중국은 하나의 중국 원칙을 양안의 통일문제에 있어서 불변의 철칙으로 고수하고 있으며, 이러한 입장은 덩샤오핑체제 출범 이후 현재에 이르기까지 중국이 대만정책을 전환하고 각종 전향적인 조치를 취하는 과정에서도 전혀 변화가 없었다. 또한 중국은 두 제도의 공존에 대해서 하나의 중국을 전제로 대륙의 사회주의와 대만의 자본주의가 장기간 공존하고, 공동발전을 추구하며 서로가 상대방을 파멸시키지 않는 것이라는 의미를 부여하고 있다. 이와 함께 중국은 두 제도의 공존을 효율적으로 유지하기 위해 통일 이후 대만에 특별행정구 지위를 부여함으로써 기타 지역과는 다른 고도의 자치권을 향유할 수 있도록 한다는 점을 강조한다.

반면에 대만은 중국이 강조하는 것처럼 하나의 국가 내에서 두 제도가 단순히 공존하는 차원과 다른 통일방안을 주장해 왔다. 즉 대만은 대륙의 사회주의와 대만의 자본주의가 중앙정부와 지방정부의 관계로 불평등하게 공존하는 것이 아니라 독자적인 통치권, 통치지역을 갖는 대등한 정치실체가 공존하는 방식으로 통일을 실현해야 한다는 점을 주장하고 있다. 대만의 이러한 주장은 곧 베이징 중앙정부의 정책 변화에 따라 쉽사리 지위가 변화될 수 있는 결정적인 취약점을 갖는 특별행정구로 자신들의 정치적 지위가 규정되는 것을 거부하는 것이다.

이처럼 중국과 대만은 양안의 통일을 통해 하나의 중국을 건설해야 한다는 점에는 공감하면서도 하나의 중국 내에서 중앙정부와 지방정부의 공존이냐, 아니면 독립적인 정치실체로서의 대등한 지역 혹은 대등한 정부의 공존이냐 하는 문제에 있어서는 첨예한 대립을 지속하고 있다. 따라서 중국과 대만이 양안의 통일문제를 진전시키기 위해서는 우선적으로 쌍방의 정치적 관계 설정에 대한 합의를 도출하지 않으면 안 된다. 즉 서로 다른 의미를 부여하고 있는 '중국'에 대한 개념에 있어서 공감대를 형성해야 하며, '양제'(兩制)와 '양구'(兩區), '양부'(兩府) 간의 대립을 해소할 수 있는 방안을 모색해야 한다. 그러지 않을 경우 양안의 통일논의는 본궤도에 오르기 어려울 것이다. 더욱이 대만이 통일보다는 독립을 위한 대내외적 환경 조성에 주력하면서 국가통일강령을 그야말로 중국의 반발과 공격을 면하기 위한 상징적이고 사문화된 정책으로 방치할 가능성이 높은 상황에서는 더욱 그렇다.

제5장

중·미관계와 대만문제

1979년 수교 이후 중국과 미국은 전면적·전략적 동반자관계를 최고점, 극도의 대립과 냉각을 최저점으로 하는 범위 내에서 때로는 최고점, 때로는 최저점에 근접해 관계를 형성해 왔다. 즉 소련에 대한 전략적 협력이 절실히 요구되는 시기에는 이념과 체제의 상이성에도 불구하고 긴밀한 밀월관계를 유지해 왔으며 소련을 위시한 사회주의권의 붕괴와 탈냉전 이후에는 갈등과 대립이 다시 부각되는 양상을 보였다. 특히 중국의 전략적 가치가 소멸되면서 미국은 점차 시장화·민주화·인권 차원의 압력을 가하기 시작했고, 중국은 이러한 미국의 압력을 자국의 현존 체제를 평화적인 수단으로 서서히 붕괴시키려는 '화평연변'(和平演變)으로 인식하게 되었다.

이처럼 냉전 시기에 잠재되었던 체제·이념적 갈등이 심화되면서 중·미관계의 내면에는 상호불신이 점차 뿌리 깊게 자리 잡아 가고 있다. 중국과 미국이 갖고 있는 상호불신의 핵심은 중국의 경우 미국이 가능한 모든 수단을 동원해 중국의 시장화와 민주화의 확산을 부추기고, 궁극적으로 중국공산당 일당체제를 붕괴시키고 서구식 의회민주주의를 이식하려 한다는 것이다. 반면 미국의 경우는 결코 패권을 추구하지 않을 것이라는 중국 지도부의 주장을 믿지 않으며, 결국은 중국이 탈냉전 이후 자신들이 향유하고 있는 유일패권적 지위에 도전할 것이라는 우려를 갖고 있다. 특히 미국은 최근 중국이 군사력 증강에 박차를 가하고 러시아는 물론 중앙아시아 제국, 인도 등과 전략적 연대를 강화하고 더 나아가 동남아시아, 아프리카, 중남미 국가들과의 정치, 경제, 안보, 에너지 등의 다각적인 관계 강화를 도모하는 움직임을 예의 주시하고 있다. 중국의 이러한 역동적인 전방위 외교가 가뜩이나 아프가니스탄, 이라크전쟁 등의 무리한 추진으로 인해 국제사회의 차가운 시각과 미국 내의 심각한 비판에 시달리고 있는 미국 지도부에게는 미국 외교의 틈새를 파고들어 최소한 느슨한 '반미연합'을 부추기는 것으로 비춰질 가능성이 매우 높다.

물론 중국과 미국은 양국 간의 대립 심화가 어느 일방에게도 도움이 되지 않는다는 점을 잘 인식하고 있으며, 따라서 적어도 현 단계에서는 완전한 해소가 불가능한 이념적·체제적 갈등과 안보상의 대립 심화 가능성을 최대한 자제·관리하면서 협력관계를 유지하기 위해 부심하고 있다. 우선 중국은 자신들의 부상과 팽창에 대한 미국의 우려를 불식시키기 위해 나름대로의 노력을 경주하고 있으며 특히 국제사회의 안정과 평화 촉진의 기여자로서 자국의 평화적 이미지 제고, 다각적인 경제협력 확대, 다양한 교육·문화적 교류 확대 등을 통한 미국 사회의 긍정적인 대중국 인식 변화를 촉진하는 데 주력하고 있다. 또한 최근 미국 내에서도 중국의 부상에 대한 객관적인 재평가를 바탕으로 중국과의 관계를 새롭게 정립해야 한다는 여론이 점차 증대되고 있다.

결국 중국과 미국은 적대, 전략적 밀월, 상호불신과 전략적 경쟁의 단계를 거쳐 점차 중장기적 차원의 화해와 협력으로 정책의 초점을 전환하고자 한다. 이러한 정책적 전환 시도는 중국과 미국 모두 자국의 국익에 대한 철저한 검토를 바탕으로 이루어지고 있다. 그러나 중·미관계에서 화해와 협력을 우선시하는 중국의 '화자위선'(和字優先) 정책과 미국의 건설적 개입정책(engagement policy)이 순조롭게 실천되기까지는 아직도 많은 대내외적 장애요인이 산적해 있다.

이처럼 중국과 미국의 관계에는 대립과 경쟁을 불가피하게 하는 대내

110

외적 환경 변화와 이를 최대한 완화시켜 화해와 협력의 장을 확대해 가야 할 필요성이 공존하고 있다. 중·미관계의 바로 이러한 과도기적 상황에서 협력과 대립 양상에 중요한 영향을 미칠 수 있는 극히 민감한 사안은 바로 대만문제이다. 즉 대만문제는 적어도 현 단계에서 중·미 간의 완전한 합의가 불가능하며, 경우에 따라서 양국관계를 최악의 상황으로까지 몰고 갈 수 있는 사안이다. 또한 중국과 미국 모두 대만문제가 향후 양국관계의 향배에 결정적인 영향을 미칠 수 있는 요인이라는 점을 충분히 인식하고 있다.[1]

대만문제가 중·미관계에 결정적인 변수로 작용할 수밖에 없는 이유는 대만문제가 중국의 내정이라는 형식적 논리에도 불구하고 미국 요인과 불가분의 관계를 갖고 있기 때문이다. 심지어 대만문제와 양안관계가 중국이나 대만 요인보다 오히려 미국 요인에 의해 영향 받을 가능성마저 부정하기 어렵다. 실제로 지금까지 미국은 기본적으로 중국식 통일논리와 대만식 독립논리를 모두 반대하고 양안의 현상을 평화적으로 유지하는 정책을 취해 왔으며, 이를 위해 미국은 형식적으로 중국의 하나의 중국 원칙을, 실질적으로는 대만의 자주·독립적 존재를 인정하는 '전략적 모호성'을 유지하고 있다. 물론 부시 정부 출범 이후 미국의 대중국정책이 협력보다는 경쟁(strategic competitor)에 비중을 두고 중장기적 차원의 대중국 견제전략을 구체화하는 과정에서 '효율적 카드'로서의 대만문제에 관심을 제고한

---

1 특히 중국은 대만문제에 대한 미국의 영향력을 고려해 양국 간 정상회담을 비롯한 고위지도부의 접촉과정에서 예외 없이 대만문제에 대한 자신들의 확고한 입장을 강조하고, 이에 대한 미국의 동조와 승인을 재확인하고자 한다. 즉 중국 입장에서 대만문제는 중·미관계의 최우선적인 의제이며, 따라서 기회 있을 때마다 미국 지도부에 대만문제의 중요성을 강조한다. 일례로 중국의 후진타오 국가주석은 2007년 2월 13일 북한 핵문제의 평화적 해결을 위한 베이징 6자회담이 소기의 성과를 거둔 뒤 가진 부시 미국 대통령과의 전화 통화에서 북한 핵문제 해결, 한반도 평화 정착을 위한 전기가 마련되었다는 점과 후속조치를 위한 양국 간 협력 필요성을 거론하는 한편 이와 직접적인 관련이 없는 대만문제를 언급하면서 "대만해협의 평화와 안정을 위한 중·미 간 협력·대화"의 중요성을 거듭 강조했다. 『人民日報』(07/02/16) 참조.

것은 사실이다. 하지만 적어도 현 단계에서는 중국과 대립·협력의 이중구도를 대립 일변도로 전환할 의사가 없으며, 따라서 대만문제, 양안관계에서도 중국을 지나치게 자극하는 대만 편중 정책을 추진하지는 않고 있다.[2] 이는 미국이 대만문제, 양안관계에서도 일단 양안의 현상유지를 최적의 정책으로 유지하면서 대중국 카드로서 대만문제의 효용성을 계속 키워 가고자 하는 것이다. 즉 미국은 중장기적 차원에서 중국의 과도한 팽창과 추월 가능성에 따른 중국 견제의 필요성을 염두에 두되, 적어도 현 단계에서 대중국 압박정책을 노골적으로 추진하지는 않고 있다. 그러나 중국 입장에서는 대만보다 오히려 미국과의 전략적 싸움에 힘을 소진할 가능성이 있다는 점을 우려하지 않을 수 없다.

이러한 요인들을 종합적으로 고려해 본 장에서는 중국·미국·대만의 숙명적인 '애증의 삼각관계'를 분석하고자 한다. 이를 위해 첫째, 최근 중국의 후진타오체제가 추진하고 있는 대외전략 기조를 분석하고 그 연장선에서 중국의 대미정책 기조를 검토하고자 한다. 둘째, 양국 간의 자제에도 불구하고 일정 부분 불가피하게 예견되는 중·미 간의 패권경쟁과 대만문제의 상관성을 분석하고자 한다. 셋째, 구체적으로 미국의 대만정책 기조와 이를 둘러싼 미국 내의 각종 의견과 논의들을 검토하고자 한다.

---

2 즉 미국은 중국과 대만의 정치·군사적 긴장이 고조될 때마다 대만의 독립 움직임에 쐐기를 박기 위한 중국의 군사적 위협과 궁극적인 독립을 염두에 둔 대만의 무리한 행보에 대해 "중국, 대만 어느 일방도 양안의 현상을 타파하는 행위를 하지 말라."는 경고 메시지를 전달하고 있다. 이에 대해 중국은 미국이 자국의 이해관계에 집착해 통일을 반대하고(防統) 독립을 억제하는(抑獨) 이중적이고 모호한 정책을 취한다고 비난하지만, 내심 대만의 독립을 반대하는 것에 대해서는 일종의 안도감을 갖고 있는 것으로 보인다.

1. 후진타오체제의 대외전략 기조

1990년대 중반 이후 중국은 국가의 부강, 민족의 번영을 위한 경제력, 국방력, 민족적 응집력 강화의 필요성을 강조해 왔다. 또한 그러한 전략적 목표 실현을 위한 하나의 방편으로 대외전략 방향을 기존의 피동적·수세적 입장에서 좀 더 적극적·공세적 입장으로 전환하고 있다. 이는 국력의 증강을 대내적인 차원에 국한시키지 않고 대외적 차원의 영향력 확대와 이를 통한 21세기 국제사회에서의 주도적인 지위 확보와 연계시키고자 하는 것이다.

한편 중국은 세계 절대다수의 국가들이 '평화'와 '발전'을 피할 수 없는 시대적 조류라고 외치면서도 이를 제대로 실현하지 못하는 상황이 지속되고 있는 근본 이유를 첫째, 과도기적 국제질서, 둘째, 냉전적 사고의 잔재를 벗어나지 못한 일부 국가의 패권주의, 강권정치 성향 때문으로 설명하며 자신들은 영원히 패권을 추구하지 않을 것임을 강조하고 있다. 또한 중국은 이를 극복하기 위한 방안으로 국제질서의 다극화와 국제관계의 민주화, 새로운 안보관의 수립, 국가의 대소 강약, 이념·체제의 차이를 불문하고 평화 공존하는 소위 '구동존이'(求同存異)를 강조한다. 그러지 않을 경우 중동, 중앙아시아, 동유럽, 동북아의 고질적인 민족·종교·영토 및 주권과 관련된 크고 작은 분쟁을 평화적으로 해결할 수 없다는 점을 역설한다. 심지어 이러한 주장을 뒷받침한다는 차원에서 리자오싱(李肇星) 전 중국 외교부장은 세계 각국이 '자신이 원하지 않는 일은 남에게도 하지 말라.'(己所不欲, 勿施于人)는 공자의 정신을 21세기 국제관계의 철칙으로 삼는 동시에 이 말을 뉴욕의 유엔 본부 현관에 새겨 넣어야 한다고 역설하기도 했다.[3]

---

3 李肇星(2005) 참조.

이처럼 21세기 국제질서의 주역이 되고자 하는 중국인들의 의지와 이를 반영하는 분위기는 최고지도자의 발언뿐만 아니라 중국인들의 보편적인 정서 속에도 일정하게 내재되어 있는 것으로 보인다. 즉 중국은 최고지도자에서 인민에 이르기까지 고난의 혁명과정을 통해 신중국을 수립한 마오쩌둥(毛澤東)과 또 다른 차원의 경제혁명을 성사시킨 덩샤오핑의 불후의 공적을 각각 정신적·물질적 기반으로 삼아 21세기의 새로운 도약을 준비하고 있다. 그리고 이러한 국가적·세기적 전략 추진의 중심에는 후진타오를 정점으로 한 제4세대 지도부가 자리 잡고 있다.[4]

이러한 대외전략 기조의 연장선에서 중국의 후진타오는 최근 당 대회 및 각종 국가행사에서 강조해 온 자신의 국가경영 및 통치철학을 성공적으로 이끌기 위한 대외정책을 추진하고자 한다. 즉 후진타오는 소위 전면적 '소강사회'(小康社會) 실현을 향한 국가역량의 양적·질적 성장을 도모하고 국제사회에서의 영향력을 끊임없이 확대하고자 할 것이며, 그 결과 여하에 따라 21세기 중국의 대내외적 위상이 결정될 것이다. 물론 후진타오의 외교정책 기조는 1990년대 후반 이후 중국이 취하고 있는 대외 인식과 외교노선의 연장선에 있으며, 여전히 "평화, 발전, 합작을 기치로 합작을 통해 평화를 도모하고(謀和平) 발전을 촉진하며(促發展), 중요한 국제적·지역적 문제에서 건설적 역할을 담당할 것"(中國外交部 2005).임을 강조하고 있다. 실제로 중국의 후진타오 국가주석은 2007년 신년사에서 대내적으로 경제 부문의 구조조정과 성장방식의 전환을 통해 소위 과학적 발전관의 구현, '사회주의 화해사회'(社會主義和諧社會)의 확립을 가속화해야 한다는 점을 역설했다. 또한 대외적으로 국부적인 전쟁과 대립이 상존하고 남북문제, 테러리즘, 환경오염, 심각한 전염병 등의 지구적 차원의 문제들로 인

---

4 문흥호(2005, 99-100) 참조.

114

해 세계평화와 공동번영이 도전에 직면해 있다는 점을 전제하고 중국은 '세계평화 수호, 공동번영 촉진'을 핵심 기조로 하는 외교정책을 통해 다자주의(多邊主義)와 국제관계의 민주화 추진, 세계적 다양성과 발전방식의 다양화 수호를 위해 전력할 것임을 강조했다.[5]

이와 관련해 앞으로 중국이 중점을 두게 될 대외전략은 첫째, 주요 강대국과의 관계 안정과 발전, 둘째, 주변국가와의 전면적인 우호협력 추진,[6] 셋째, 이라크, 북한 핵문제 등 국제적 현안과 돌발 사안에 대한 적절한 대응, 넷째, 개발도상국가와의 협력,[7] 다섯째, 다자외교의 적극적 참여, 여섯째, 대외 경제협력의 적극적 추진, 일곱째, 대만문제의 해결과 통일 추진 등이다. 이와 함께 중국은 정치적 상호존중, 경제적 상호촉진, 문화적 상호교류 및 학습, 안보적 상호신뢰의 필요성을 제기하고 있다.

한편 후진타오의 대외전략에서 나타나는 특징적 현상의 하나는 바로 후진타오가 대내적으로 주력하고 있는 '친민'(親民)에 중점을 둔 국정 전반의 쇄신과 참신한 이미지 제고, 실용적 리더십 구축 등의 움직임이 대외정책에 직간접으로 반영되고 있다는 것이다.[8] 실제로 최근 중국은 외교정책

---

5 『人民日報』(07/01/01) 참조.
6 중국이 추진하는 주변국에 대한 정책은 '睦隣'(선린관계 유지), '安隣'(주변정세의 안정 유지), '富隣'(주변국들과의 공동발전 추구)의 소위 6자 방침으로 집약된다. 『人民日報』(05/08/23) 참조.
7 최근 중국은 개발도상국과의 경제외교에 총력을 기울이고 있는데, 일례로 원자바오 국무원 총리 주재로 2004년 8월 31일 '전국대발전중국가경제외교공작회의'(全國對發展中國家經濟外交工作會議)를 개최했다. 여기에서 원 총리는 "국제 정치·경제의 대세 및 국내 경제·사회발전 상황, 외교 업무의 전략과 방침에 입각해 개발도상국과의 경제외교의 중요성을 충분히 인식해야 한다."(『人民日報』 04/09/03)는 점을 강조하고 '상호존중, 평등상대, 이정촉경, 정경결합, 호리호혜, 공동발전, 형식다양, 주중실효'(相互尊重, 平等相待, 以政促經, 政經結合, 互利互惠, 共同發展, 形式多樣, 注重實效)의 32자 방침을 제시했다. 중국의 이러한 외교전략은 각종 자원 및 에너지 확보를 위한 전방위적 자원·에너지외교 추진과도 무관하지 않은 것으로 보인다.
8 실제로 후진타오체제는 급속히 변화된 정치·경제·사회적 환경 속에서 권력구도, 통치 스타일, 제도적 장치를 개선하지 않으면 안 된다는 인식을 갖고 있는 것으로 보인다. 문제는 이러한 제

이 친민정책에 입각해 개혁개방의 심화, 국제교류 증대에 따라 급속히 증대된 해외 거주 중국 공민의 합법적인 권익과 안전을 도모하고 그 동안 상대적으로 경시되었던 민간외교에 적극적인 노력을 경주해야 한다는 점을 강조하고 있다. 이는 중국이 강조하는 소위 대외적 측면의 '연성권력'(soft power) 강화의 일환이기도 하다. 또한 후진타오체제가 대내 정책 전반에서 강조하고 있는 사회주의와 시장경제, 성장과 분배, 통제와 자율 등에 대한 '균형과 조정'이 '균형외교'라는 측면으로 대외정책에 반영되고 있다. 즉 제4세대 지도부는 중국이 궁극적으로 국제사회의 중요한 한 축을 구축하는 것을 목표로 하되, 이를 좀 더 점진적·단계적으로 추진함으로써 내실을 다지고 주변국들의 경계심을 완화시키려는 의도를 갖고 있다. 이는 결국 중국이 팽창 일변도 정책보다는 "국제사회로부터 좀 더 많은 이해와 신뢰, 존중과 지지를 확보함으로써 국제적 지위와 영향력을 제고해 간다."[9]는 전략적 선택에 따른 것이다.

후진타오체제가 지향하고 있는 이러한 외교정책은 덩샤오핑, 장쩌민(江澤民)으로 이어진 현대화, 개혁개방의 효율적 추진을 위한 무실외교(務實外交), 실용외교(實用外交), 경제외교(經濟外交)의 기본 방향을 유지하고 다

반 개혁이 기존 '당국가'(黨國家) 체제의 근간을 건드리지 않으면서 추진되어야 한다는 것이다. 예를 들어 당의 권력 독점을 기본적으로 제약하지 않는 상황에서 당내 민주(intra-party democracy)를 추진해야 하고, 또한 이러한 변화가 사회 전반의 민주화를 촉발하지도 않아야 한다. 중국 지도부가 직면한 이러한 문제와 관련해 손튼(John L. Thornton) 교수는 현재의 '당국가' 체제는 시장화된 중국을 이끌어 가기에 부적합하다는 점, 그리고 지역·계층 간 빈부격차, 복지체계의 와해와 사회적 불만의 팽배 등 개혁개방정책의 정치·경제·사회적 부작용이 가속적으로 증대되는 반면 이를 감당할 국가적 능력이 매우 부족하다는 점을 지적한다. Thornton (2006, 133-140) 참조.
9 중국의 이러한 외교정책에 대해 램턴 교수는 중국이 국제사회에서 자국에 대한 경계심을 완화하고, 좀 더 '책임감 있는 국가'(responsible stakeholder)로 인식되기 위해 강한 주먹을 부드러운 벨벳으로 감싸는(velvet-glove approach) 전략이라고 평가한다. Lampton(2007, 118-120) 참조.

른 한편으로 변화일로에 있는 국제환경과 중국의 대내외적 위상을 종합적으로 고려한 새로운 차원의 외교정책을 추진하고자 하는 것이다. 특히 후진타오의 당·정·군 권력기반이 강화되면서 주석 승계 이후 미국, 러시아, 일본 등과의 강대국관계, 대만문제, 한반도정책 등 주요 외교·안보 사안에 대한 후진타오체제의 새로운 전략적 구상이 대외정책 전반에 본격적으로 투영되고 있다.

2. 후진타오체제의 대미정책

후진타오체제가 추구하는 21세기 대외전략은 그들의 영향력 확대 구상과 긴밀히 연계되어 있으며, 그 성패 여부는 절대적으로 미국과의 갈등·협력 조절 여하에 달려 있다고 해도 과언이 아니다. 즉 중국 입장에서 미국과의 관계는 전반적인 대외전략 성패와 직결되며, 따라서 중국은 외교 역량의 절대적인 부분을 대미관계에 투입하고 있다.

탈냉전 이후 중국과 미국은 과거 소련을 겨냥한 전략적 동반자관계로부터 양국관계를 현실화하는 과정에서 진통을 겪어 왔으며, 앞으로도 각자의 국익을 고려한 협력과 갈등의 반복적 순환이 불가피하다. 예를 들어 중국 입장에서 만약 미국의 대중정책이 중국의 봉쇄나 화평연변에서 건설적인 개입에 비중을 둔 포용정책으로 전환된다 하더라도 이를 전적으로 신뢰하기 어려울 것이며, 더욱이 부시 정부 출범 이후 미국이 중국을 협력보다는 경쟁자로 인식하고 있다는 점에서 미국에 대한 의구심을 가질 수밖에 없다. 한편 미국은 중국의 부인에도 불구하고 중장기적으로 중국의 군사력 증강과 대외적 팽창, 전방위적 영향력 확대 시도에 대한 불신을 떨쳐 버리기 어려울 것이다. 특히 중국의 정치민주화, 인권, 종교, 반체제 등의 문제에 대한 불신감은 현 단계에서 도저히 해소될 수 없는 고질적 현안이자 양국 간 갈등의 주요 원천이다.

이처럼 중국이 자신들의 대외적 영향력 확대와 관련해 대미관계의 중요성과 한계를 충분히 인식하고 있지만, 문제는 협력과 갈등이라는 이중구조 속에서 어떻게 자국의 이익을 극대화할 수 있는 양국관계를 유지하느냐 하는 것이다. 이는 중국의 핵심적인 대외 과제이며 여기에서의 무능함과 실책은 곧바로 최고지도부에 대한 여론의 비난을 초래하며 결국 최고지도부의 정치적 입지 약화로 이어질 가능성이 매우 높다. 특히 아직도 권력기반을 다지는 단계에 있는 후진타오로서는 이로부터 전혀 자유로울 수 없다. 즉 후진타오체제는 각종 국제적 사안의 해결과정에서 나타나고 있는 미국의 일방주의, 패권주의에 대한 효과적인 견제와 경제 부문을 중심으로 한 협력의 확대라는 상호 모순된 이중적 관계를 최대한 양립 발전시켜야 하는 난제를 안고 있는 것이다. 이러한 점을 고려할 때 중국의 대미전략 기조를 다음과 같이 전망할 수 있다.

첫째, 중국은 부시 정부 출범과 9·11테러 이후 강화된 미국의 패권주의, 일방주의 견제를 대미정책의 핵심으로 유지하고자 할 것이다. 물론 이는 노골적 반감을 표시하거나 적대 정책을 취하는 것은 아니며 자국의 이해관계에 부정적 영향을 미칠 소지가 다분한 미국의 패권주의를 경계하고 그에 대한 억제방안을 다각적으로 모색하는 것이다. 중국의 이러한 정책 방향은 중국 최고지도부가 강조하는 현 단계 국제질서의 문제점에 대한 진단과 처방에서 잘 나타나고 있다.[10]

---

10 중국 지도부는 기본적으로 탈냉전 이후의 국제정세가 평화·발전요인의 증대에도 불구하고 냉전 시기에 억제되어 왔던 민족·종교·영토·문화적 갈등이 국지적인 전쟁 및 각종 테러, 반테러를 유발하고 있다고 인식하고 있다. 또한 중국은 이러한 문제들을 해결하기 위해 유엔 등 국제기구를 중심으로 한 진정한 국제협력의 장을 열지 못했는데 그 이유의 상당 부분은

둘째, 중국은 수세적 태도를 지양하고 자주적 입지를 확대함으로써 궁극적으로 미국과 대등한 국제질서 주역으로 성장하는 것을 대미정책 방향으로 유지하려 할 것이다. 동시에 미국의 단일패권체제에 불만을 갖는 국가들과 다양한 연대를 모색하고자 할 것이다. 일례로 중국은 러시아 및 유럽연합(EU), 제3세계 국가들과의 관계를 다각적으로 강화하는 것이 일부 국가가 제기하는 자국의 팽창적 이미지를 최대한 완화시키면서 미국의 공세에 대응할 수 있는 효과적 방안으로 인식하고 있다. 사실 중국은 1990년대 중반 이후 러시아와의 전략적 협력관계를 강화하고 있고 최근에는 유럽연합,11 인도 등과의 정치·경제적 공감대 확대 및 제3세계 국가들과의 전통적 우호관계 복원에 노력을 기울이고 있는데, 이는 다분히 미국을 의식한 것이다.

셋째, 중국은 구체적인 사안과 관련된 대미정책에서는 그 사안의 성격

특정 국가의 패권주의, 일방주의 때문이라는 점을 강조한다. 따라서 중국은 국제관계의 민주화, 국제질서의 다극화, 각국의 고유한 발전방식 존중 등을 통해 공정하고 합리적인 국제정치·경제질서를 확립해야 한다는 점을 역설하고 있는데, 이는 다분히 미국을 겨냥한 것이다. 문흥호(2006, 13-14) 참조.

11 유럽연합은 중국이 미국을 상대로 패권경쟁을 섣불리 시도할 지역은 아니지만 중국은 대미관계와 세계전략 차원에서 유럽연합과의 관계를 중시하고 있다. 특히 세계질서의 다극화, 통상 및 과학기술, 대만문제의 국제화 억제 등의 측면에서 유럽연합 제국과의 관계 발전을 적극 도모하고 있다. 실제로 중국은 2003년 6월 후진타오 주석이 프랑스에서 열린 G8 회담에 참석한 이후 프랑스, 독일, 영국 등 유럽 주요 국가 정상들과 다양한 형태의 회담을 갖고 있으며, 그때마다 국제질서의 다극화, 국제관계의 민주화, 발전방식의 다양화 등의 필요성을 강조하고 있다. 이처럼 중국에게 있어 유럽연합은 다목적의 유용한 카드로 사용될 수 있는 지역이지만 이를 미국을 의식한 것으로 지나치게 확대 해석할 수는 없다. 왜냐하면 최근 중국의 적극적인 노력에도 불구하고 유럽연합의 '대중국 무기 수출 금지' 조치가 해제되지 못하고 있는 것에서 볼 수 있는 것처럼 미국과 유럽연합의 특수한 관계, 미국의 절대적인 우위가 유지되는 상황에서 중국의 대유럽연합전략의 실효성은 분명한 한계를 가질 수밖에 없기 때문이다. 다만 중장기적인 측면에서 중국이 유럽연합과의 관계 강화를 지속적인 전략으로 추진할 것은 분명한 사실이며 특히 프랑스, 독일, 이탈리아 등 유럽연합의 주요 국가들이 경쟁적으로 중국과의 관계 발전을 도모하고 있다는 점을 주목할 필요가 있다.

에 따라 탄력적 대응을 할 것이다. 즉 중국은 대만, 티베트·신강 등 주권·
영토의 문제, 정치민주화 및 반체제문제, 인권 및 종교문제 등에 있어서
사안의 근본 성격과 변화 추이, 국제여론 동향 등을 고려해 차별적으로 대
응할 것이다. 예를 들어 중국은 대만문제와 같이 민족적 과제로 인식하는
사안에 있어서는 타협의 여지를 보이지 않겠지만 인권,[12] 종교, 민주화 등
의 일부 사안에 대해서는 신축성 있는 태도를 취할 가능성이 높다. 다만
이러한 사안에 있어서도 중국은 2005년 11월 부시 미국 대통령이 부산에
서 개최된 아시아태평양경제협력체(APEC) 정상회의 참석 이후 베이징을
방문할 당시 공항에서 곧바로 베이징의 한 교회를 찾아 예배를 본 뒤 서방
언론매체들이 지켜보는 가운데 "중국 지도자들은 중국인들이 교회에 모여
예배 보는 모습을 결코 두려워해서는 안 된다."라는 식으로 중국 지도부를
직접적으로 자극하거나 중국인들을 선동하는 듯한 태도를 취하는 것에 대
해서는 결코 수용하지 않을 것이다.

넷째, 중국은 대미관계에서 정치·안보 부문의 상호불신과 갈등을 근
본적으로 해소하기 어렵다고 인식하면서도 경제·과학기술·문화 분야의
협력은 확대하려 할 것이며, 2006년 12월 시작된 '중·미 경제전략대화' 역
시 중국의 이러한 의도와 무관하지 않다. 사실 최근 중국은 미국 사회의
불만을 의식해 매년 거대한 대미 무역 흑자를 내는 일방적인 수출국으로
서의 이미지를 완화시키고 수입국·투자국으로서의 중요성을 부각시키는
데 주력하고 있다. 중국의 이러한 정책 변화를 보여 주는 좋은 예는 2006

---

12 물론 인권문제에서 중국은 미국의 일방적인 압력이나 비난에 대해서는 매우 공세적으로 맞
대응하는 정책을 취할 것이다. 예를 들어 2007년 3월 6일 미국 국무성이 '2006년 국가별 인권
보고'를 통해 중국의 인권 상황을 비난하자 중국 외교부 역시 3월 8일 '2006년 미국 인권기록'
을 발표하고 "미국은 인권수호자를 자처할 자격이 없으며 인권문제를 구실로 다른 나라의 내
정에 간섭하지 말고 미국 자신의 인권 개선에나 관심을 기울이라."고 응수했다. 『人民日報』
(07/03/08).

년 초 후진타오 중국 국가주석의 미국 방문과정인데, 후진타오 주석은 이례적으로 워싱턴 방문에 앞서 시애틀의 빌 게이츠(Bill Gates) 마이크로소프트 회장 사저를 방문해 구체적인 협력 방안을 논의하는 동시에 시애틀에 소재하고 있는 보잉 항공사와 대규모 구매계약을 체결했다. 이는 무역적자 해소, 인민폐(人民幣)의 평가절상, 지적 재산권 보호 등과 관련된 미국의 압력에 능동적으로 대처하는 동시에 미국 경제계는 물론 일반 시민들에게 대미 수입국 및 투자국, 경제적 윈-윈을 위한 중요한 파트너로서의 중국의 위상을 전달하기 위한 고도의 전략적 행동이다.[13]

결국 후진타오체제는 현존 국제질서에 대한 기본 인식과 대내외 전략, 미국의 패권주의 및 일방주의에 대한 견제, 중·미관계의 특성과 현안 등을 모두 고려한 바탕 위에서 대미정책을 추진하고 있으며, 그 핵심은 '견제와 균형', '대립과 협력'의 이중구조를 최대한 안정적으로 유지하는 것이다. 따라서 중국은 자국의 영향력 확대를 위해 미국의 일방주의를 견제해야 하지만, 다른 한편으로 미국의 패권적 지위를 전면 부정하거나 이에 정면 대응하기보다는 일정 수준에서 균형을 이루어야 한다는 인식을 갖고 있다. 즉 중국은 향후 상당 기간 동안 미국이 국제사회 및 중국의 대외관계에 중요한 영향을 미치게 될 것이기 때문에 자신들이 소위 '굴기'(崛起)하는 과정에서 미국과의 크고 작은 대립이 불가피하며, 따라서 미국과의 관계에 환상을 갖지도 않고 비관하지도 않는 최적의 전략적 관계를 유지해야 한다는 판단을 하고 있다.

---

13 중국의 이러한 노력에 대해 미국 역시 긍정적인 인식을 갖고 있으며 중·미 경제협력에 매우 적극적이다. 예를 들어 폴슨(Henry M. Paulson Jr.) 미 재무부 장관은 2007년 3월 중국 상하이 선물교역소 개소식에 참석해 "지난 5년간 세계 경제가 이룩한 발전성과의 50%는 중·미 양국이 이루어 낸 것이며, 앞으로도 중·미 경제협력이 세계 경제발전의 핵심적인 요소"라는 점을 강조했다. 『人民日報』(07/03/08); *The New York Times*(07/03/08).

물론 중국의 이러한 대미전략과 정책 방향은 중국과 미국의 대내외 정책 및 국제정세 변화, 9·11테러와 같은 돌발적인 사건에 의해 민감한 영향을 받을 수밖에 없으며, 이는 결국 양국관계의 기복을 초래하는 요인이다. 예를 들어 9·11테러와 미국의 대테러전은 중·미관계에 영향을 미친 중요한 요인인데, 테러 발생 직후 부시 정부는 출범 초기와는 달리 중국을 전략적 경쟁자보다는 대테러전 수행을 위한 협력의 대상으로 인식하고 중국 역시 이에 호응하면서 중국과 미국은 사회주의권 해체 이후 가장 협력적인 관계를 유지했다. 이는 결국 중국의 지속적 경제발전과, 장쩌민에서 후진타오로 이어지는 안정적 지도부 교체에 긍정적으로 작용했다. 그러나 대테러전이 아프가니스탄, 이라크전쟁 등 예상보다 확대되면서 미국의 일방주의, 패권주의적 경향이 노골화되고 급기야 중동, 중앙아시아, 동남아시아지역에서 미국의 군사력 증강이 중국에 대한 새로운 봉쇄(encircle and contain China)의 의구심마저 야기하면서 테러리즘에 대한 해석과 대테러전 확대에 대한 양국 간의 심각한 대립이 초래되었다.

이처럼 중국과 미국의 관계는 앞서 지적한 바와 같이 전면적 동반자관계를 최고점, 극도의 대립과 냉각을 최저점으로 하는 범위에서 때로는 최고점에 근접해 관계를 유지하고 때로는 최저점에 접근해 관계를 형성하고 있다. 이는 현 단계에서 완전한 해소가 불가능한 이념적·체제적 갈등이 유발하는 대립을 최대한 관리하면서 협력관계를 유지해야 하는 안정 속의 갈등, 갈등 속의 안정 양상을 보이는 중·미관계의 특징이다. 그리고 양국관계의 이러한 특징은 2005년 11월 20일 후진타오와 부시의 베이징 정상회담에서도 잘 나타났다. 중국 입장에서는 미국의 압도적 우위에 기반한 소위 '일초다강'(一超多强)의 세계질서가 적어도 당분간 지속될 수밖에 없고, 따라서 미국과의 기본적인 협력관계를 유지하는 것이 자국에 유리하다는 판단을 하고 있는 것이다. 바로 이러한 이유 때문에 중국은 전반적인 대외전략 및 대미정책에서 공세적 입장과 수세적 입장이 혼재된 이미지(a mixed self-image)를 표출한다. 즉 중국은 국제질서의 새로운 재편과정에서 자국의 이익을 확대하기 위해 야심찬 의도를 자신만만하게 드러내기도 하지만, 다른 한편으로 현 국제질서에 대해 순응적·보수적인 입장을 취하고 방어적인 대외정책을 추진한다. 여기에는 미국을 위시한 주요 국가들로부터 현 중국공산당 정권의 정당성을 인정받고 이를 통해 지도부가 갖고 있는 '화평연변'에 대한 정치적 불안감(political insecurity)을 해소하고자 하는 정치적 고려가 중요한 영향을 미치는 것으로 보인다.

3. 중·미 패권경쟁과 대만문제

1) 중국의 부상에 대한 미국의 인식과 대응

탈냉전 이후 중국의 전략적 가치가 급격히 축소되면서 미국은 중국을 자신들의 유일패권체제에 대한 위협세력으로 인식하지 않았으며, 오히려 민주화와 시장화를 통한 중국의 정치·경제적 변혁에 정책의 초점을 두었다. 미국의 이러한 정책은 결국 중국의 개혁 추진 세력에 대한 직간접적인 지원을 통해 정치·경제적 개혁개방을 촉진하고 궁극적으로 중국을 자국이 주도하는 국제정치·경제질서에 순응시키기 위한 것이었으며, 이는 클린턴(Bill Clinton) 행정부가 추진한 대중국정책의 핵심 기조였다.

미국의 이러한 적극적인 개입정책에 대해 중국은 내심 궁극적인 목표에 대한 의구심을 갖지 않을 수 없었지만 미국이 갖고 있는 국제적 위상과 '힘', 지속적인 경제성장을 위한 불가결한 요인으로서의 거대 '시장', 대만문제에 대한 결정적 영향력 등을 고려해 자신의 힘을 드러내지 않고 때를 기다리는 소위 '도광양회'(韜光養晦) 정책을 취했다. 이는 덩샤오핑이 강조한 바와 같이 제반 대내외 정책의 초점을 '하나의 중심', 즉 경제발전에 맞추고 주변 국제질서는 물론 국제사회 전반에서 대립·갈등을 최소화하고자 하는 것이다. 이러한 정책 기조하에서 중국은 주권, 영토를 수호하는 선에서 미국과의 마찰을 최소화하고 일단 자국의 정치·경제·군사적 힘을 배가하는 데 주력했다. 그러나 2000년대에 접어들면서 중국의 이러한 안정 위주의 대외전략은 변모하기 시작했는데, 그 배경에는 우선 대내적 차원에서 개혁개방의 성과에 대한 자신감과 소극적이고 피동적인 대외정책에 대한 중국 내부의 불만이 크게 작용했다. 특히 중국의 권력 변동과정에서 후진타오를 비롯한 중국 지도부들은 의도적으로 대미관계를 중심으로 한 중국의 대외적 위상 강화를 강조하지 않을 수 없었으며, 중국의 이러한 정책 변화를 집약적으로 보여 준 것이 바로 '화평굴기'(和平崛起)의 강조다. 이는 비록 '평화적'이란 단서를 달았지만 중국의 '굴기', 즉 국제사회에서의 명실상부한 강국으로의 부상을 강조한 것이다. 한편 대외적 차원에서 중국의 적극적이고 공세적인 전략 변화는 미국의 대중국 압박정책에 대한 대응이라는 성격을 갖고 있다. 즉 중국의 입장에서 자신들의 부상과 국제적 위상 변화를 좀처럼 인정해 주지 않는 미국에 대해 수세적·피동적으로 대응해서만은 소기의 성과를 얻을 수 없다는 지도부의 판단이 작용한 것으로 보인다.

이러한 중국의 전략적 변화와 부상에 대한 미국의 정책 변화가 마찰을 빚은 단적인 예는 2001년 4월 1일 남중국 해상에서 발생한 미국 정찰기(EP-3)와 중국 전투기의 충돌 사건이다. 사실 2001년 부시 정부가 출범하면서 미국은 중국과의 관계를 기존의 전략적 동반자에서 전략적 경쟁대상으로 전환하고 대중국 압박의 강도를 높이고자 했으며, 따라서 부시 정부 초기부터 중·미관계의 갈등 국면이 부각되는 양상을 보였다. 결국 이 사건에서 미국 정찰기가 중국의 하이난성(海南省)에 불시착했고 중국의 전투기는 해상에 추락했는데, 중국 정부는 이를 계기로 미국의 대중국 압박정책에 대한 대대적인 비난과 함께 소위 국제사회에서 제기되는 '중국위협론'과 '중국견제론'의 실상을 구체적으로 인식하기 시작했다.[14]

물론 2001년 9·11테러 직후 미국의 대외전략 중점이 대테러전으로 전환되고 중국의 직간접적 협조를 의식한 유화적 조치가 이어지면서 중·미관계의 갈등이 완화되었다. 실제로 부시 미국 대통령은 국내적으로 경황이 없는 중에도 9·11테러 직후 상하이에서 열린 아시아태평양경제협력체 정상회의에 참석해 중국, 러시아를 비롯한 회원국의 협조를 요청했다. 중국의 입장에서도 자신들의 '굴기'에 대한 강조가 예상했던 것보다 훨씬 더 국제사회의 반발과 우려를 증폭시켰다는 판단에 따라 '화평발전'(和平發展)으로 정책을 전환하고 미국과의 대립을 조절하고자 했다.

그러나 앞서 지적한 바와 같이 중국의 부상은 엄연한 현실이며, 따라서 시기적으로 양국 간의 협력과 대립이 기복을 보일 뿐 '국가 부강', '민족진흥'이란 구호로 상징되는 중국의 팽창 의지와 이를 뒷받침하는 소위 '종합국력'의 향상, 그리고 이에 대한 미국의 다각적인 견제 욕구의 상호대립은 불가피하다. 특히 미국의 입장에서는 최근 중국이 주력하는 대미 불만세력의 규합, 전 세계를 대상으로 한 전방위 외교 추진, 자원·에너지 부문을 포함한 경제외교 강화 등을 예의 주시하지 않을 수 없다. 중·미관계의

---

14 결국 이 사건에서 중국은 미 정찰기 승무원을 1주일 이상 억류하고 불시착한 미국 정찰기의 내부 정보를 모두 획득함으로써 남중국해상의 미국 정찰활동을 파악할 수 있었으며, 사망한 중국인 전투기 조종사를 영웅으로 부각시키는 등 국내정치적인 호재로 활용하고자 했다. 미국은 정찰기가 중국 영공이 아닌 배타적 경제수역을 비행했을 뿐이라고 주장했으나, 중국의 요청에 따라 미 국무성이 "중국인 조종사의 사망과 미국 항공기가 비상착륙을 위해 중국 영공에 진입한 것을 유감스럽게 생각한다."는 공식 성명을 발표함으로써 일단락되었다. 이 사건 이후 미국에서는 '네오콘'(Neoconservative)들을 중심으로 부시 정부의 대응조치가 굴욕적(national humiliation)이고 심약(weakness and fear)했다는 비판과 함께 주중 미국 대사를 본국으로 소환하고 주미 중국 대사를 추방해야 한다는 주장이 제기되기도 했다. 결국 이 사건은 같은 해 4월 24일 미국 정부가 대만에 대한 대규모 무기 판매를 승인하는 데 상당한 영향을 미쳤다. Carpenter(2005, 124-127) 참조.

이중적 구조를 고려할 때, 그리고 대미 불만이 국가에 따라 극도의 적대적 상태에서 내면적인 불만에 이르기까지 다양하게 존재한다는 점에서 '반미연합'이라는 표현이 부적절할 수도 있으나 점차 그 실체를 부정하기 어려운 것이 사실이다. 실제로 중국은 러시아 및 중앙아시아, 인도, 아프리카, 중남미는 물론 심지어 이란, 쿠바, 북한 등 미국이 불량국가(rogue state)로 지목한 국가들과의 관계를 다각적으로 강화하고 있다.

이러한 중국의 움직임 중에서도 미국은 이미 1990년대 중반 중국의 장쩌민, 옐친(Boris Yeltsin) 집권기에 공고화된 중국과 러시아의 전략적 협력관계를 예의 주시하고 있다. 실제로 중국과 러시아의 전략적 협력관계는 이미 카자흐스탄, 타지크스탄, 키르키즈스탄, 우즈베키스탄 등 중앙아시아 4국이 함께 참여하는 '상하이협력조직'(Shanghai Cooperation Organization, 즉 SCO)으로 확대되었다. 사실 중국과 러시아의 긴밀한 전략적 협력관계는 최근 미국의 일방주의에 대한 러시아의 불만이 고조되면서 더욱 강화되는 양상을 보이고 있다. 예를 들어 2007년 2월 독일 뮌헨에서 열린 미국—유럽 '연례안보정책회의'에 처음으로 초대받은 푸틴(Vladimir Putin) 러시아 대통령은 '국제정치에서 러시아의 역할'이란 제목의 연설을 통해 미국을 강도 높게 비판했는데, 심지어 그는 노골적으로 미국으로 인해 국제사회가 비민주적으로 변모해 "하나의 주인, 하나의 주권, 단극체제"를 이루고 있다는 불만을 토로했다.[15] 또한 푸틴 대통령은 미국의 이라크전쟁과 MD 개발, NATO의 동진 등을 일일이 거론하며 이를 미국의 무절제한 무력 사용과 핵전력 균형에 의한 '상호확증공멸체제' 와해 시도, 러시아에 대한 전략적 압박이라고 비난했는데 러시아의 이러한 대미 불만은 결국 중국과의 전략적 협력 강화에 중요한 동기요인으로 작용하고 있다.[16]

---

15 정은숙(2007) 참조.

중국과 러시아의 전략적 협력이 점차 심화되면서 미국 내에서는 러시아가 서방궤도(western orbit)를 벗어나 중국, CIS, 인도 등과 함께 자신의 독자적인 세력권(Its own solar system)을 구축하고 있으며 이는 러시아, 중국과의 불필요한 경쟁을 조장한 미국 정책결정자들의 근시안적이고 우매한 정책의 결과라는 주장들이 제기되고 있다. 또한 중국·러시아 관계에 있어서 러시아가 중국의 성장을 긍정적으로 평가하고 내심 '조심하지만' 크게 우려하지는 않기 때문에 앞으로도 더욱 긴밀한 협력관계를 유지할 것이라는 평가가 지배적이다(Trenin 2006, 92-93).

한편 중국과 인도의 다각적인 관계 발전 역시 미국이 주시하지 않을 수 없는 부분이다. 사실 중국은 인도와의 관계 발전에 상당한 노력을 경주하고 있으며 양국 간 고위지도부의 상호방문이 급속하게 증가하고 있다. 일례로 2003년 6월 바지파이(Vajpayee) 인도 총리가 대규모 방문단을 구성해 중국을 방문한 이후 중국과 인도는 양국 간 교류협력 확대 및 국제사회에서의 '건설적인 협력 동반자관계'를 한 차원 제고했다. 또한 양국은 고질적인 현안이던 국경문제에 합의했을 뿐만 아니라 인도가 티베트에 대한 중국의 주권을 인정하고 중국이 네팔, 중국과 인접한 인도 동북부 시킴(Sikkim)지역에 대한 인도의 주권을 인정함으로써 중국·인도·달라이 라마 인도 망명정부 간의 불편한 관계에서 중국이 유리한 고지를 점하게 되었다. 최근에도 중국과 인도는 경제·과학기술·안보적 측면에서 협력을 강화하고 있으며, 심지어 2005년 8월 중국과 러시아의 서해 합동군사훈련에

---

16 물론 러시아 내에 중국에 대한 대규모 첨단 무기 판매 등 중국과의 군사기술협력(military-technological cooperation) 확대를 반대하는 의견들이 존재한다. 예를 들어 이들은 중국과의 지나친 군사협력이 장기적으로 러시아 안보에 위협요인이 될 수 있다는 점, 그리고 러시아가 중·미·대만의 분쟁에 불필요하게 휘말릴 수 있다는 점 등을 들어 중국과의 군사협력에 신중을 기해야 한다는 점을 강조하고 있다. 이에 대한 구체적인 논의에 대해서는 Rangsima-porn(2006, 492) 참조.

인도가 옵서버로 참여하기도 했다. 따라서 미국으로서는 중국과 러시아의 전략적 협력구도에 인도가 접목되는 상황을 수수방관할 수 없는 입장이다. 이러한 측면에서 미국의 부시 대통령은 2005년 7월 인도와의 '민간 원자력 기술협력 및 무역' 전면 추진조치를 전격 발표했으며, 결국 2006년 3월 '미국·인도 원자력협력협정'을 체결했다.[17] 이는 미국이 중국·러시아의 전략적 협력구도에 인도가 밀착되는 것을 차단하기 위해 인도와의 관계 개선을 적극 추진하는 조치의 일환이다.[18]

한편 러시아, 인도 등과의 전략적 협력 이외에 최근 중국이 자원·에너지 분야를 포함한 경제협력을 중심으로 아프리카, 중남미 국가들과의 다각적인 관계 발전을 추진하면서 이들 지역에서 중국의 위상이 급속하게 강화되고 있다. 이는 1950년대 이후 전통적으로 중국이 중점을 두어 온 소위 제3세계 국가들과의 관계를 복원한다는 의미와 함께 최근 중국이 절실히 필요로 하는 안정적인 자원·에너지 공급원을 확보한다는 복합적인 의미를 갖는다. 더욱이 이들 국가가 구체적인 배경과 정도의 차이는 있지만 공통적으로 미국에 대한 불만을 갖고 있다는 점에서 중국으로서는 일석이

---

17 이와 관련된 미국의 입장과 정책 기조에 대해서는 Mistry(2006, 675-698) 참조.

18 미국의 이러한 전략적 의도에 대해 인도의 대표적인 영자지 *The Hindu*의 부편집인 바라다라잔(Siddharth Varadarajan)은 2007년 3월 12일 미국 오리건대학 아태연구센터(Center for Asian and Pacific Studies: CAPS)에서의 논문 발제를 통해 "미국이 아시아지역에서의 패권 유지를 위해 인도가 아웃소싱 역할(the role of outsourcer)을 하기를 바라는 것"이라는 점을 강조했다. 또한 그는 미국과 인도의 전략적 제휴 움직임에도 불구하고 양국 간의 구체적인 의도가 상이하기 때문에 상호협력이 한계를 가질 수밖에 없다는 점을 강조했다. 즉 미국은 인도가 '아시아의 영국'이 되어 러시아의 재부상, 중국의 팽창을 억제(tether)해 주기를 희망하지만 인도는 '아시아의 프랑스'가 되기를 원하며, 따라서 인도는 미국과의 관계 강화를 통해 핵 기술 및 첨단 기술의 획득, 유엔 안보리 상임이사국 진출, 파키스탄의 지원을 받는 테러집단의 진압을 위한 미국의 지원 확보 등의 실리를 얻는 동시에 중국, 러시아, 기타 아시아 주요 국가들과의 전략적 협력관계를 계속 유지하려 한다는 점을 지적하고 있다. Varadarajan (2007) 참조.

조의 효과를 얻을 수 있는 전략적 협력의 대상이다.

우선 중국은 아프리카 국가들과의 관계 발전에 주력하고 있는데, 일례로 중국은 2004년 이후 아프리카 40여 개 국가의 장관급 대표들이 참여하는 '중국·아프리카 합작 논단'(中非合作論壇)을 베이징에서 정기적으로 개최해 아프리카 국가들과의 정치·경제적 연대를 강화하고 있다. 2007년에 들어서도 후진타오 국가주석은 수단, 잠비아, 카메룬, 나미비아, 남아프리카공화국 등 아프리카 8개국을 방문하면서 소위 '남남합작'(南南合作)을 강조했는데 그 이면에는 자원·에너지외교가 중요한 비중을 점하고 있다.[19] 특히 중국은 자신들이 대내외적으로 곤경에 처했던 1960년대부터 아프리카 제국의 독립과 국가건설을 전폭 지원해 왔다는 점을 부각시키면서 중국과 아프리카의 '전통적인 유대' 복원을 강조하고 있다. 예를 들어 이번 아프리카 방문에서도 후진타오 주석은 남아프리카공화국 프레토리아대학(University of Pretoria)에서의 연설을 통해 중국과 아프리카의 무한한 협력 가능성을 강조했다. 우선 후진타오 주석은 중국이 세계 최대의 개발도상국이고 아프리카는 개발도상국이 가장 많은 지역이며, 중국과 아프리카의 인구가 세계 인구의 1/3 이상을 점하고 있다는 점을 강조하는 등 양자의 유사성을 부각시키고자 노력했다. 또한 '진성우호'(眞誠友好), '심화합작'(深化合作), '가강구통'(加强溝通), '평등상대'(平等相待) 방침을 기본으로 아프리카 제국의 경제·사회적 발전을 전폭 지원할 것임을 강조했다.[20]

아프리카 이외에 미국이 특히 주목하고 있는 부분은 최근 가속화되고

---

19 후진타오 국가주석은 2007년 2월 2일 수단을 방문하는 과정에서 중국의 중국석유천연가스 집단공사와 수단의 공동투자로(중국 지분 50%) 설립한 수단 최대의 정유공장을 방문해 소위 '석유합작'(石油合作)의 중요성을 대대적으로 강조했는데, 이는 최근 중국이 역점을 두고 있는 대아프리카 외교와 경제외교, 에너지외교의 전략적 연계를 엿볼 수 있는 부분이다. 『人民日報』(07/02/04) 참조.
20 『人民日報』(07/02/08) 참조.

있는 중국과 중남미 국가들의 관계 발전이다. 실제로 최근 중국과 중남미 국가들의 관계 발전에 대한 미국의 인식은 '관심'의 수준을 넘어 '우려'의 단계로 발전하고 있다. 미국의 입장에서는 자국의 배타적인 영향권인 중남미에서 나타나고 있는 '반미' 움직임과 대조적으로 '중국 열풍'이 일고 있는 상황을 미국 외교의 새로운 도전으로 인식하고 있다. 실제로 미국 내에서는 최근 미국과 중남미의 관계가 탈냉전 이후 가장 낮은 수준으로 퇴보한 반면 중국이 이 지역에서 미국을 대체할 세력으로 떠오르고 있다는 견해가 제기되고 있다.[21] 또한 정치권을 중심으로 중국이 자원·에너지의 안정적 확보, 대만문제 등에 대한 전략적 고려하에 중남미지역과의 다각적인 관계 발전을 적극 추진하고 있고 더욱이 이들 지역 국가가 미국에 대한 불만과 대조적으로 중국을 '신선한 파트너'로 인식하고 있다는 점에서 미국 정부의 대응을 촉구하고 있다.[22]

물론 중국이 미국의 우려를 의식해 자국의 중남미정책이 경제협력에 중점을 두고 있고, 따라서 미국을 비롯한 역내 국가들에 결코 군사·안보적 위협요인으로 작용하지 않을 것이라는 거듭된 강조에도 불구하고 미국은

---

21 Hakim(2006, 39-53) 참조.

22 예를 들어 2005년 4월 미국 하원 국제관계위원회 서반구사무소위원회에서는 "중국의 서반구에서의 영향"이라는 주제의 토론회를 통해 중국의 중남미에서의 영향력 확대에 대한 경각심을 촉구함과 동시에, 부상하고 있는 중국의 영향력은 이미 아시아를 넘어 전 세계적으로 확산되고 있으며 중국은 미국의 반테러전쟁에 대한 집중과 중남미에서의 "좌경화" 및 "탈미화" 경향을 틈타 중남미지역에서의 정치·경제·군사적인 "전면적인 침투"를 기도하고 있다고 결론 내리고 있다. 이 자리에서 노리에가(Roger Noriega) 미 국무부 차관보는 미국이 중남미에서 얻을 수 있는 이익이 민주 지원과 자유시장 및 경제적 통합에 한정된 반면 중국은 중남미정책을 통해 무역·투자를 통한 지속적 경제발전에 필요한 자원 확보, 국제무대에서의 고립 분위기 억제, 세계적인 대국으로 부상하는 전례의 과시, 세계무역 관련 법규·원칙 논의과정에서의 협상카드 확보, 군사활동과 정보 획득 기회 확대, 대만의 중남미 기반 와해와 대만의 국제적 고립 등 광범한 이익을 확보할 수 있다는 점을 강조하고 있다. 이러한 주장은 곧 최근 중국의 중남미전략과 영향력 확대가 이 지역에서 미국이 갖고 있던 에너지, 경제, 안보이익은 물론 미국의 전반적인 주도권에 대한 위협이라는 인식에 기초한 것이다(Noriega 2005).

중남미에 대한 중국의 영향력 강화가 자신들의 정치·경제·안보적 이익을 손상시킬 수 있다는 점을 경계하지 않을 수 없는 것이다. 특히 미국은 최근 중남미에서 확산되고 있는 좌파적 민족주의와 반미·탈미 움직임 그리고 그와 무관하지 않은 것으로 보이는 '중국화' 열풍을 미국 외교가 극복해야 할 새로운 도전으로 인식하고 사태 추이를 예의 주시하고 있다.[23]

그러나 미국은 적어도 현 단계에서 중국이 미국의 중남미 기득권에 직접적인 위협을 가할 만큼 영향력을 확대하고 있다고 판단하지는 않는 것으로 보인다. 또한 미국은 대다수 중남미 국가들이 여전히 민주·자유·인권 및 시장경제·자유무역에 대한 가치를 공유하고 있기 때문에 중국과의 단기적인 경제적 이해관계에 집착해 자신들의 신념을 쉽게 포기하지는 않을 것으로 기대하고 있다. 사실 중남미 국가들의 입장에서도 비록 최근 중국·인도·일본과의 관계 발전을 통해 대외관계의 다원화를 적극 추구하고 있지만, 미국과의 관계는 물론 유럽연합 국가들(특히 스페인과 포르투갈)과의 전통적인 관계가 매우 중요하기 때문에 일부 국가를 제외하고 지나

---

23 중국의 중남미 영향력 확대에 대한 미국 내의 다양한 우려는 대략 다음과 같다. 첫째, 중남미 국가들이 소위 '워싱턴 컨센서스'(Washington Consensus)라는 신자유주의적 발전모델을 버리고 '베이징 컨센서스'라는 새로운 중국적 발전모델을 찾고자 한다. 둘째, 미국이 '악의 축'으로 지목한 쿠바의 카스트로(Fidel Castro)와 베네수엘라의 차베스(Hugo Rafael Chavez Frias) 등이 중남미지역의 반미·좌경화를 부추기고 있고, 결국 미국의 역내 이익과 민주주의 확산에 위협요인으로 작용할 것이다. 셋째, 최근 확산되고 있는 중남미지역의 정세 불안이 미국의 정치·경제·군사적 이익에 부정적 영향을 미치고 있다. 넷째, 중남미지역의 '반미', '탈미' 움직임이 매우 심각한 수준이며, 특히 이러한 추세가 중국과 중남미 국가의 관계 발전으로 연계되고 있다. 최근 중국의 중남미 영향력 확대에 대한 미국의 "우려"를 엿볼 수 있는 자료로는 CFR Independent Task Force, *More Than Humanitarianism: A Strategic U.S. Approach Toward Africa,* (Council on Foreign Relations, 2005); Mary Anastasia O'grady, "The Middle Kingdom in Latin America," *Wall Street Journal*(04/09/03); Edward Cody, "China Readies Riot Force For Peace keeping in Haiti," *The Washington Post*(04/09/30); "China Wooing Caribbean Away From Taiwan," *The Washington Post*(05/02/27); Edward Cody, "China's Quiet Rise Casts Wide Shadow; East Asian Nations Cash In on Growth," *The Washington Post*(05/02/26) 참조.

치게 중국에 편향된 대외전략을 추진하기는 어려울 것이다. 또한 중남미 국가들은 경제 부문을 중심으로 한 중국의 중남미 진출을 반대하지는 않지만, 그렇다고 자신들의 역내에서 중국과 미국의 갈등이 심화되는 것을 바라지도 않는다.

이러한 점을 종합적으로 고려해 볼 때 중국과 중남미 국가들의 협력강화와 그에 따른 중국의 영향력 확대는 중국과 미국, 미국과 중남미관계에 부정적인 영향을 미칠 수 있는 민감한 사안임에는 분명하지만 아직은 이를 제로섬게임의 성격을 갖는 중국과 미국의 패권경쟁으로 규정할 단계는 아닌 것으로 보인다. 왜냐하면 중국의 입장에서 절대적인 중요성을 갖는 미국과의 경제관계를 희생해 가면서까지 중남미와의 경제협력을 확대하기가 쉽지 않을 것이고, 특히 자신들도 인정하듯이 미국과 불필요한 정치·안보적 대립을 지속하는 것이 결코 바람직하지 않기 때문이다. 또한 미국 역시 경제 부문을 중심으로 한 중국과 중남미의 관계 발전 자체에 거부감을 갖고 있는 것은 아니다. 다만 장기적 관점에서 일정 부분 불가피할 것으로 예상되는 중국과 미국의 패권경쟁과 그 과정의 주요 변수로서 중남미가 갖는 중요성은 결코 간과될 수 없으며, 더욱이 중남미지역이 대만의 거의 유일한 외교활동 공간이라는 점에서 중국의 중남미 영향력 확대는 대만문제와도 불가분의 관계를 갖는다.

결국 미국의 패권주의와 일방주의가 갖는 결함과 그에 대한 불만으로 형성된 국제사회의 틈새를 파고드는 전략과 전방위적으로 추진되는 자원·에너지외교를 불문하고 국제사회에서 중국의 부상과 정치·경제·군사적 영향력 확대는 기정사실이며 미국 역시 이를 더 이상 부인하지는 않는다. 오히려 미국의 입장에서 중요한 것은 중국의 부상 그 자체에 대한 사실 여부를 논의하는 것이 아니라 이에 어떻게 효율적으로 대응하느냐는 것이다. 실제로 최근 미국 내에서는 중국의 실제 능력과 의도를 포함한 총체적인 '중국의 힘'(Chinese power)에 대한 재평가를 바탕으로 대중국정책을 재조정해야 한다는 의견이 증가하고 있다. 이러한 입장은 기본적으로 과거 미국의 정책결정자들이 중국의 실제 능력과 의도를 잘못 판단함으로써 정책적 실패를 초래했고, 결국은 미국의 국익에 막대한 손실을 가져왔다는 인식에 기초하고 있다. 따라서 이들은 미국이 중국의 부상을 객관적으로 인정하고, 대립보다는 화해와 협력의 장을 확대해 가야 한다는 점을 강조한다.

예를 들어 램턴 교수는 미국 정부가 중국공산당 정권 수립 이후 최소한 두 차례에 걸쳐 중국의 능력을 결정적으로 과소평가했다는 점을 강조한다. 첫 번째는 1950년 한국전쟁 당시 중국의 전쟁 개입 가능성을 잘못 판단한 것으로서 결과적으로 미국에 비극적인 재앙을 가져다주었으며, 두 번째는 1993년 클린턴 정부가 중국의 인권 개선을 조건으로 최혜국대우 중단 위협을 한 것인데 결국 중국의 강력한 반발로 인해 정책을 급히 번복함으로써 미국의 위신을 크게 손상시켰다고 지적한다. 또한 그는 미국 정부가 북한 핵문제와 관련된 중국의 대북한 영향력을 과대평가하는 경향이 있었다는 점을 지적하면서 중국의 정치·경제·안보적 '힘'을 정확하게 평가하는 것이 극히 중요한 과제(a critical task)라는 점을 강조한다.[24]

이러한 인식의 연장선에서 미국은 기본적으로 체제·이념적 불신과 불만에도 불구하고 중국을 위협과 견제의 대상으로 인식하기보다는 경제 부문을 중심으로 한 소위 '전략적 연대와 개입'(strategic engagement)을 강화하는 것이 자국의 경제적 이익기반을 확대하는 동시에 중장기적 차원에서

---

[24] 또한 램턴 교수는 중국이 물질적 보상이나 강제력 이외에 상징적·지적·이념적·외교적·문화적 자원 등의 'idea power'를 자신들의 영향력 확대에 동원하고 있으며, 이러한 정책의 효과가 지역, 국가에 따라 다르게 나타나고 있기는 하지만 미국 정부가 전반적으로 중국의 이러한 능력을 과소평가하고 있다는 점을 지적한다. 구체적인 논의는 Lampton(2007, 115-116; 123-124) 참조.

중국의 정치개혁, 민주화를 촉진하는 것이라는 판단을 하고 있다. 실제로 미국은 중국의 정치·안보·경제적 부상에 대한 우려에도 불구하고 중국과의 기본적인 파트너십 유지, 특히 경제적 협력 확대의 필요성을 갖고 있다. 물론 분야에 따라 미국 내에 다양한 주장과 이해관계가 상충하는 것은 사실이나 장기적·거시적인 차원에서 중국과의 경제협력은 불가피한 선택이라는 데 이견이 없다. 다만 중국의 부상에도 불구하고 미국의 정치·경제적 이해관계를 고수하기 위한 다양한 전략과 정책이 필요하다는 점이 더욱 강조되고 있다(Shenker 2005, 7-14; 43-49 참조).

2) 미국의 대대만정책

(1) 정책 기조

대만문제 생성의 초기 단계부터 깊숙이 관여해 온 미국은 1949년 이후 몇 차례에 걸쳐 대만문제에 대한 정책을 전환했으며 그때마다 양안관계는 엄청난 변화를 경험했다. 즉 대만으로 패퇴한 장제스 국민당 정부의 무능과 부패에 대한 미국 트루먼(Harry S. Truman) 정부의 불신과 냉대는 한국전쟁이 발발하기까지 대만을 고립무원의 상태로 만들었고, 중·미관계의 본질적 변화를 이끌었던 닉슨(Richard M. Nixon) 정부는 1971년 '중화민국'의 유엔 축출과 '중화인민공화국'의 안보리 상임이사국 지정이라는 국제정치사의 전례 없는 사건을 연출했으며,[25] 카터(James Earl Carter, Jr.) 정부는 1979년 결국 중국과의 수교, 대만과의 단교를 단행함으로써 대만문제와

---

[25] 결국 닉슨 대통령은 1972년 2월 상하이를 거쳐 역사적인 중국 방문을 단행함으로써 중·미관계 변화의 큰 획을 그었다. 당시 닉슨의 베이징 방문과 중·미 정상회담의 구체적인 과정 및 논의 내용에 대해서는 Xia(2006, 189-212), Ali(2005, 17-41) 참조.

양안관계를 새롭게 변모시켰다. 이러한 역사적 흐름에서 볼 수 있듯이 미국은 대만문제와 양안관계의 생성, 변화 및 양안관계에 절대적인 영향을 미쳐 왔으며 지금도 '미국 요인'은 대만문제의 절대적 변수다.[26]

중·미수교, 미·대만의 단교를 통해 최소한 중국을 대표하는 유일한 합법정부로서의 지위에 관한 문제는 일단락되었다고 할 수 있으며 그 이후 대만문제에 대한 미국의 정책은 본질적인 변화가 없었다. 즉 중국과 미국의 수교는 중국이 주장하는 '하나의 중국' 원칙을 승인하는 조건하에서 가능했으며 양안관계의 획기적인 변화, 미국의 내부적인 정책 변화 요구에도 불구하고 '대만은 중국의 불가분한 일부분'이라는 전제에 대한 미국의 공식 입장에는 변화가 없다. 이는 중국이 대만문제 해결의 철칙으로 고수하는 하나의 중국 원칙을 형식적으로 승인하지만 실제로는 대만에 대한 방위공약을 통해 중국의 실질적인 지배권을 용인하지 않은 상태에서 양안의 평화적 현상유지를 관리하고자 하는 것이다.

미국의 이러한 정책을 좀 더 구체적으로 살펴보면 다음과 같다.

첫째, 미국은 기본적으로 1971년 10월 제26차 유엔 총회 제2758호 결의안을 공식적으로 승인하고 있다. 이는 미국이 국제사회가 승인한 하나의 중국 원칙에 따라 중국과 대만의 국제적 지위와 양안관계가 규정되는 것을 인정하는 것이다. 이와 함께 미국은 중·미 양국관계를 규율하는 중요한 원칙이라고 할 수 있는 3개의 공보(communique), 즉 1972년의 '상하이 공보', 1979년의 '수교공보', 1982년의 '8·17공보'를 기본적으로 수용하고 있다. 이처럼 미국은 적어도 중·미수교를 가능하게 했던 기본 원칙과 양국이 합의한 기본 정신을 부인하지 않으며 중·미관계가 갈등을 겪을 때마다

---

26 1960년대 말 이후 중국과 미국의 접촉과정에서 논의되었던 대만문제 관련 상호입장과 정책에 대해서는 Accinelli(2005, 9-55), Schaller(2002, 164-184) 참조.

중국 정부가 반복적으로 제기하는 대만문제에 대한 입장 확인 요청에 대해서도 하나의 중국 원칙 승인 입장을 분명히 하고 있다.

둘째, 미국은 내부적으로 대만을 사실상의 주권국가로 인정하고 있으며 '일국양제'에 의한 중국식 통합을 원하지 않는다. 미국의 이러한 정책 기조는 하나의 중국 원칙과 상호 모순된 것으로서 양립되기 어려운 것이 사실이다. 그러나 미국은 자신들의 절대적인 정치·경제·군사적 영향력과 함께 '공식'·'비공식' 차원의 자의적 조절을 통해 자국의 고유한 입장을 고수하고자 한다. 물론 미국이 대만을 사실상의 국가로 인정한다는 것은 결코 공식적 차원이 아니며, 따라서 대만의 독립을 인정하거나 독립 움직임을 지원하는 것을 의미하지는 않는다. 결국 미국은 중국이 대만을 언제든지 무력을 포함한 자의적인 방식으로 통합할 수 있다는 것을 결코 인정하지 않지만, 그렇다고 대만이 독립하는 것을 용인하지도 않는다.

셋째, 미국은 중국이 원하는 통일과 대만이 원하는 독립을 모두 인정하지 않는 상태에서 자국의 입지를 극대화하기 위해 '전략적 모호성' 정책을 취하고 있다. 이는 글자 그대로 미국이 대만문제 자체가 갖고 있는 모호성과 공식·비공식 입장의 불명확성, 정치적 관계와 비정치적 관계의 중첩성, 그리고 자국의 관점에서 최적의 현상유지를 관리 조절할 수 있다는 전략적 판단에 따라 양안의 통일과 독립문제에서 줄타기를 하는 것이다.

대만문제와 양안관계에 대한 이러한 정책은 비록 미국의 정권 변동과 국내정치적 상황 변화, 중·미관계의 변화, 사회주의권의 해체와 같은 국제질서의 급격한 변화, 그리고 중국과 대만의 국내정치적 변화에 따라 시기적으로 약간의 차이를 보이기는 했지만 기본적인 정책 기조에는 변화가 없었다. 다른 국가들의 관점에서는 미국이 많은 선택지를 가지고 그들만의 정책을 자의적으로 운영하는 것으로 인식될 수 있으나 양안의 통일과 독립, 하나의 중국과 하나의 대만을 바라지 않는 조건하에서는 미국으로서도 전략적 모호성을 통한 현상유지 이외에 별다른 선택지가 없는 것 또한 사실이다.

(2) 대만문제의 논의와 정책 건의

대만문제와 양안관계에 대한 미국의 정책이 현상유지에 기반하고 있는 것은 사실이나 양안의 현상유지 수준 및 형태에 대한 미국의 정책적 판단은 중국과 대만의 대내외적 상황 및 자국의 이해관계를 고려해 탄력적으로 변화할 수 있다. 즉 미국이 의도하는 양안의 현상유지는 고정불변의 형식이 존재하는 것이라기보다는 미국의 대중국전략 및 정치권의 변화, 여론 변화 등의 대내적 상황에 따라 제한된 범위 내에서 유동적일 수 있다. 실제로 미국 내에서는 대만문제에 대한 논의와 정책적 제안이 끊임없이 제기되고 있으며, 이는 결국 미국의 대중국정책 및 대대만정책에 영향을 미치게 된다.

우선 미국 내의 대만문제와 관련된 최근 논의는 대개 다음과 같은 두 가지의 상황 인식과 조건을 경계로 한 범주 내에서 이루어지고 있다.

하나는 중국의 부상이 객관적인 현실이고, 따라서 하나의 중국 원칙을 수호하기 위한 중국의 의지와 능력이 크게 증대되었을 뿐만 아니라 국제사회 역시 중국과의 이해관계를 고려해 하나의 중국 원칙의 불가역성을 더욱 강하게 인식하고 있다는 것이다. 그리고 다른 하나는 대만이 이룩한 경제성장과 자유민주주의 체제의 발전은 당연히 보호되어야 하며, 이는 미국이 갖고 있는 대만에 대한 역사적·도덕적 의무일 뿐만 아니라 대만의 전략적 가치를 십분 활용한다는 측면에서도 매우 중요하다는 것이다.

이러한 미국 내 논의는 결국 대만문제에서 미국이 취하고 있는 전략적 모호성을 기본적으로 옹호하고 이해하는 것으로서 실질적인 측면에서 '하나의 중국'과 '하나의 대만'을 모두 부정하는 것이다. 물론 이러한 정책은 스칼라피노(Robert A. Scalapino) 교수의 지적대로 미국의 이익 관점에서 통일과 독립의 상호 모순된 두 입장을 모두 아우르고자 하는 이중적인 정책으로서 본질적으로 불확실성을 가질 수밖에 없다. 또한 미국의 대만문제 전문가 래서터(Martin M. Lasater)는 대부분의 미국인들이 현실적인 측면에서 중국을 주요 강대국으로 대우하는 동시에 대만을 자유·민주적 가치를 공유한 전통적 우방으로 지지하기를 원하며 대만문제에 대한 미국 정부의 이중적 접근(dual-track approach)은 기본적으로 미국인들의 이러한 실용주의(pragmatism), 이상주의(idealism) 가치관이 혼합적으로 반영된 것이라는 점을 지적한다.[27]

이처럼 기본적으로 대만문제에 대한 미국 정부의 정책과 인식을 함께하는 논의가 지배적이지만 최근 미국 내에서는 미국 정부가 전략적 모호성에 입각해 중국이 고수하는 '하나의 중국' 원칙을 승인하는 동시에 대만에 대해서는 '방위'를 공약하는 위험한 줄타기정책(tightrope policy)에 안주하기보다는 대만문제의 정치·경제·안보적 상황 변화를 객관적으로 고려해 전략적 충돌(strategic train wreck)을 사전에 예방하기 위해 대만정책의 재조정(restructuring)이 필요하다는 의견들도 제기되고 있다.[28] 이는 현실적으로 전략적 모호성에 입각한 이중정책의 불가피성을 부정하지는 않지만 미국 정부가 지나치게 안이하게 중국에 대한 주권 승인과 대만에 대한 방위 공약을 편의적으로 행하는 것 아니냐는 것으로서 미국 정부의 좀 더 철저하고 객관적인 상황판단을 촉구하는 것이다.

결국 미국 내의 대만문제 논의와 정책적 건의는 대부분의 경우 근본적인 차이를 보이기보다는 중국과 대만을 모두 고려할 수밖에 없는 상황에서 앞서 지적한 바와 같이 중국의 증강된 힘, 미국의 대중국 정치·경제적 이해관계를 중시하는 입장과 민주화된 대만과의 전통적인 우호관계 및 중

---

27 Lasater(2000, 1-20) 참조.
28 Carpenter(2005, 143-145) 참조.

국의 부상을 견제하기 위한 대만의 전략적 가치를 중시하는 입장의 차이를 보인다. 즉 전적으로 중국과 대만의 입장을 두둔하고 어느 일방에 경사되기보다는 양자를 모두 취하는 그야말로 '모호성'에 입각한 주장들이 주종을 이룬다. 심지어 친대만, 친중국을 공공연히 표방하는 집단의 건의에서조차 실질적인 입장 차이를 발견하기 힘든 경우가 많다. 또한 미국 정치권에서 제기되는 대만문제 관련 주장과 입장들이 확고한 원칙과 신념에 기반하기보다는 현실적인 이해관계에 좌우되는 경향이 적지 않다. 하나의 예로 미국 의회 내의 친대만 그룹(a pro-Taiwan group)을 자처하는 'Taiwan caucus'는 제2차 세계대전 당시 장제스 국민당 정부와의 항일협력 경험으로부터 최근 대만이 이룩한 정치발전과 민주주의 체제의 보호에 이르기까지 미국이 대만을 포기해서는 안 될 이념적·도덕적 의무를 갖고 있다는 점을 강조하면서도 이들 구성원의 상당수는 단지 현실적 이해관계 때문에 대만을 지지하는 경우가 많다. 예를 들어 2005년 천수이볜 민진당 정부가 미국으로부터 대규모 무기 구입을 추진할 당시 의회를 장악하고 있던 국민당이 이를 반대하자 'Taiwan caucus' 소속 의원들은 마잉주 국민당 주석을 접촉해 대미 무기 구매를 지지하도록 압력을 행사하기도 했다. 이러한 경우를 예로 들어 미국 정치권의 대만에 대한 관심이 자유·민주적 가치의 공유에 대한 관심인지, 아니면 의원들의 지역구 기업을 위한 경제적 이익에 대한 관심인지 구분하기 어렵다는 비판이 제기되기도 한다. 심지어 이들 의원은 대만이 주장하는 것만큼 친대만적이지도 않고 중국이 주장하는 것처럼 반중국적이지도 않으며, 단지 친금전적(pro-money)일 뿐이라는 매우 부정적인 평가도 존재한다.[29]

---

29 White Ⅲ(2006, 206-215) 참조.

(3) 미국·대만관계 전망

중국과 미국의 관계가 최고점과 최저점을 사이에 두고 협력과 갈등을 반복하듯이 미국과 대만의 관계 역시 현 단계에서는 벗어나기 어려운 한계와 범위를 갖고 있다. 또한 미국 내에 대만의 존재 이유와 가치를 인정하고, 따라서 대만의 지속적인 생존과 성장을 적극 옹호하는 입장이 적지 않은 것도 사실이다. 하지만 이는 절대불변의 확고한 신념에 기초하고 있는 것은 아니다. 미국에 있어 대만은 포기할 수 있는 존재도 아니지만, 그렇다고 대만의 통일을 민족적 지상과제로 설정하고 있는 중국의 의사에 반하여 하나의 중국으로부터 대만의 이탈을 섣불리 방조할 수 있는 입장도 아니다. 설사 그럴 만한 능력이 미국에 주어졌다 하더라도, 이것이 미국의 전략적 이익에 반드시 부합하는 것도 아니다.

바로 이러한 이유 때문에 미국은 대만의 위상을 국제사회가 승인하는 국가도 아니고 국가가 아닌 것도 아닌 애매모호한 존재로 유지해 갈 것이며, 그에 따라 중·미·대만의 삼각관계 역시 지극히 부자연스러운 상태를 지속할 것이다. 물론 모든 국가가 그렇듯이 미국이 판단하는 전략적 우선순위와 국가 이익을 쟁취할 수 있는 능력은 끊임없이 변화한다. 따라서 미국의 대대만정책과 미·대만관계의 변화가 전혀 불가능한 것만은 아니다. 이러한 점을 종합적으로 고려해 미국의 대대만정책을 다음과 같이 전망할 수 있을 것이다.

첫째, 미국은 하나의 중국 원칙을 근본적으로 위배하지 않은 조건하에서 대만과의 관계를 좀 더 체계화·내실화할 가능성이 높다. 이는 대만과의 관계를 규율하는 근거인 기존의 '대만관계법'(The Taiwan Relation Act)의 존재를 좀 더 부각시키고 타이베이의 '미국 대표부'(American Institution in Taiwan)의 위상을 제고하는 등의 조치를 의미한다. 실제로 지난 몇 년간 미국은 의회를 중심으로 대만에 대한 관심을 제고한다는 취지에서 대만관계법의 중시와 실천을 결의한 바 있으며, 행정부 역시 타이베이 주재 미국

대표부의 확대, 대표를 포함한 구성원의 지위 격상을 추진했다.

둘째, 대만과의 간접적인 안보협력체계를 강화할 가능성이 있다. 즉 대만에 대한 방위공약과 그 연장선에 있는 대규모의 무기 판매를 지속하는 동시에 미국이 새롭게 추구하는 동아시아 군사전략에 맞추어 대만의 안보전략적 가치를 적극 활용하고자 할 것이다. 예를 들어 일본이 대만해협을 소위 '주변사태'의 범위에 편입시켰듯이 미·일 안보협력의 확대 강화 과정에서 대만 요인을 좀 더 중시할 것이다. 실제로 미국은 2005년 이후 대만 주재 무관을 퇴역 군인에서 현역 군인으로 교체 파견하기 시작했는데, 이는 단순히 퇴역과 현역의 차이 이상의 의미를 갖는다. 더 나아가 최근 미국의 일각에서는 대만의 군사훈련 및 병력의 체계적인 양성 및 관리, 안보시스템에 적극적인 관심을 기울여야 한다는 의견도 제기되고 있다 (Lieberthal 2005). 이는 중국의 정치·경제·군사적 역량이 강화되고 대만문제에 대한 장악력이 제고될수록 이에 대한 미국의 견제 필요성이 제고되고, 결과적으로 대만과의 직간접적 안보협력을 강화하게 되는 악순환의 과정이 될 가능성을 배제할 수 없다.

셋째, 대만이 집요하게 추구하는 소위 국제적 생존공간과 활동영역 확대를 간접적으로 지원할 가능성이 있다. 즉 대만이 지상과제로 설정하고 있는 유엔 가입과 같이 대만의 정치적 지위의 근본적인 변화와 직결된 문제를 지지한다는 것은 불가능하더라도 최소한 대만의 생존과 현상유지에 필요한 국제적 연계를 지원하고자 할 것이다.[30] 이는 대만의 국제적 활동

---

30 대만 정부는 유엔 가입을 궁극적인 목표로 추진하는 동시에 기존에 가입되어 있는 아시아개발은행(ADB), 아시아태평양경제협력체(APEC), 세계무역기구(WTO) 등 정부 간 국제기구(Inter-Governmental Organization: IGO)는 물론 비정부 간 국제기구(International Non-governmental Organization: INGO)에서의 활동영역을 확대하고 세계보건기구(WHO), 경제협력개발기구(OECD) 등의 옵서버 자격(observership)을 획득하기 위해 외교적 노력을 기울이고 있다. 물론 중국의 집요한 반대에 직면해 소기의 성과를 이루지는 못했지만 일부 비

공간을 축소시키기 위한 중국의 부단한 압박공세를 일정 부분 완화시켜 주는 것이기도 하다. 예를 들어 미국은 대만의 비정치·비정부 간 국제기구의 새로운 가입 혹은 기존 지위의 유지, 중남미지역 국가들과의 외교관계 지속 등을 위해 직간접으로 지원하고자 할 것이다.

넷째, 대만문제에 대한 미국의 관심 제고와 그에 따른 정책적 조정이 이루어질 가능성에도 불구하고 미국과 대만의 관계가 급진전될 가능성은 거의 없다. 즉 미국은 중국에 의한 양안의 통일을 원치 않는 것처럼 대만의 독립 움직임을 지지하지 않을 것이다. 실제로 미국은 대만에 대한 강경책을 주장하는 중국 지도부를 배척하는 만큼이나 대만 정치권의 급진적 독립주의자들을 지지하지 않는다. 예를 들어 대만의 천수이벤 총통이 제1기 집권 초기 미국의 전폭적인 관심과 지지를 받았음에도 불구하고 제2기 집권에 접어들어 미국의 냉대를 받은 것은 미국이 이상적으로 생각하는 양안의 현상유지에 매우 부적합한 인물이기 때문이다. 실제로 미국은 천수이벤이 대내 정치적 난국을 타개하기 위해 정략적으로 현실성 없는 독립문제를 부각시키고 중국과의 불필요한 대립을 야기하는 문제라는 인식을 갖게 되면서 오히려 독립 성향이 약하고 안정적인 대내 지지기반을 갖고 있는 마잉주 국민당 주석을 차기 지도자로 선호하는 경향을 보이고

<hr>

정치적 국제기구를 중심으로 대만의 옵서버 자격 부여문제가 논의되고 있으며 미국, 일본 등이 후방지원을 하고 있다. 예를 들어 2004년 5월 세계보건기구 연례 총회에 대만의 옵서버 자격 부여문제가 상정되었는데, 비록 중국의 반대로 부결되었지만 미국과 일본은 처음으로 이 안건에 찬성 투표했다. 앞으로도 대만은 'Taipei China' 혹은 'Taiwan China' 등의 명칭으로 각종 국제기구의 가입을 적극 시도할 것이다. 사실 대만은 세계무역기구에 'Seperate Custums Teriritory of TPKM'의 명칭으로 가입했는데 'TPKM'은 타이완·펑후·진먼·마주의 영문 표기 첫 글자를 딴 것이다. 한편 대만 정부는 각종 국제기구에 가입하고자 하는 이러한 시도가 자신들이 원하는 '대만문제의 국제화', 즉 대만의 존재를 국제사회에 부각시키는 데 매우 유익하다는 전략적 판단을 갖고 있기 때문에 중국의 반대와 경고에도 불구하고 이를 계속 추진할 것이며, 미국 등의 간접적인 지원이 증대될 가능성이 높다. 이와 관련된 구체적인 논의와 자료는 Li(2006, 599-603) 참조.

있다.

결국 미국은 "중국과 대만을 불문하고 양안의 현상을 변경하기 위한 어떠한 시도에도 반대"하는 양안관계의 안정적 현상유지를 목표로 무력사용 운운하는 중국의 군사적 위협에 대해서 강력한 경고 메시지를 보내는 동시에 대만이 의도하는 비현실적 독립 시도에 대해서도 거부반응을 보이는 이중정책을 고수할 것이다. 미국의 이러한 정책 기조는 대만의 정치적 발전과 경제적 성장을 보호하는 것이 장기적으로 중국의 정치발전, 민주화를 촉진하는 방편이자 중국의 팽창을 견제하는 수단이라는 전략적 판단에 근거해 통일과 독립의 중간에서 자국에 유리한 최적의 양안관계를 관리, 조절하고자 하는 것이다.

제6장

전환기의 중·일관계와 대만문제

2001년 4월 일본의 고이즈미 준이치로(小泉純一郎) 내각이 출범한 이후 중국과 일본은 전례 없는 장기간의 냉각관계를 유지해 왔다. 이러한 상황에 대해 양국 정치지도자, 특히 중국의 정치지도자들은 양국관계를 정치적으로 차갑고 경제적으로는 뜨거운 '정랭경열'(政冷經熱)의 상태로 표현하기도 했다. 물론 양국 간의 상호불신과 대립이 어제오늘의 일은 아니지만 2000년대 이후의 갈등과 대립은 양국의 정치권은 물론 일반 국민들에 이르기까지 광범하게 확산되는 양상을 보였다. 특히 최근에 심화되었던 중·일 간의 대립은 단순히 특정 사건에 의한 일시적 충돌이 아니라 현재와 미래의 주요 국가 이익과 직결된 사안에 대한 기본 인식, 정책 기조의 현격한 차이에서 비롯되고 있다.

사실 1980년대 이후 중국과 일본은 궁극적으로 지향하는 목표와 기본인식의 차이에도 불구하고 경제 분야를 중심으로 한 상호협력의 현실적 필요 때문에 상대방의 민감한 부분을 자극하기보다는 협력 가능한 부분에 치중해 소위 '경제적 윈-윈'을 실현하는 데 역점을 두어 왔다. 그러나 중국과 일본의 대내외적 환경은 상대국에 대한 불만과 갈등요인을 묻어 둔 채 협력만 강화해 가는 것을 점차 어렵게 하고 있다. 즉 중국이 군사력 강화, 보통국가를 향한 일본의 공세적 행보를 예의 주시하고 일본 역시 이미 2004년 『방위백서』(防衛白書)에서 중국을 '가상 적'으로 명시한 바와 같이 중국의 정치·경제·군사적 팽창을 자국에 대한 현실적 위협으로 간주하면서 양국 간 갈등이 표면화되고 있다. 이는 중국과 일본 모두가 21세기 동아시아지역의 새로운 국제질서 형성과정에서 영향력 확대에 주력하고 있고, 특히 그 성패의 관건적 요인으로서 상대국과의 패권경쟁을 의식하고 있기 때문이다.[1]

이처럼 중국과 일본의 관계는 대내외적으로 새로운 변화가 불가피한 전환기에 도달했으며, 2006년 이후 중국이 외교의 기본 방침으로 대립과 갈등보다는 화합과 협력에 중점을 두는 '화자위선'을 강조하면서도 일본과의 관계에서서만은 이를 예외적으로 다루는 듯한 모습을 보였다. 2007년에 들어서도 중국은 정치·군사 대국화를 향한 일본의 구체적인 움직임에 대해 족각을 곤두세우고 있다. 즉 일본이 아베 신조(安倍晋三) 내각 취임 이후 '방위청'(防衛廳)의 '방위성'(防衛省) 승격, '국가안보회의' 신설 초안 발표, 자위대의 해외 임무 수행 시 무기 사용 제한 완화 등을 적극 추진하고, 특히 아베 총리가 일본 총리 최초로 북대서양조약기구(NATO) 본부를 방문해 중국의 위협과 유럽연합의 대중국 무기 금수조치 해제에 반대한다는 점을 주장한 것에 대해 극도의 불쾌감을 나타내고 있다.[2]

---

1 중·일수교 30주년에 즈음해 중국사회과학원 일본연구소가 2002년 실시한 여론조사에서 일본에 대해 '매우 친근'하게 혹은 '친근'하게 느낀다는 중국인들의 비율은 응답자의 5.9%에 불과했으며, '친근하지 않다.' 혹은 '매우 친근하지 않다.'라고 응답한 사람은 43.5%에 달했다. 이러한 경향은 완화되기보다는 2004년과 2005년 중국 내 주요 도시에서 확산되었던 중국인들의 반일 시위 등과 같이 오히려 더 악화되는 조짐을 보였다. 물론 2006년 10월 아베 일본 총리의 중국 방문, 2007년 4월 원자바오 중국 총리의 일본 방문 등으로 장기간 단절되었던 최고지도자의 상호방문이 재개되고 관계 개선을 위한 가시적인 조치들이 이어지고는 있으나 중국의 부상과 일본의 정치·군사 대국화 움직임이 갈등을 빚을 수밖에 없다는 점에서 중·일관계는 분명 전환기에 접어들었다고 할 수 있다. 吳廣義(2004, 3-6); Gries(2005, 251-256); Tsukamoto(2007); 『人民日報』(07/01/10) 참조.

2 일례로 중국사회과학원 일본연구소 연구원 우화이중(吳懷中)은 『인민일보』 기고문을 통해 이러한 움직임은 일본이 중국의 부상에 대한 대응을 자국의 최대 외교과제로 설정하고 이에 적

문제는 전통적인 지역열강으로서 갈등과 대립으로 점철된 불행한 역사를 갖고 있는 이들의 관계 변화가 동아시아는 물론 세계적 차원의 정치·경제·군사적 질서 변화에 지대한 영향을 미치게 될 것이라는 점이다. 실제로 중국과 일본의 관계는 그 변화의 범위가 단순히 양국 간 현안에 국한되어 있지 않고 미국, 한반도, 대만, 동남아 등 광범위한 주변 국제정세와 상호 작용할 수밖에 없는 복합적인 관계다. 이는 곧 주변국가들이 이들의 관계 변화에 촉각을 곤두세우지 않을 수 없는 이유다.

특히 중국과 일본의 정치·안보적 갈등이 표면화되면서 점차 대만문제가 향후 양국관계 변화의 중요한 요인으로 부상하고 있다는 점은 최근 중·일관계의 또 다른 모습이다. 양국관계에서 대만문제가 심각한 사안으로 대두되고 있는 이유는 우선 대만문제가 중국과 대만의 양안관계에 국한되지 않고 동아시아 국제질서 전반에 영향을 미치는 매우 민감한 정치·안보적 사안이라는 점이다. 즉 중국이 주장하는 바와 같이 '중국은 오직 하나이고 대만은 중국의 불가분한 일부분'이라는 소위 '하나의 중국' 원칙이 국제사회의 공인된 사항이고, 따라서 대만문제가 중국의 내정이라는 형식논리가 가능하지만 현실적으로 대만이 자주·독립적 정치실체로 존재하고 있고 이를 둘러싸고 중·미, 중·일 등이 미묘한 신경전을 벌이고 있는 상황이다. 결국 대만문제를 내정으로 규정하고 자국의 주권·영토 수호라는 차원에서 접근하는 중국과 하나의 중국 원칙에 대한 형식적 승인에도 불구하고 대만문제에 대한 중국의 절대적 주도권을 인정하지 않는 일본이 대만

<hr>

절히 대처하지 못하고서는 정치 대국화의 목표를 달성할 수 없다고 인식하는 데 기인하는 것이라고 분석했다. 특히 일본은 점차 군사적 역량을 국제적 교섭의 직접적인 수단 내지는 대국화 전략의 효과적인 자원으로 활용하고자 하며 그 중에서도 중국의 견제, 즉 '제화'(制華)를 불가피한 국가적 과제로 인식하고 있다는 점을 강조했다. 사실 이러한 인식은 필자만의 특정 의견이라기보다는 전환기의 중·일관계에 대한 중국 정부의 전반적인 인식과 우려를 담고 있는 것으로 볼 수 있다. 吳懷中, "軍事與大國夢,"『人民日報』(07/01/18) 참조.

문제를 중심으로 대립·갈등할 수밖에 없다.

대만문제가 갖는 정치·안보적 속성으로 인한 중국과 일본의 대립과 함께 일본과 대만이 공유하고 있는 고유한 역사적 경험 역시 대만문제가 중·일관계 변화의 주요 변수로 부상하고 있는 중요한 이유다. 즉 일본은 청일전쟁 직후인 1895년부터 1945년까지 대만을 식민 지배한 경험이 있으며, 따라서 어느 국가보다도 대만문제에 대한 각별한 관심과 일종의 지분의식을 갖고 있다. 더욱이 대만 출신을 지칭하는 '본성인' 정치지도자 대부분이 일본과의 관계 발전에 매우 적극적이다. 또한 리덩후이, 천수이볜으로 이어지는 소위 독립 지향적인 최고지도자들은 대만의 국제적 고립을 타파하기 위한 전략적 외교공세의 일환으로 일본과의 다각적 접근을 끊임없이 시도하고 있다. 2006년 3월 9일 아소 다로(麻生太郎) 일본 외상이 의회 발언에서 대만을 정치·경제·법치의 측면에서 일본과 가치관을 공유하는 '국가'로 지칭했는데, 이는 단순한 표현의 실수라기보다는 일본 정치권이 기본적으로 갖고 있는 대만에 대한 인식이 표출된 것이다.

본 장에서는 바로 이러한 점에 주목해 전환기에 처한 중국과 일본의 관계 변화를 심층적으로 분석하고자 하며, 특히 중·일관계 변화의 중요한 변수의 하나로서 대만문제에 주목하고자 한다. 이를 위해 첫째, 중국과 일본의 관계 변화를 추동하는 한 축으로서 후진타오 집권기에 중국이 추구하는 대외전략 기조의 연장선에서 추진되는 대일정책을 구체적으로 분석하고자 한다. 둘째, 중국과 일본의 갈등을 동아시아 패권경쟁과 동중국해에서의 영토 분규 및 배타적 경제수역(EEZ) 설정, 해저자원 개발권 등으로 구분하고 각각의 현안과 대만문제의 상관성, 상호영향을 분석하고자 한다.

1. 후진타오체제의 대일정책 기조

앞서 언급한 바와 같이 중국과 일본이 상대방의 정치·경제·군사적 팽창을 실제 위협으로 받아들이고 동아시아에서의 영향력 확대를 위한 패권경쟁이 불가피하다는 인식을 갖게 되면서 중·일 양국은 상대국에 대한 정책적 선택과 대응에 매우 민감하게 반응하고 있다. 중국의 경우 중·일관계에 대한 지도부의 인식 변화와 함께 중국이 비약적으로 경제성장을 이룩하면서 개혁개방정책 성패의 절대적 요인으로서 일본의 비중이 축소되고, 또한 중국의 대외적 위상이 획기적으로 제고되면서 중국 내 여론의 대일 인식이 크게 변화한 것이 중요한 영향을 미친 것으로 보인다. 예를 들어 중국이 급속한 경제성장을 이룩하고 대외적 영향력을 강화하면서 상대적으로 일본의 위상에 대한 중국인들의 인식이 평가 절하되고, 더욱이 일본의 역사 왜곡, 정치권의 보수 우경적 회귀와 보통국가에 대한 집착, 미국과의 군사·안보적 밀착 등이 두드러지게 나타나면서 중국 지도부는 물론 인민에 이르기까지 일본에 대한 불신이 광범하게 확산되었다. 이러한 경향은 일본에서도 유사하게 나타나고 있는 것으로 보이는데, 즉 1989년 6·4 톈안먼사건(天安門事件), 소련·동구의 해체와 냉전 종식, 크고 작은 정치적 마찰과 2004년 이후 지속되고 있는 중국의 반일시위 확산에 따른 반발 등으로 일본 내의 반중 정서와 중국의 팽창에 대한 우려가 확산되고 있다. 또한 양국관계에는 일시적으로 우호적인 분위기가 나타나다가도 특정 역사적 사실이 드러나거나 특정 언론 혹은 정치지도자들의 비우호적인 견해가 표출되면 또다시 냉각되는 매우 불안정한 모습을 보인다.[3]

---

3 하나의 예로 미국 정부는 2007년 1월 20일을 기해 제2차 세계대전 당시 일본군이 전쟁범죄와 관련된 비밀문서를 공개했는데, 여기에는 일본의 '731부대'가 중국 내에서 행한 생체실험 및

이러한 상황에서 중국은 다음과 같은 대일정책 기조를 유지하고 있다.

첫째, 과거사 문제에 있어서 강경한 입장을 고수하고 있다. 왜냐하면 이 문제는 최고지도부의 사태 인식과 정책적 선택에 중국의 여론 추이가 큰 영향을 미치고 있기 때문이다. 즉 중·일 간의 과거사 문제는 이미 양국의 국내 여론, 정치상황과 연계되어 있어서 최고지도자의 결단만으로 해결할 수 있는 사안이 아니며 중국도 예외는 아니다. 따라서 중국은 일본이 과거의 역사를 거울삼아 미래 지향적 태도를 취할 것(以史爲鑒, 面向未來)을 촉구하는 동시에 고이즈미 전 일본 총리의 야스쿠니 신사 참배 등을 '중국인들의 감정을 무시하고 중·일관계의 정치적 기반을 손상시키는 행위'로 간주하는 한편 양국 정상회담 및 외무장관 회담을 갖지 않는 등의 강경 대응조치를 취했다.[4]

둘째, 댜오위다오(釣魚島), 대만문제 등 주권·영토문제에 있어서 초강

세균전쟁 준비, 1937년 12월의 '난징(南京)사건'에 관한 내용이 포함되어 있다. 이에 대해 중국의 언론매체들이 일본 군국주의의 야만적인 죄상과 현 일본 정치지도자들의 그릇된 역사의식을 성토함으로써 결과적으로 중국 여론의 대일 감정 악화를 초래할 수밖에 없었다. 이처럼 중·일관계에서 과거사와 관련된 대립과 갈등은 양국관계의 발전을 저해하는 복병으로 상존한다. 『人民日報』(07/01/22) 참조.

4 고이즈미 총리의 신사 참배와 관련해 중국은 이 문제가 일본의 내정 차원을 벗어나 국제정의와 관련된 심각한 외교적 문제라는 점을 강조했다. 실제로 중국은 고이즈미 총리의 야스쿠니 신사 참배 이후 중·일 정상회담을 거부해 왔으며 2004년 11월 칠레 산티아고에서 개최된 APEC 정상회의 과정에서 비로소 후진타오 주석과 고이즈미 총리의 정상회담이 가까스로 이루어졌다. 그러나 중국은 산티아고 회담에서 고이즈미 총리가 약속한 전향적 개선을 저버리고 야스쿠니 신사 참배를 지속하자 2005년 11월 부산의 APEC 정상회의, 2005년 12월 12일 말레이시아 쿠알라룸푸르의 아세안과 한·중·일 정상회의(ASEAN +3)에서 중·일 정상회담을 거부했다. 중국의 이러한 입장은 일본 정치권이 주변국에 대한 기본적인 신의와 예의를 무시하는 상황에서 더 이상 일본 최고지도자와의 정치적 교류가 무의미하다는 판단에 따른 것이다. 이에 대해 일본은 '대동소이'(大同小異) 정신에 따라 중·일 양국이 정치적 우호협력관계를 복원시켜야 한다는 점을 주장해 왔으나 중국은 고이즈미 총리의 야스쿠니 참배와 같은 행위는 결코 '소이'(小異)에 해당하는 것이 아니라는 점을 강조하고 있다. 『人民日報』(06/01/25); 『人民日報』(06/02/22) 참조.

경 입장을 고수하고 있다. 중국은 일본이 주변사태법, 유사시법안 통과에 이은 평화헌법의 수정 등을 통해 군사적 활동 범위를 명시적으로 확장하고, 더욱이 이러한 추세가 대만문제에 대한 일본의 영향력 증대로 연결될 가능성을 우려하고 있다. 특히 대만문제에 대한 일본의 개입 움직임에 대해서는 초강경 입장을 견지할 것이다.

셋째, 일본의 군사력 증강과 역할 증대가 미국의 비우호적인 대중정책에 편승, 연계되는 것을 최대한 차단하고자 한다. 실제로 중국은 1996년 이후 미국과 일본의 군사협력 강화, 특히 미국이 주한 미군과 주일 미군의 재편을 추진하고 궁극적으로 일본의 군사적 역할 증대를 적극 지원하는 움직임에 대해 매우 민감하게 반응하고 있다.

넷째, 정치·안보적 대립·갈등과 별도로 경제 분야에서의 교류협력을 지속적으로 강화하고자 한다. 이는 중국의 입장에서 미국과의 관계와 마찬가지로 일본과의 관계에서 대립 일변도의 정책을 불가능하게 하는 요인이다. 특히 전면적 소강사회를 향한 사회주의 시장경제 심화과정에서 일본과의 경제교류 확대는 여전히 불가결한 요인이다.[5] 따라서 향후 중·일 관계는 갈등과 대립이 불가피한 정치·군사·안보 분야와 여전히 '윈–윈'의 묘안을 강구할 수밖에 없는 경제 분야를 어떻게 조화시키느냐가 최대 관건이며, 후진타오체제 역시 이 점에 대일정책의 초점을 맞출 것이다.

---

5 예를 들어 2005년도 중·일 간의 무역 총액은 1,893억 달러로, 2004년 대비 12.7% 증가했으며 이 중에서 중국의 대일 수출은 1,090억 달러, 대일 수입은 803억 달러에 달했다. 여기에 홍콩과 일본의 무역액을 가산할 경우 중국은 일본의 최대 무역 대상국이다. 이러한 경제교류 증가 추세와 함께 중·일 양국은 2006년에서 2010년에 이르는 기간 동안 양국 무역의 지침이 되는 '중일장기무역협의'(中日長期貿易協議)를 체결했다. 『人民日報』(05/12/06); 『人民日報』(06/02/22) 참조.

2. 중·일의 동아시아 패권경쟁과 대만문제

중국과 일본의 대립·갈등의 역사는 적어도 한 세기 이상을 거슬러 올라간다. 1894년의 청일전쟁과 일본의 승전은 청조의 쇠퇴를 가속화하는 동시에 대만에 대한 일본의 식민지배를 용인함으로써 대만문제 생성의 원초적 원인을 제공했다. 또한 대만과 함께 한반도의 식민지배는 1930년대 이후 일본의 대중국 공략을 가능하게 했던 주요 원인이며, 결과적으로 중·일 양국이 지금까지도 청산하지 못하고 있는 불행한 역사를 남겼다. 또한 피해자로서의 중국과 가해자로서의 일본이 갖고 있는 역사 인식의 격차는 여전히 양국관계의 한계를 보여 주기에 충분하다.[6]

앞으로도 양국 간의 과거사 문제는 역사적 사실 및 처리방식에 대한 양국의 기본 인식과 정책이 근본적으로 변화하지 않는 한 지속적인 대립과 갈등의 에너지원으로 잔존할 수밖에 없으나 이것이 대만문제를 둘러싼 중·일 간의 갈등에 직접적인 영향을 미치지는 않을 것이다. 이에 반해 점차 표면화되고 있는 중국과 일본의 동아시아에서의 군사·안보적 패권경쟁과 동중국해역에서의 영토 분규는 대만문제와 직간접적인 상관성을 갖는다.

중국이 추구하는 21세기 대외전략의 성패는 절대적으로 미국과의 갈등·협력 조절 여하에 달려 있다고 할 수 있으나, 동아시아 지역열강으로서

---

6 물론 중국은 전향적인 역사 인식이 요구된다는 점에서 상대방을 일방적으로 비난하는 행태를 지양하고, 특히 과거 일본의 군국주의를 주도했던 세력과 일반 국민을 엄격히 구분해야 한다는 점을 강조하고 있다. 하지만 보수 우경화된 일본의 정치권이 객관적인 역사적 사실을 부인하고 불행했던 역사에 대한 철저한 반성이 결여되어 있다는 점, 그리고 이들에 의해 촉발된 일본 전후세대의 비정상적인 정서(abnormal sentiment), 즉 원폭 피해 등 자국이 받은 피해에 대해서는 매우 민감하게 반응하고 비극적인 사건으로 인식하는 반면 군국주의 일본이 주변국에 가한 고통에 대해서는 둔감한 경향을 보이는 점을 우려한다. Zhengang(2005, 2-8).

의 패권경쟁이 불가피한 일본과의 관계 역시 매우 중요한 요인이다. 1972년 관계 정상화 이후 중국과 일본이 역사적 굴곡과 현실적 갈등요인을 안고 있으면서도 꾸준히 관계 발전을 이룩할 수 있었던 요인은 무엇보다도 경제도약의 불가결한 요소인 자본과 기술의 조달원으로서 일본의 협조를 필요로 했던 중국과 거대한 잠재적 시장, 그리고 새로운 국제질서하에서의 정치·안보적 영향력 확대를 위해 최소한 중국의 암묵적인 지지를 필요로 했던 일본의 이해관계가 기본적으로 일치했다는 점이다.

그러나 앞서 지적한 바와 같이 중국과 일본의 대내적 상황 및 주변 국제질서 변화는 그들이 대립요인을 계속 묻어 둔 채 상호협력만 부각시키는 것을 점차 어렵게 하고 있다. 즉 갈등과 협력을 조절하기 위한 중국과 일본의 탄력적이고 우회적인 정책이 이미 한계에 직면했으며, 따라서 그들이 안고 있는 고질적인 현안들이 양국관계 전면에 노출되고 있다. 그 중에서도 중국과 일본의 군사·안보적 패권경쟁은 대만문제와 직접적인 관련을 갖는다.

우선 1990년대 중반 이후 일본이 미국과의 안보협력 강화와 자국의 군사적 역할 확대, 더 나아가 평화헌법 수정을 포함한 보통국가화를 적극 추진하고, 중국 역시 소극적이고 피동적인 '도광양회' 전략을 '유소작위'(有所作爲), '화평굴기'의 공세적인 대외전략으로 전환하면서 결국 양국 간의 군사·안보적 대립 수위가 고조되었다. 즉 1996년 4월 미국과 일본은 도쿄에서 개최된 클린턴·하시모토(Hashimoto Ryutaro)의 정상회담을 통해 미·일동맹의 확대·발전을 명시한 '미·일 안전보장 공동선언 : 21세기를 향한 동맹'(U.S.–Japan Joint Declaration on Security-Alliance for the 21st Century), 즉 '미·일 신안보공동선언'을 발표함으로써 미·일 안보협력 및 일본의 군사적 활동 범위를 확대하는 결정적 계기를 마련했다. 이에 따라 일본 내에서는 일본에 대한 공격 시의 공동대처(미·일 안보조약 제5조) 및 극동지역에서의 급변사태 발생 시의 일본 내 기지 제공(제6조) 등으로 규정된 미·일의 안보협력 범위 및 자위대의 군사적 활동 범위를 확대하려는 움직임이 구체화되었다(배정호 2005, 73-74). 결국 일본은 미국의 적극적인 지지하에 미·일 신방위협력 지침, 주변사태법, 유사시법안 등을 연속적으로 확정하는 동시에 이를 보완하기 위한 국내 차원의 법적·제도적 정비에 주력해 왔다. 특히 미·일 신안보공동선언은 대만해협에서의 군사·안보적 상황(a Taiwan contingency)이 발생하고 이를 일본이 자국의 안보에 영향을 주는 주변사태(situations in the areas surrounding Japan)로 규정할 경우 이에 개입할 수 있는 가능성을 열어 주었다. 실제로 일본 정부는 주변사태를 지리적 개념(geographical concept)이 아닌 상황적 개념(situational concept)으로 인식함으로써 대만문제 및 주변 안보문제에 대한 자국의 입지를 확대하고자 했다(Yoshihide 2001, 144-145).

　　일본의 이러한 움직임은 미·일동맹의 강화 및 조정을 통한 군사력 강화, 더 나아가 보통국가를 지향하는 것으로서 결국 중국과의 군사·안보적 대립을 불가피하게 하는 것이다. 더욱이 일본이 중국의 엄청난 반발에도 불구하고 군사적 활동 범위를 대만해협으로 확대하고, 급기야 2004년 『방위백서』에서 중국을 '가상 적'으로 명시하면서 중·일 간의 군사·안보적 대립이 표면화되었다. 중국 입장에서는 일본의 군사력이 미국에 대한 보조적 역할(burden sharing)에서 실제적 역할과 힘을 분담하는(power sharing) 차원으로 전환되었을 뿐만 아니라, 그러한 변화의 핵심이 대만문제에 대한 관여와 중국의 견제라는 인식을 할 수밖에 없다.[7]

---

[7] 특히 미·일동맹의 전환과 일본의 군사적 역할 확대 조치는 2001년 9·11테러 이후 더욱 적극적으로 이루어졌다. 즉 일본은 테러에 대한 전쟁이라는 명분을 통해 동아시아 및 주변지역의 지리적 범위를 넘어서는 상황적 개념을 적용하는 동시에 집단적 자위권(collective self-defense)에 대한 적극적 해석을 통해 동맹국 미국에 대한 도전은 곧 자국에 대한 위협이라는 인식을 하기 시작했다. 결국 일본 자위대의 활동영역이 일본 본토로부터 국제사회를 포괄하는 개념으로 확대되고, 자위권의 범위 역시 개별적 자위권으로부터 점차 집단적 자위권을 긍정적으로 수용

결국 일본의 군사력 증강과 자위대의 역할 확대로 인한 중국과 일본의 군사·안보적 대립은 대만문제에 직접적인 영향을 미치는데, 이는 중국·미국·일본의 삼각관계의 변화가 대만문제에 대한 정책 변화로 이어지기 때문이다. 우선 중국에 대한 미국의 전략적 변화는 기존의 미·일동맹과 일본의 안보 역할, 대만문제 및 양안관계에 대한 미국의 정책 변화를 가져왔으며, 결과적으로 대만문제에 대한 일본의 인식과 정책 변화를 야기했다. 즉 미국이 중국을 협력보다는 경쟁대상으로 인식하고 중국의 정치·경제·군사적 부상을 자국의 중장기 세계전략의 주요 변수로 인식하면서 중국에 대한 견제를 구체화하기 시작했으며, 여기에서는 미·일 안보협력의 재조정과 일본의 역할 확대, 대중국 견제수단으로서 대만문제의 재인식 등이 중요한 부분을 차지하고 있다.[8]

중국 역시 일본의 군사·안보적 역할 증대가 자국에 대한 미국의 견제 정책과 불가분의 관계를 갖고 있으며, 결국 새로운 미·일 안보협력구도 속에서 대만문제가 자국에 불리하게 작용할 수 있다는 점을 잘 인식하고 있다. 따라서 중국 입장에서는 자국에 대한 미국의 포용과 봉쇄의 이중정책(congagement policy) 속에서 일본의 군사적 역량이 지나치게 확대되고, 특히 그 과정에서 대만문제에 대한 자신들의 입지가 약화될 것을 심각하게 우려하고 있다. 실제로 중국이 2005년 3월 전인대(全人大)에서 통과시킨 반분열국가법은 이러한 가능성을 염두에 두고 있다. 즉 중국이 반분열국

하는 방향으로 변화했다. 일본의 안보정책 변화에 대한 구체적인 논의는 박철희(2004, 112-113) 참조.

8 일본의 군사력 강화를 옹호하는 일본 내의 주장들은 대개 첫째, 한반도와 대만해협의 긴장이 지속되고 둘째, 중국의 급속한 경제성장과 군사력 증강이 이루어지고 있는 상황에서 일본이 군사력 규모를 축소하고 미국과의 안보동맹을 완화하는 것은 불가능하다는 것이다. 즉 일본의 군사력 증강과 미·일동맹 강화를 불가피하게 하는 요인으로 중국 요인을 강조하고 있다. Yoda(2006, 960-961).

가법을 제정하게 된 배경에는 천수이볜 정부 출범 이후 대만이 대내외적으로 추진하고 있는 독립·자주국으로서의 '대만공화국'을 확립하기 위한 공세적 정책을 좀 더 구체적이고 강압적인 조치를 통해 억제할 필요성과 함께 미국과 일본의 대만정책 변화 움직임을 차단할 필요를 느꼈기 때문이다. 특히 중국은 미국이 대테러전 확대와 일방주의를 강화하고 해외 주둔 미군의 재배치, 전략적 유연성을 강조하면서 자국을 압박하는 한편 대만에 대한 무기 판매 확대, 미 의회의 대만관계법 중시, 미·일 안보협력 논의과정에서 대만문제의 비중 확대 등 일련의 비우호적 정책을 취하자 대만문제에 대한 심각한 우려를 갖게 되었다.

결국 중국은 대만문제가 중국의 내전으로 인해 야기된 내정문제라는 점을 전제하고 ① 대만의 독립 추진 세력에 의한 분열행위, ② 대만의 분열을 초래하는 중대 사건 발생, ③ 평화통일 조건의 완전한 소멸 시 국가 주권과 영토 보전을 위해 비평화적 방식과 필요한 조치를 취할 수 있다고 명시함으로써 대만에 대한 무력행사를 합법화했다. 여기에서 명시한 비평화적 방식의 동원이 가능한 상황은 대만 당국이 독립을 위한 헌법 개정 혹은 국민투표 실시, 국기·국명의 변경, 일방적인 대만 독립 선언, 외국 세력의 대만 침략·점령 혹은 대만 내 군대 주둔, 대만에 중대한 정치·경제·사회적 소요 발생, 대만의 대량살상무기 개발 혹은 구매, 양안 간 통일문제의 지나친 지체(過時), 대만군의 양안 군사분계선 침범 및 군사도발, 대만을 조국에서 분리시키려는 사건 발생 등이다.[9] 이처럼 미국의 대중국정책

---

9 중국 헌법 제62조 14항은 "전인대가 전쟁과 평화의 문제에 대한 결정 권한을 갖는다."고 규정하고, 제80조는 "국가주석이 전인대와 전인대 상무위원회의 결정에 따라 전쟁상태를 선포하고 동원령을 발령할 수 있다."라고 규정하고 있는데 반분열국가법안은 대만문제와 관련된 긴급사태 발생 시 국무원과 중앙군사위가 먼저 무력 동원을 비롯해 필요한 조치를 취한 뒤 전인대 상무위원회에 사후 보고하도록 했다. 물론 중국은 반분열국가법의 적용대상을 "대만 독립 세력"으로 한정하고 무력 동원 대신 비평화적 방식이라는 표현을 썼으며 "비평화적 방식 동원

변화에서 야기된 미·일동맹의 조정과 일본의 군사·안보적 역할 확대는 결국 중·일관계의 전반적인 냉각과 대만문제에 대한 일본의 관여 움직임으로 인해 반분열국가법과 같은 중국의 강경 대응을 초래했다.

한편 대만에 대한 무력 사용의 합법화와 관련된 중국의 강경 방침은 천수이볜 정부의 또 다른 강경 대응을 초래했으며 이 과정에서 중국과 미국·일본의 미묘한 갈등이 고조되었다. 즉 2006년 신년사를 통해 양안관계가 주권·민주·평화·대등의 4대 원칙에 부합해야 한다는 점과 2008년 신헌법 시행을 위한 일정을 제시한 천 총통은 결국 2006년 2월 27일 국가통일위원회 기능과 국가통일강령 적용의 '종지'를 전격 선언함으로써 중국의 거센 반발을 야기했다. 사실 대만의 국가통일위원회와 통일강령은 1988년 1월 장징궈 사후 리덩후이 집권 초기인 1990년과 1991년에 각각 설립·공포된 것으로 실질적 기능보다는 상징적 의미가 컸으나 적어도 양안의 통일 목표·원칙·단계를 구체적으로 명시하고 있다는 점에서 나름대로의 의미를 갖고 있었다. 즉 양안의 통일문제에 대한 입장이 중국과는 판이하게 다르지만 대만 역시 양안 통일의 당위성을 비록 형식적이라 할지라도 인정하고 있다는 것, 최소한 통일을 정면으로 부정하지 않는다는 것을 상징적으로 보여 주는 것이었다는 점에서 이를 정면으로 부정하는 것은 중국으로서는 묵과할 수 없는 일이다.

이처럼 천수이볜 총통이 국가통일위원회와 통일강령의 실질적 폐지를 전격 선언하게 된 배경에는 대만 독립에 대한 신념, 지속적으로 약화된 자신의 지지도와 민진당의 정치적 기반을 강화하기 위한 대내 정치적 고려와 함께 중·미·일 관계 등 주변 국제정세에 대한 천수이벤 총통의 전략적 판단이 영향을 미친 것으로 보인다. 사실 미국의 부시 정부 출범 이후 미국의 대중국정책이 협력보다는 경쟁에 비중을 두고 대만문제, 양안관계에 대한 정책이 변화 조짐을 보이면서 천수이벤 총통은 이러한 분위기를 자신들의 입지 강화에 십분 활용하고자 했다. 특히 천수이벤 총통은 오래 전부터 대만의 안보를 미·일의 안보협력체제에 연계시켜야 한다는 점을 공개적으로 주장해 왔던 것처럼 미국과 일본의 안보협력이 질적으로 변화하고 일본의 군사적 활동이 동중국해, 대만해협으로 확대되는 등 미·일의 대중국 견제가 강화되는 움직임에 은근히 편승하려는 의도를 갖고 있었으며 최근의 주변정세가 이에 유리하다는 나름대로의 판단을 한 것으로 보인다.

결국 중국과 일본의 동아시아 패권경쟁에서 대만문제는 지극히 중요한 변수이며, 중국과 일본 어느 쪽도 전적으로 양보하기 어려운 사안이다. 더욱이 대만문제를 중심으로 한 중·일 간의 갈등은 미국의 동아시아전략과 불가분의 관계를 갖고 있다는 점에서 중·미, 미·일관계 변화와도 밀접하게 연계되어 있다. 이는 중국과 일본의 동아시아 패권경쟁이 축소될 가능성보다는 확대될 가능성이 농후하다는 점과 여기에 미국의 대중국 견제정책이 지속되는 한 대만문제를 둘러싼 중·일 간의 대립은 동아시아 패권경쟁의 중요한 부분을 점하게 될 것임을 의미한다.[10]

---

10 특히 중국은 2005년 2월 19일 미국의 국무장관, 국방장관과 일본의 외상, 방위청 장관이 함께 참여하는 '미·일 안전보장협의위원회'(SCC, 2+2)에서 발표된 '공통전략목표에 관한 공동성명'에서 처음으로 '대만해협의 평화와 관련된 동맹적 이익'(the alliance's interests with peace in the Taiwan Strait)을 명시한 것에 대해 민감히 반응하고 있다. Heginbotham and Twomey(2005, 244-245) 참조.

3. 중·일의 동중국해 영유권 분쟁과 대만문제

중장기적 차원의 동아시아 패권경쟁과 함께 동중국해에서의 영유권 분규, 배타적 경제수역 설정 등을 둘러싼 중국과 일본의 대립 역시 대만문제와 직간접적인 관련을 갖는다. 즉 댜오위다오 영유권과 관련된 중·일 간의 갈등 이외에 최근 심화되고 있는 동중국해상에서의 석유, 가스 등 자원개발과정에서 빚어지는 양국 간 대립은 단순히 특정 지역에 대한 영유권이나 자원개발권 확보에 국한되는 것이 아니라 대만해협을 포함한 동중국해에서의 양국간 갈등으로 비화되고, 결국은 대만문제에 대한 대립을 가중시킬 가능성이 높다.

중국과 일본의 동중국해 영토 분규는 비록 해묵은 사안이지만 최근 들어 이 문제가 양국 간의 민감한 사안으로 부각된 데는 다음과 같은 점이 영향을 미친 것으로 보인다.

첫째, 미·일동맹의 조정과 일본의 안보 역할 확대, 일본 정치권의 전반적인 보수 우경화 및 주요 정치지도자들의 야스쿠니 신사 참배, 새로운 역사 교과서 출간 등은 중국의 대일 감정을 악화시켰으며, 이는 자연히 일본과 마찰을 빚고 있는 주권·영토문제에 있어서 중국의 강경한 입장을 야기했다.

둘째, 세계적으로 자원·에너지 개발 경쟁이 심화되고, 특히 석유·가스 자원 확보에 국가적 차원의 노력을 경주하고 있는 중국과 일본의 입장에서 방대한 에너지자원 매장이 확인된 동중국해상의 영유권 및 자원개발권 확보는 절대 양보 불가한 국가적 사안이다.

셋째, 에너지 및 수산자원의 확보뿐만 아니라 동중국해에서의 영유권 분규는 결국 중국과 일본의 동아시아 패권경쟁의 승패에 적지 않은 영향을 미칠 수 있는 사안이다. 즉 중국의 입장에서 이는 댜오위다오→타이완

→ 남사군도(南沙群島, Spratly Islands)에 이르는 민감한 영토·주권문제에서의 주도권에 영향을 미칠 사안이며, 일본의 입장에서도 중국과의 전반적인 동중국해 패권경쟁은 물론 자국의 정치·경제·안보에 절대적인 영향을 미치는 해로(sea lane)의 안전 확보에 결정적인 영향을 미칠 수 있는 사안이다. 사실 중국은 남사군도의 영유권 문제에 있어서도 주변국가들과 심각한 대립 가능성을 안고 있으며, 더욱이 이 문제와 관련해서는 대만도 이해 당사국으로 포함되어 있다. 즉 대만은 남사군도의 타이핑다오(太平島, Itu Aba)를 점유하고 일부 군사시설과 병력을 파견하고 있기 때문에 경우에 따라서는 양안관계에 매우 미묘한 파장을 일으킬 수 있다.[11]

결국 중국과 일본은 중장기적 차원의 패권경쟁과 일부 도서에서의 영유권 분규, 단기적 차원의 에너지자원 확보에 이르기까지 동중국해에서의 복합적인 갈등요인을 안고 있다. 특히 석유, 가스 등 에너지자원의 가격 급등 및 세계적 수급 판도의 불안정이 증대되면서 전통적으로 에너지의 해외 의존도가 높은 일본과 최근 급증하는 에너지 수요에 국가적 위기감을 갖고 있는 중국 모두 민감할 수밖에 없는 상황이다. 중국의 경우 1992년 처음으로 석유를 수입하기 시작한 이후 해외 석유 수입 의존도가 2004년에는 41%에 달했으며 2005년에는 약 50%에 육박하고 있다.[12] 중국 지

---

11 물론 중국과 대만은 남사군도 영유권 문제에 있어서 1947년 중화민국 정부의 남중국해 영유권 선언에 근거해 자국의 '역사적 주권'을 주장하고 있다. 또한 대만의 타이핑다오 점유 문제와 관련해 중국과 대만 정부가 마찰을 빚은 바는 없다. 그 이유는 중국이 남중국해 영유권 분쟁 문제에 있어서 베트남 등 주변국가와의 대립에 주안점을 두고 있고, 중국과 대만 모두 이 문제에 있어서 중국의 영토라는 미묘한 공감대를 갖고 있기 때문이다. 실제로 1990년대까지만 해도 대만 정부는 "중국과 베트남이 남사군도 영유권과 관련해 무력 충돌할 경우 어느 편을 지지하겠는가?"라는 질문에 대해 대만해협 양안의 주민 모두가 '중국인'이라는 점에서 베트남의 반대편에 서겠다는 입장을 보였다(Leifer 2001, 182-183).

12 중국의 석유 수입 의존도가 급증하면서 중국의 소위 에너지 안보 상황이 악화되고 있는데, 구체적으로 첫째, 미국의 세계 석유시장 장악 의도, 둘째, 고유가의 지속, 셋째, 산유국들의 석유 무기화, 넷째, 일본, 인도 등 주변국과의 석유 확보 경쟁 등은 중국의 에너지 안보에 매

도부 역시 이러한 상황을 인식하고 원자바오 총리를 조장으로 하는 국가 차원의 '에너지 영도 소조'(能源領導小組)를 조직하고 중동, 동남아, 러시아, 이란, 중앙아시아, 북아프리카, 중남미를 총망라한 전방위 에너지외교에 총력을 기울이고 있다.[13] 중국 지도부의 이러한 에너지 위기의식은 중국이 동중국해상의 자원 개발 및 이에 절대적인 영향을 미치는 일부 도서의 영유권 및 배타적 경제수역 설정 문제에 강경한 입장을 고수하는 중요한 이유다.

우선 중국과 일본의 영유권 분규의 핵심 사안인 댜오위다오 문제에서 중국은 댜오위다오가 역사적으로 중국의 영토임을 주장하는 동시에 현재 점유하고 있는 일본의 영유권을 전혀 인정치 않고 있다. 반면 일본은 1895년 시작된 대만의 식민지배와 함께 댜오위다오의 일본 지명인 센카쿠 열도(尖閣列島)가 일본의 영토로 편입되었음을 주장하고 현재 이를 점유하고 있다. 댜오위다오에 대한 중국과 일본의 영유권 분규는 양국관계의 전반적인 협력·갈등의 정도에 따라 간헐적으로 잠재, 부상의 반복 순환을 거듭해 왔으나 이 지역에 막대한 양의 석유·가스 매장량이 확인되면서 첨예한 대립을 지속하고 있다.

한편 중·일 간의 댜오위다오 문제가 한·일 간의 독도문제와 같이 단기간의 해결이 불가능한 지속적인 분쟁 사안으로 존속할 가능성이 높은 반

우 불리하게 작용하고 있다. 중국의 에너지 안보 상황에 대한 좀 더 자세한 평가는 윤석준(2005, 21-23) 참조.

13 예를 들어 중국은 국가발전개혁위원회 산하의 중국석유천연가스집단공사(CNCP), 중국석유화공집단공사(SINOPEC), 중국해양석유공사(CNOOC) 등 국영 석유회사를 총동원해 세계의 석유·가스자원 확보에 주력하고 있다. 또한 "권력은 총구에서 나온다."는 마오쩌둥의 말을 빗대어 "권력은 유전(油田)에서 나온다."는 말이 나올 정도로 중국은 체제안보 차원에서 에너지문제를 인식하고 있으며 서부지역 유전 개발, 동중국·남중국해의 해저자원 개발, 해외에서의 다각적인 에너지 협력 및 개발권 확보라는 삼위일체의 중장기 에너지 확보전략을 추진하고 있다.

면 동중국해에서의 해저자원 개발을 둘러싼 대립은 좀 더 직접적으로 양국관계를 악화시킬 수 있는 사안이다. 즉 중국과 일본은 현재 동중국해 해저자원 개발권의 귀속 여부를 결정하는 배타적 경제수역 획정 문제에서 첨예하게 대립하고 있고, 특히 중국이 이미 일부 분쟁 해역의 가스전을 개발·생산함으로써 일본의 심한 반발을 야기하고 있다. 중·일 간 분쟁의 시발점은 1990년대 후반 양국이 각각 200해리의 배타적 경제수역을 선포했으나 중국의 동남 연안과 오키나와의 거리가 400해리에 못 미치기 때문에 자연히 중국, 일본이 주장하는 배타적 경제수역이 중복되는 해역이 존재하고 공교롭게도 이 지역에 대량의 해저자원이 매장되어 있다는 것이다.

실제로 중국은 1992년 영해법 제정에 이어 1997년에는 중국 대륙에서 오키나와 인근까지 이어진 대륙붕을 기준으로 배타적 경제수역을 선포했는데, 이는 육지의 '자연연장원칙'에 따라 대륙붕에 대한 '천연자원의 개발에 관한 주권적 권리'를 주장하는 것이다. 반면 일본은 중·일 해안선의 중간선을 기준으로 한 배타적 경제수역의 획정을 주장하며, 이 경우 중국이 개발하는 가스전 대부분이 경계선 유역에 위치한다. 이는 결국 대륙붕의 '외한선'(外限線) 기준에 있어 중국이 주장하는 육지의 '자연연장원칙'과 일본이 주장하는 '중간선획정원칙'이 대립하는 것으로서 양국 주장에 따라 해저 석유, 가스 등 부존자원의 개발권이 달라진다.[14] 이에 따라 일본은 중국에 대해 배타적 경제수역 획정을 위한 우선 협상을 주장하고 있으나 중국은 자연연장선에 근거해 자국의 가스·유전 개발에 문제가 없다고 주장

---

14 1998년 6월 발효된 중국의 '배타적 경제수역 및 대륙붕에 관한 법률' 제2조는 "중화인민공화국의 대륙붕은 중화인민공화국 육지영토의 전부가 중국 영해 밖으로 자연 연장되어 대륙변계 외연까지 뻗어 나간 해저구역과 그 하층토"라고 규정하고 있으며, 또한 "중화인민공화국과 해안을 서로 인접하고 있거나 마주 보고 있는 국가가 배타적 경제수역과 대륙붕이 중첩된다고 주장하는 경우에는 국제법 기초 위에서 공평원칙에 따라 협의해 경계선을 획정한다."고 명시하고 있다. 박춘호(2005, 116-117) 참조.

하며, 특히 춘샤오(春曉) 가스전은 일본이 주장하는 중간선에서 중국 측으로 약 5㎞ 지점이어서 아무런 문제가 없다고 주장하고 일본의 공동개발 제의를 거부하고 있다.[15] 더 나아가 중국은 2010년까지 약 2,000억 원을 투입해 해양 유전, 가스전의 생산능력을 두 배로 확대할 계획을 갖고 있다. 중국의 이러한 입장에 대응해 일본은 배타적 경제수역의 중간선 획정과 공동개발을 지속적으로 요구하는 동시에 중국의 거부 방침에 따라 자국의 석유회사에 독자적 개발권을 허가하고 2005년 12월에는 자민당이 해상굴착시설 500미터 이내를 '안전수역'으로 설정하고 접근을 금지하는 '해양권익법안'을 마련하기도 했다. 그러나 중국의 완강한 거부에 따라 최근 일본은 자국이 자본을 제공하고 생산된 가스·석유를 공동 배분하자는 새로운 제안을 하고 있으나, 중국은 일본이 주장하는 중간선의 일본지역에서만 공동개발이 가능하다는 입장을 고수하고 있다.

이처럼 중국은 일본과의 영유권 분규, 배타적 경제수역 설정과 해저자원 개발 문제에 있어서 완강한 입장을 고수하고 있는데, 이는 기본적으로 동중국해에서의 영토 분규를 중·일 패권경쟁과 자국의 대외적 영향력 확대, 미·일의 대중 압박 견제, 에너지 확보, 대만문제의 주도권 유지, 남사·서사군도의 해양 주권 및 해로 보호의 관건적 사안으로 간주하고 따라서 절대 양보 불가의 입장을 견지하기 때문이다. 더욱이 향후 중·일관계의 협력과 대립의 이중구조에서 대립이 더욱 부각될 가능성이 크다는 점에서 이들 사안이 잠재될 가능성보다는 민감한 쟁점 현안으로 존속할 가능성이 높다. 특히 중국은 자원패권주의, 자원민족주의가 세계적으로 확산되는

---

15 동중국해 중일 분쟁지역은 2만 2,000㎢로 상하이에서 450km, 오키나와에서 400km에 위치한다. 2001년 7월 중국 정부가 중국해양석유공사에 댜오위다오 일대 7,379㎢의 개발권을 허가한 이후 중국이 춘샤오(春曉), 핑후(平湖), 두안차오(斷橋), 톈와이톈(天外天) 등의 가스전을 개발하면서 중·일 대립이 심화되고 있다.

상황에서 미국 주도의 세계 에너지 공급구조에 대응한 독자적 에너지원 확보 여부가 향후 자신들의 국가 발전을 좌우할 것이라는 위기의식하에 최고지도자가 직접 나서서 에너지 확보에 총력을 경주하고 있으며, 중국의 이러한 공세적 에너지외교는 중·미, 중·일 갈등을 증폭하는 요인으로 작용하고 있다.

결국 동중국해에서 중국과 일본의 주권·영토 분쟁은 모두를 만족시키는 완전한 합의가 불가능한 상황에서 쌍방의 입장과 주장의 팽팽한 대립이 지속될 수밖에 없으나 그 양상은 중·일, 중·미, 미·일관계의 전반적인 상황, 세계의 에너지 수급 판도, 중국의 대내 정치·경제상황 등과 긴밀히 연계되어 변화할 것이다. 물론 중국의 입장에서도 분쟁지역의 주권·영토에 대한 과도한 집착을 표출하는 것이 제3국에 부정적 이미지를 줄 수 있고, 결과적으로 남사 및 서사 등 다른 지역의 분쟁 해결에 악영향을 미칠 수 있다.[16] 또한 중국이 강조하는 '구동존이' 정신에 의한 국제분쟁의 '대화·협상', '평화적 해결' 원칙이 설득력을 상실하고 결과적으로 '책임 있는 대국'을 지향하는 전략에도 위배된다.

다만 중국이 우려하는 것은 일본과의 동중국해 영토 분규가 하나의 단일 현안이 아니고 미국의 중국 견제전략으로부터 정치·군사 대국화를 향한 일본의 공세적 대중국정책, 그리고 이와 직결되어 있는 대만문제와 양안관계에 이르기까지 제반 사안이 복합적으로 연계되어 있다는 점이다. 더욱이 대만의 천수이벤 정부는 자신들이 처한 대내외적 상황을 고려해

---

16 사실 일본 내에서 고위 정치지도자들의 야스쿠니 신사 참배 등과 관련해 "말보다 실제 행동으로 보여 달라."라는 중국의 주장을 충분히 이해할 수 있으나 이와 동일한 논리에서 중국 역시 군사력 증강 등의 문제에서 실제 행동을 통해 주변국들의 우려를 불식시켜야 한다는 주장들이 제기되고 있다. 또한 어느 국가에도 도움이 되지 않는 중·미·일의 대립구도를 완화하기 위한 3국 간 전략대화(comprehensive strategic dialogue among Japan, the U.S. and China)의 필요성이 제기되고 있다(Amako 2006).

양안관계의 긴장 국면을 조장하고 중국과 미국·일본의 대립구도를 은근히 자신들의 입지 강화에 활용하고자 하는 의도를 더 이상 감추지 않고 있다. 바로 이러한 점은 미국의 대중 견제와 이에 편승해 동아시아 패권을 확보하려는 일본의 전략적 구상, 이중정책을 통한 대만 카드의 효용 극대화에 집착하는 미국과 일본의 정책 기조가 근본적으로 변화하지 않는 한 중국 역시 양보·타협의 태도를 취하기 어려운 이유다.[17]

4. 중·일·대만 삼각관계의 전망

1980년대 이후 중국과 일본은 정치·안보·역사적으로 민감한 사안을 서로 자극하기보다는 경제협력 확대를 통한 소위 '호보호리'에 중점을 두어 왔다. 이는 덩샤오핑의 말대로 중·일 간에 당장 해결이 불가능한 사안은 후대의 지혜와 노력에 넘기자는 정신을 통해 갈등보다는 협력에 치중해 왔음을 의미한다. 그리고 이러한 실용적·탄력적 관계 인식은 1990년대 중반까지 중·일관계를 비교적 안정적으로 이끌었다.

그러나 1990년대 후반에 접어들면서 중국과 일본의 정치·군사적 대립

---

17 이는 결국 동중국해에서의 중·일 영토 분규가 양국관계의 민감한 갈등요인으로 잔존할 수밖에 없다는 것을 의미한다. 일례로 일본 문부과학성은 2007년 4월부터 사용될 일본의 고교용 사회 교과서에서 "일본은 중국과 센카쿠 문제를 안고 있다."는 식의 중립적인 표현 대신 "일본 고유의 영토인 센카쿠에 대해 중국이 영유권을 주장하고 있다."는 것으로 수정 표현할 것을 사실상의 지시인 '의견'으로 제시했고, 결국 수정된 교과서의 검정을 통과시켰는데 이에 대해 중국 외교부는 2006년 3월 31일 일본 정부에 강력히 항의했다. 중국의 항의에 대해 고사카 겐지(小坂憲次) 일본 문부과학상은 "일본의 교과서는 일본의 입장에서 정확히 기술할 필요가 있다."고 반박함으로써 영토 분규에 대한 중·일 간의 전형적인 갈등 양상을 보여 주고 있다.

이 점차 표면화되었으며, 이러한 분위기에 곁들여 고질적인 역사·영토문제는 이들의 갈등을 고조시키는 요인이 되고 있다. 물론 중·일관계의 안정적 요인으로 작용해 온 경제협력 확대의 필요성이 소멸된 것은 아니며 양국 간 경제교류 지표가 보여 주듯 경제적 요인은 '전면적 소강사회'의 실현을 추구하는 중국과 장기간의 경제침체에서 막 벗어나고 있는 일본에 있어 여전히 중요한 부분이다. 심지어 일본은 최근 외무성 내에 '일·중 경제협력실'을 신설할 정도로 중국과의 경제교류 확대에 주력하고 있다.[18]

이러한 경제적 협력요인에도 불구하고 중·일관계가 대립·갈등 수위를 높여 가는 주된 이유는 20여 년의 경제성장을 바탕으로 대외적 영향력을 강화하고 궁극적으로 21세기 국제질서의 주도국으로 부상하려는 중국과 탈냉전의 '하위정치'(low politics)시대임에도 불구하고 정치·군사력의 뒷받침 없는 경제대국의 분명한 한계를 극복하려는 일본의 공세적 대외전략이 충돌하기 때문이다. 더욱이 미국이 중국의 부상을 점차 실재 위협으로 간주하고 이에 대한 대응으로 미·일동맹의 강화·조정 및 다각적 견제정책을 추진함으로써 중국의 반발과 군사력 증강을 야기하고 이것이 또 다른 대응을 촉발하는 악순환이 계속되고 있다. 일례로 일본은 유엔 안보리 상임이사국 진출, '자위' 이상의 능력과 활동 범위를 갖는 군사력 확충을 통해 명실상부한 강대국으로 변신하고자 하지만 '보통국가화'라는 미명하에 추진되고 있는 일본의 정치·군사 대국화 움직임을 더 이상 방치할 수 없다고 인식하는 중국의 반발과 압박이 이어지고 있다는 점에 불만을 갖고 있다.

---

18 중국 역시 2006년 10월 아베 총리의 중국 방문 이후 중·일관계가 호전되고 있다고 평가하고 있다. 예를 들어 쩡칭훙(曾慶紅) 국가 부주석은 2007년 2월 5일 중국을 방문한 일본 중의원이자 일중협회 회장인 노다 다케시(野田毅)를 만난 자리에서 2007년이 수교 35주년, '중·일 체육문화교류'의 해라고 지적하면서 중·일관계 개선은 양국 정부, 정당, 정치가의 공동책임이라는 점을 강조했다. 『人民日報』(07/02/06) 참조.

이처럼 중·일관계는 경제적 협력요인과 정치·군사적 대립요인이 불안정하게 병존하는 상황에서 점차 갈등이 심화되는 전환기에 접어들었다. 그리고 이러한 전환기의 중·일관계에 있어서 대만문제가 양국관계 변화의 중요한 요인으로 부상하고 있는데 그 이유는 첫째, 중·일 간의 대립이 주로 양국의 정치·군사적 팽창 의도와 관련되어 있고 이러한 대립은 결국 중국의 아킬레스건이라고 할 수 있는 대만문제와 연계될 수밖에 없기 때문이다. 즉 대만문제를 주권·영토 수호라는 차원에서 접근하는 중국과 '하나의 중국'에 대한 형식적 승인에도 불구하고 내심 대만문제에 대한 중국의 주도권을 원치 않는 일본이 대만문제를 중심으로 갈등할 수밖에 없다는 것이다. 둘째, 일본과 대만이 공유하고 있는 역사적 경험 또한 대만문제가 중·일관계 변화의 주요 변수로 부상하는 하나의 이유다. 특히 민진당에 비해 급진적인 대만 독립을 주장하는 대만단결연맹(臺灣團結聯盟)을 주도하는 리덩후이 등과 같이 일본에서 대학(京都大學)을 졸업하고 일본의 정치권과 교감을 갖고 있는 인사들은 물론 천수이볜을 비롯한 대만 출신의 독립 지향적 정치지도자들은 국제적 고립 타파를 위한 외교공세의 일환으로 일본과의 관계 발전에 매우 적극적이며 일본도 대중국 견제 차원에서 대만을 적절히 활용하고자 한다.

이처럼 전환기의 중·일관계에 있어 대만문제와 양안관계가 중요한 변수로 부상하고 있는데 우선 향후 중·일관계 변화의 최대 변수가 될 동아시아 패권경쟁과정에서 대만문제가 더욱 복잡하게 연계될 가능성이 높다. 왜냐하면 중국과 일본의 동아시아 패권경쟁은 중·일관계는 물론 중·미, 미·일관계 등과 결부될 수밖에 없는 구조적 요인을 갖고 있을 뿐만 아니라 이들의 관계에 있어 대만문제가 한결같이 중요한 요인으로 작용하기 때문이다. 사실 일본은 중국의 거센 반발에도 불구하고 중국을 '가상 적'으로 공식화하고 주변사태법, 유사시법안 등을 통해 군사적 활동 범위를 대만해협까지 확대하고 있다. 이처럼 일본의 군사력 증강과 자위대의 역할 확대는 결국 대만문제에 직접적인 영향을 미치는데, 이는 중국·미국·일본의 삼각관계 변화가 대만문제에 대한 정책 변화로 즉각 연계되기 때문이다. 특히 미국이 중국의 부상을 자국의 동아시아 패권의 주요 변수로 인식하고 대중 견제를 구체화하는 상황에서는 대만문제의 중요성이 더욱 부각될 수밖에 없다.

한편 동아시아 패권경쟁과 함께 동중국해에서의 영유권, 배타적 경제수역 설정 등을 둘러싼 중국과 일본의 대립 역시 대만문제와 직간접적인 관련을 갖는다. 즉 댜오위다오 영유권과 관련된 중·일 간의 갈등과 함께 심화되고 있는 동중국해의 석유, 가스 등 자원개발과정에서 빚어지는 양국 간 대립은 단순히 특정 도서의 영유권이나 자원개발권 확보에 국한된 것이 아니라 대만해협을 포함한 동중국해에서의 양국 간 갈등으로 비화되고 결국은 대만문제에 대한 갈등을 가중시킬 가능성이 높다. 앞으로 중국과 일본의 동중국해 영토 분규는 양자가 모두 만족하는 완전 합의가 불가능한 상황에서 쌍방의 입장과 주장이 팽팽하게 대립할 것이다. 이러한 상황에서 중국이 우려하는 것은 일본과의 동중국해 영토 분규가 미국의 대중 견제전략, 보통국가를 향한 일본의 공세적 대중정책, 대만문제와 양안관계 등에 이르기까지 민감한 정치·안보 현안과 복합적으로 연계되어 있다는 점이다. 결국 중국으로서는 미국의 대중 견제와 보통국가로서의 동아시아 패권을 확보하려는 일본의 전략적 의도, 대만문제에 대한 이중정책과 대만 카드의 효용 극대화에 집착하는 미국과 일본의 정책 기조가 근본적으로 변화하지 않는 한 양안의 통일과 독립, 하나의 중국 원칙 등에 대한 미국과 일본의 협공과 이에 편승해 국제적 생존공간을 확대하고 궁극적으로 자주·독립적 정치실체로 다시 태어나려는 대만의 집요한 공세에 직면할 수밖에 없다.

제7장

양안관계와 남북한관계의 대내외적 요인 비교

양안관계와 남북한관계는 관계 형성의 구체적인 배경과 과정, 정치체제와 이념, 쌍방의 정치적 관계에 대한 상호인식과 정책, 상호관계에 대한 국제사회의 인식 및 국제적 지위 등의 측면에서 상이한 성격을 갖고 있다. 이러한 요인으로 인해 그 동안 양안관계와 남북한관계는 변화과정에서 다른 양상을 보여 왔으며, 향후 변화 역시 서로 다른 방향에서 이루어질 가능성이 높다.

실제로 중국 지도부는 양안관계를 남북한관계와 유사한 차원에서 거론하는 것조차 불쾌하게 받아들일 뿐만 아니라 '중국·대만관계'라는 표현에 대해서조차 거부감을 갖고 있는데, 그 이유는 그 표현이 양안관계를 마치 독립된 국가와 국가 간의 관계로 인식하는 느낌을 준다는 것 때문이다. 즉 중국은 대만과의 관계를 하나의 중국 범위에 속하는 순수한 내정 차원에서 인식하며, 그렇기 때문에 대만과의 관계를 양안관계라고 표현하고, 통일문제를 포함해서 양안관계와 관련된 모든 사항을 '대만문제'라고 지칭한다. 물론 대만은 중국의 이러한 입장에 반발하며, 양안관계를 남북한관계와 유사한 차원으로 끌어올리고 싶어 한다.

이처럼 양안관계와 남북한관계는 상대방에 대한 인식 및 호칭에서부터 매우 다르다. 그러나 남한과 북한, 그리고 중국과 대만은 분단 배경과 과정의 차이에도 불구하고 공통적으로 장기간의 이념적 대립과 체제경쟁을 경험했고, 비록 정도의 차이는 있지만 궁극적으로 교류협력의 확대를 통한 화해와 공존공영(共存共榮)을 지향하고 있다는 점에서 유사한 측면을 갖고 있다. 또한 양안관계와 남북한관계는 역내 국가들의 이해관계가 복잡하게 교차하며, 따라서 이들의 관계 변화 여하에 따라 대만해협 및 한반도 정세는 물론 주변국가들의 역학관계가 크게 영향 받는다는 공통점을 갖고 있다. 즉 양안관계와 남북한관계는 근본적으로 상이한 측면과 함께 상호관계에 밀접한 영향을 미치는 대내외적 요인을 공유하고 있다.

본 장은 바로 이러한 점에 착안해 중국과 대만의 양안관계와 남북한관계가 처해 있는 대내외적 환경을 분석하고, 더 나아가 이들 요인이 양안관계 및 남북한관계 변화과정에 미친 영향을 구체적으로 비교·분석하고자 한다. 이를 위해 첫째, 관계 변화에 결정적인 영향을 미친 대내적인 요인들을 검토하고자 하며, 여기에는 관계 변화의 시발점이 되었다고 할 수 있는 상대방의 이념과 체제에 대한 용인에 근거한 '구동존이', 정치적 제약상황하에서의 교류협력 활성화를 추진하기 위한 정치·비정치 영역의 분리 등이 주요 분석대상이다. 둘째, 양안관계, 남북한관계를 불문하고 상호관계의 형성·변화과정에 지대한 영향을 미치고 있는 대외적인 요인을 분석하고자 하며, 여기에서의 주요 분석대상은 각국의 대외정책 변화와 양자관계에 대한 국제사회의 인식 변화, 그리고 이와 직간접으로 결부된 미국 요인이다. 셋째, 양안관계와 남북한관계의 구조적 성격상 관계 변화과정에는 적지 않은 대내외적 제약요인이 상존하며 이들 역시 중요한 분석대상이다.[1]

---

1 물론 양안관계와 남북한관계에 영향을 미치는 모든 대내외적 요인들을 동일한 정도로 상호 비교·분석하는 데는 한계를 갖는다. 즉 모든 경우에 있어서 양안관계와 남북한관계가 균형적으로 비교되지는 않으며, 이는 두 관계의 기본적인 성격이 상이하다는 점과 함께 구체적인 변화 양상의 차이로 인해 특정 분야의 경우에는 비교·분석이 어렵거나 가능하더라도 그 자체가 별

1. 상호관계 변화의 대내적 요인

1) 체제와 이념의 상호인정

중국은 기본적으로 대만과의 통일문제 등 양안의 주요 정치적 현안을 대만문제로 인식하며, 따라서 중국의 입장에서 대만과의 통일은 곧 대만문제의 해결을 의미한다. 중국의 이러한 입장은 앞서 지적한 바와 같이 양안의 통합을 두 정치실체 간의 통일이라는 차원보다는 일방적인 해방의 대상으로 인식해 온 기존 입장과 대만문제를 중국의 고유한 내정으로 규정하려는 정치적 의도와 관련이 있다. 반면 대만 국민당 정부는 중국이 통일문제를 포함한 양안의 정치적 문제를 대만문제라고 지칭하는 것에 대해 심한 거부감을 갖고 있었다. 즉 국민당 정부 입장에서는 중국공산당 정권이 중국문제를 대만문제로 격하시켜 중화민국의 존재 자체를 부정하려고 한다는 인식을 갖고 있었던 것이다.

양안관계의 발전은 이처럼 쌍방의 정치적 관계 및 정치적 현안을 포괄하는 명칭을 둘러싸고 대립할 정도로 적대적이었던 상황이 완화되면서 비로소 가능했으며, 그 이면에는 중국과 대만 지도부의 현실적·이성적 정책 전환이 원동력으로 작용했다. 양안관계의 변화과정에 비추어 볼 때 체제·이념적 차원에서 장기간 반목·대립을 지속해 온 두 체제의 관계 변화를 위해서는 비록 상대방의 체제와 이념에 대한 근본적인 승인과 수용은 아니더라도 최소한 자신들과 공존 가능하다는 최소한의 묵인이 요구된다. 그리고 이러한 인식 전환과 정책 변화가 있어야만 상대방에 대한 정책 결

다른 의미를 갖지 않는다는 점을 고려한 것이다.

정과정에서 이념적 요인보다 대내외 환경 변화와 관련된 현실적 요인을 중시하는 정책결정 메커니즘이 작동할 수 있고, 궁극적으로 이를 통한 관계 발전이 가능하다.

이러한 측면은 남북한의 관계 발전을 위해서도 당연히 요구되는 사항으로서 1990년대 이후 시기적인 기복과 사안에 따른 곡절에도 불구하고 김대중 정부하에서 이루어진 남북한 정상회담과 각종 교류협력의 확대는 남북한 지도부가 정치·이념적 요인에 집착해 적대적인 관계를 확대 재생산했던 과거의 냉전적 사고와 행태에서 벗어나고자 노력한 것이 그 출발점이다. 즉 남북한 쌍방이 상대방의 체제·이념에 대한 명시적 혹은 묵시적인 승인과 비록 잠정적이라고 하더라도 상호 간의 공존 필요성을 공감함으로써 관계 변화가 가능했다고 할 수 있다. 예를 들어 1992년 2월 19일 발효된 '남북 사이의 화해와 불가침 및 교류협력에 관한 합의서'에 명시된 상대방의 체제 인정 및 비방·중상, 파괴·전복의 금지 등은 바로 상호 간의 체제 인정과 "통일을 지향하는 과정에서 잠정적으로 형성된 특수한" 공존 관계를 유지할 것을 합의한 것이다.[2] 또한 2000년 6월 15일 김대중 대통령과 김정일 국방위원장의 남북한 정상회담은 '남북공동성명'의 구체적인 내용에서뿐만 아니라 김대중 대통령의 평양 방문과 회담 그 자체가 남북한 상호 간의 체제 인정에 대한 재확인이다.[3]

---

2 남북한 상호 간의 체제 인정 및 공존공영에 대한 부분은 다음과 같다. 제1조 남과 북은 서로 상대방의 체제를 인정하고 존중한다, 제2조 남과 북은 상대방의 내부 문제에 간섭하지 아니한다, 제3조 남과 북은 상대방에 대한 비방·중상을 하지 아니한다, 제4조 남과 북은 상대방을 파괴·전복하려는 일체 행위를 하지 아니한다, 제9조 남과 북은 상대방에 대해 무력을 사용하지 않으며 상대방을 무력으로 침략하지 아니한다. 통일원 남북회담사무국(1994, 21-23) 참조.
3 남북한 정상회담의 일정, 남북공동선언 채택 배경, 의미 등에 관한 좀 더 자세한 내용은 통일부 정보분석국(2000, 4-21) 참조.

2) 정치·비정치, 정부·민간 차원의 분리

양안관계와 남북한관계에 있어서 체제·이념에 대한 상호인정이 긍정적인 관계 변화의 출발점이라고 한다면 정치·비정치 분야의 분리를 통한 교류협력의 활성화는 지속적인 관계 발전의 중요한 원동력이라고 할 수 있다. 특히 이러한 정책은 상대방의 체제에 대한 외형적인 승인에도 불구하고 서로가 승인하는 정도가 상이하고 정치·안보적인 사안을 둘러싼 대립과 체제 유지에 대한 불안감 혹은 상대방에 대한 의구심이 여전히 존재하는 상황하에서 정치·안보적으로 민감한 분야와 사안을 우회해 비교적 이해관계가 일치하는 분야에서의 교류협력을 확대할 수 있었다.

정치·비정치, 정부·민간 차원의 분리를 통한 교류협력의 확대는 양안관계가 남북한관계에 비해 시기적으로 빠를 뿐만 아니라 그 성과 면에서도 남북관계를 월등하게 앞선다. 중국과 대만의 경우 정치·비정치, 정부·민간 차원을 철저하게 분리한 정책은 양안의 정치적 관계가 불투명하고 중국공산당 정권과의 접촉·담판·타협을 불허하는 대만의 '삼불정책'으로 정치적 접촉이 불가능한 상태에서는 불가피했던 조치이며, 만약 대만 정부가 이러한 정책을 추진하지 않았다면 양안관계는 대립 일변도의 기존 관계를 벗어나기 어려웠을 것이다.

중국과 대만의 비정치·민간 차원 교류협력 중에서도 양안관계의 질적인 변화를 초래한 가장 중요한 요인으로는 인적 교류와 경제교류를 지적할 수 있다. 우선 대만 정부가 1987년 10월 대륙 내 친척 방문을 의미하는 '탐친'(探親)을 허용하면서 활성화된 양안의 인적 교류는 단순한 인적 왕래에 그치지 않고 경제교류, 사회·문화교류 등 민간 차원의 다양한 양안 간 교류협력을 확대하는 데 교량적인 역할을 수행했다. 좀 더 구체적으로 양안의 인적 교류는 첫째, 양안 주민의 적대감 완화, 양안의 긴장 완화에 긍정적인 영향을 미침으로써 양안관계 변화의 기반을 조성했다. 둘째, 상호방문을 경제교류, 사회·문화교류 등의 기회로 활용함으로써 교류협력을 확대·발전시키는 역할을 했다. 셋째, 대만 정부의 삼불정책, 삼통 금지 등이 양안 교류협력에 미치는 부정적인 영향을 최소화하는 기능을 했다. 결국 양안의 인적 교류는 양안관계 개선의 시발점이 되었을 뿐만 아니라 교류협력의 확대요인으로 작용함으로써 양안관계 발전의 견인차 역할을 했다. 즉 양안의 인적 교류가 활성화되면서 비로소 경제교류를 비롯한 교류협력이 가속화될 수 있었고, 이를 바탕으로 양안의 전반적인 관계 발전이 가능했다.[4]

한편 양안의 경제교류는 그 규모나 양안관계에서 차지하는 비중을 고려할 때 양안관계 발전의 가장 중요한 요인으로 작용하고 있다. 특히 양안의 경제교류는 오히려 규모를 확대하는 것보다는 점차 부각되는 문제들을 시정해 양안관계에서의 역할을 건실하게 확립하는 것이 좀 더 중요한 과제다. 실제로 양안관계가 지나치게 경제교류에 편중되어 양안 주민들의 주요 관심이 경제문제에 집중되고, 특히 각 기업들이 경제적 이해관계에 집착해 무분별한 경제교류를 추진함으로써 정부와 기업의 갈등이 야기되고 있다는 지적들이 제기되고 있다.

양안관계의 경제교류 편중에 따른 부작용은 대만의 경우에 더욱 심각하게 나타나고 있다. 즉 중국과의 경제교류에 참여하고 있는 대만 주민과 기업들이 정부의 정책 방향이나 양안관계의 균형적인 발전에 대한 고려보다는 개인적인 이해관계에 지나치게 집착하는 경향이 있다. 특히 대부분의 대만 기업들은 중국이 대만 기업의 중국 진출에 각종 특혜를 부여하는

---

4 인적 교류는 이미 양안관계의 불가결한 일부분으로 자리 잡고 있다. 예를 들어 2006년 한 해 동안 중국을 방문한 대만인이 408만 4,000여 명이며 대만을 방문한 중국인도 24만 3,000여 명에 달한다. 그리고 양안의 인적 교류는 대만 정부가 중국인의 대만 방문을 엄격히 제한했던 과거의 규제 조치를 완화하고 중국인들의 대만 관광 등을 허용함으로써 더욱 확대될 것으로 보인다.

등 양안의 경제교류 여건이 크게 개선되었음에도 불구하고 대만 정부가 '삼통'을 허용하지 않고 있기 때문에 중국과의 경제교류 확대에 장애가 되고 있다는 불만을 갖고 있다. 이에 따라 대만의 많은 기업들이 편법을 통해 중국과의 경제교류를 확대하는 등의 부작용을 유발하고 있다. 천수이볜 총통이 2007년 신년사를 통해 대만 기업의 대륙투자에 대한 "적극관리, 유효개방" 방침을 강조한 것도 이러한 부작용을 억제하기 위한 것이다.

중국의 경우는 대만에 비해 경제교류의 편중에 따른 부작용이 두드러지게 나타나고 있지는 않으나 전혀 문제가 없는 것은 아니다. 즉 개혁개방정책의 일환으로 지방정부 및 기업의 자율성이 확대되면서 중앙정부 차원만이 아닌 지방정부, 기업, 개인 차원에서도 양안 간 경제교류 확대에 대한 요구가 급증하고 있다. 또한 양안 교류에 대한 관심이 주로 베이징, 상하이, 톈진(天津)과 같은 대도시나 광둥(廣東), 푸젠(福建), 저장(浙江), 하이난(海南) 등과 같이 지리적으로 대만과 인접해 있으면서 개혁개방정책의 혜택을 비교적 많이 누리고 있는 지역의 주민들에게 편중되어 있는 경향을 보이고 있다. 따라서 이러한 경향은 최근 중국이 직면하고 있는 지역·계층 간 갈등과 맞물려 부작용을 유발할 가능성이 있다.

물론 양안 간 경제교류과정에서 발생한 부작용은 대만 정부가 정치·비정치 분야를 엄격하게 구분해 정치적인 문제에 대해서는 주민들의 관심과 참여 영역을 엄격히 제한한 반면 비정치적인 분야, 특히 경제 분야에서는 매우 융통성 있는 정책을 취한 데 따른 불가피한 결과이다. 또한 대만 정부가 추진한 경제교류 위주의 대륙정책은 양안 주민들의 공통 관심사인 경제교류를 매개로 그 동안 단절되었던 상호교류 및 이해의 폭을 넓혔다는 긍정적인 측면을 결코 과소평가할 수 없다.

결국 중국과 대만의 비정부·민간 차원의 교류협력이 중국과 대만 정부가 인위적인 규제를 통해 통제하기 어려울 정도로 확대되고, 특히 경제교류가 쌍방의 경제 부문에서 매우 중요한 비중을 차지하면서 쌍방의 정치적 대립과 갈등을 억제해 주는 기능을 하고 있다. 이는 양안의 교류협력이 쌍방의 정치적 관계 변화에 민감하게 영향을 받는 동시에 다른 한편으로 정치적 관계에 일정한 영향을 미친다는 것이다. 따라서 중국과 대만은 정치·이념적 대립과 간헐적인 군사적 긴장에도 불구하고 기존의 교류협력을 지속하지 않을 수 없었으며, 심지어 안정적인 교류협력을 위해 상호 대립의 수위를 조절해야 하는 측면마저 있었다. 실제로 중국과 대만을 불문하고 양안의 경제교류를 우선적으로 고려하지 않을 수 없으며, 특히 대만은 천수이볜 정부를 위기로 몰고 있는 대만의 총체적인 경제침체의 극복, 경제계의 불만과 요구의 수용 차원에서 선택의 여지가 없으며, 따라서 중국과 함께 윈-윈할 수 있는 방안을 모색할 수밖에 없다. 이 점은 중국의 경우에도 예외가 아니며 일부 부정적 영향의 가능성에도 불구하고 중국은 대만 기업의 대륙 내 투자를 유치하기 위한 각종 정책을 계속 확대하고 있다. 예를 들어 2007년에 들어서는 푸젠성을 시작으로 대만인들이 소매업, 요식업, 목욕탕, 사진관, 차량 정비, 가전제품 수리 분야의 자영업, 즉 '개체호'(個體戶) 진출을 허용하고 있다.[5] 이처럼 양안 간 교류협력은 정치적인 관계 개선이 이루어지지 않은 상태에서 편법을 통해 이루어졌다는 한계와 그에 따른 문제점을 안고 있음에도 불구하고, 중국과 대만의 전반적인 관계 개선을 촉진한 요인으로 작용해 왔으며, 정치·군사적 대립이 야기된 상황에서는 대립·갈등의 수위를 조절하도록 하는 일종의 균형자로서

---

[5] 중국의 국가공상행정관리국 종유핑(鐘收平) 부국장은 2007년 2월 대만 자본의 유입, 경제활동 범위 확대 측면에서 대만인들의 '개체호' 창업을 허용하겠다고 공식 발표했다. 홍콩, 마카오의 경우 2004년 1월 1일 이후 대륙 내 개체호 창업을 허용했으며 그 결과 2006년 말 현재 총 2,746개에 달하는 개체호가 창업했다. 중국 내 개체호의 비중이 계속 확대되어 2006년의 경우 개체호를 포함한 사영경제가 창출한 GDP가 중국 경제총생산의 40%를 차지했다는 점을 감안하면 대만인들의 개체호 창업 허용은 양안 경제교류의 새로운 이정표가 될 것으로 보인다. 『工商時報』(07/02/16) 참조.

의 역할을 하고 있다.[6]

양안관계와 마찬가지로 남북한관계에서도 비정치·민간 차원의 교류협력은 남북관계의 전반적인 발전에 불가결한 부분이다. 그러나 앞서 언급한 바와 같이 남북관계에서의 비정치·민간 차원의 교류협력은 그 범위와 수준에서 양안관계에서의 교류협력에 비해 크게 뒤떨어진다. 이는 양안관계와 남북한관계의 구조적 차이에 따른 것으로, 예를 들어 체제 위협에 대한 북한 지도부의 인식 및 이와 직결된 개혁개방 추진 의지, 남북한관계 및 대북정책 전반에 대한 남한 정부의 정책 방향과 여론의 추이 등은 남북한 교류협력에 절대적인 영향을 미치는 요인들로서 양안관계와 차별성을 갖는다.

우선 남북한의 비정치·민간 차원의 교류협력의 활성화를 위해서는 북한 지도부가 대내외 정책을 현실적으로 전환하고 무엇보다도 개혁개방정책 추진 의지가 전제되어야 한다. 양안관계의 경우 과거 중국이 개혁개방정책을 과감하게 추진할 수 있었던 것은 대만을 포함한 자본주의권과의 교류협력과정에서도 자신들의 체제를 고수할 수 있다는 자신감이 뒷받침되었기 때문이다. 또한 대만 역시 대륙정책을 전환하는 과정에서 중국의 '통일전선' 가능성에 대한 불안감은 갖고 있었지만, 자신들의 정치·경제·

---

6 즉 1995년 6월 리덩후이의 방미 이후 중국·대만 간의 정치·군사적 대립이 고조된 상황에서도 중국과 대만은 기존 교류협력을 통제하는 정책을 취하지 않았으며, 특히 중국은 대만에 대한 군사적 시위를 추진하는 상황에서도 대만과의 경제교류의 중요성을 강조했다. 일례로 당시 중국 국무원 대만판공실 상무부주임 천윈린은 1995년 8월 8일 푸젠성 푸저우(福州)에서 열린 대만 기업에 대한 투자설명회에서 "양안의 정치적 대립은 일시적인 것으로서 대만 기업의 대륙 진출 및 투자장려정책에 악영향을 미치지 않을 것"이라는 점을 강조했다. 그 이후에도 중국은 계속해서 이러한 입장을 대만 측에 전달했다. 대만 역시 중국에 진출한 기업들의 투자 상한선을 상향조정하는 등 중국과의 경제교류를 더욱 확대했다. 또한 1999년 7월 리덩후이의 양국론 제기 이후 대만에 대한 비난의 강도를 높이는 과정에서도 중국은 양안 간 인적 왕래와 각종 교류, 특히 경제무역관계의 적극적인 확대 필요성을 여전히 강조했다. 또한 민진당 정권 출범 이후 증대된 외교공세에도 불구하고 양안의 경제교류, 인적 교류는 별다른 영향을 받지 않았다.

사회적 기반에 부정적인 영향을 미치지 않는다는 확신이 있었기 때문에 중국과의 교류협력을 확대해 갈 수 있었다. 즉 양안의 정책 전환과 관계 변화는 쌍방의 관계 개선 및 교류협력 확대가 각자의 체제 존립을 위협하지 않는다는 신뢰로부터 출발했다. 이와 관련해 남북한관계는 양안관계와 기본적으로 상이한 측면을 갖고 있다. 즉 중국은 서방세계로부터의 '화평연변'(peaceful evolution)에 대한 경계심에도 불구하고 대만과의 정치·경제적 역량 차이에 대한 자신감, 개혁개방정책을 통해 이미 자본주의 체제에 대한 적응력을 키워 왔다는 확신 등으로 대만과의 다양한 교류협력을 확대하는 문제에 있어서 별다른 부담을 느끼지 않았다. 따라서 양안관계에서는 오히려 중국이 대만에 대해 각종 제안, 특혜조치를 통해 대만의 개방적인 대륙정책을 적극 유도하고, 대만이 중국의 의도를 조심스럽게 분석하고 교류협력의 득실을 저울질하는 입장이었다.

반면 남북한관계에서 북한은 폐쇄적인 정치체제의 속성과 남북한 경제력의 현격한 차이 때문에 남한과의 교류협력을 강화할 경우 자신들의 정치·경제적 기반이 와해될 수 있다는 불안감을 갖고 있었다. 따라서 남북관계 개선과 교류협력의 활성화를 위해 무엇보다도 필요한 것은 북한의 체제·이념에 대한 인정과 함께 북한 지도부로 하여금 교류협력이 자신들의 체제 유지에 저해요인으로 작용하지 않는다는 점을 확신시켜 주는 것이다. 즉 교류협력에 대한 현실적인 필요성과 이것이 초래할 수 있는 체제 위협 가능성을 모두 고려해야 하는 북한의 입장에서 보면 남북한 교류협력을 비정치·민간 차원으로 한정하는 것이 비교적 체제 안전도를 높이는 것이다. 실제로 김대중 정부하에서 추진된 남북한 교류협력은 북한의 이러한 입장을 충분히 고려한 것이며, 결과적으로 남북한 교류협력이 활성화될 수 있었던 요인이다.

물론 앞서 언급한 바와 같이 양안관계와 남북한관계에 있어서 정치·비정치, 정부·비정부의 구분은 두 관계의 특성상 차이를 보이며, 따라서 교류협력의 범위와 성격에 있어서도 큰 차이를 보인다. 예를 들어 양안관계는 정치·비정치, 정부·민간 차원의 구분에 있어 매우 엄격한 구분을 했고, 결과적으로 정치적인 관계의 기복에 크게 영향 받지 않고 교류협력을 꾸준히 확대할 수 있었다. 반면에 남북한관계는 정치·비정치, 정부·민간의 구분이 불명확하거나 애매한 측면이 있었고 외형적으로 비정치·민간 차원의 성격을 띠고 있음에도 불구하고 실제적으로는 정치·정부 차원을 크게 벗어나지 못한 경우가 많았다.7 이는 남북한이 양안관계와는 달리 기존에 각종 정치적 접촉 경험이 있었고, 남한의 경우 역대 정권들이 자신들만의 채널을 가동해 정권 차원의 남북한관계 성과를 끊임없이 추구했으며 북한 역시 남북한 교류협력에서 철저하게 정치적인 요인을 고려했다는 점이 크게 영향을 미쳤다.

결국 이처럼 양안관계와 남북한관계는 정치·비정치, 정부·민간 차원의 분리 수준과 교류협력의 범위·성과 및 파생된 문제점 등의 측면에서 큰 차이를 보인다. 하지만 이들 관계에서 공통적으로 나타나는 것은 정치적 긴장과 반목이 해소되지 않은 상황하에서 정치적 장애요인을 우회하는 수단으로 정치·비정치, 정부·민간 차원의 분리를 추구했고, 결과적으로 이것이 양자관계의 안정적인 기반을 마련하는 데 긍정적인 영향을 미쳤다는 점이다. 이는 또한 민감한 정치적 현안에 집착해 비정치·민간 분야에서의

---

7 이러한 예는 과거 김대중 정부가 야심적으로 추진한 남북경협의 주역을 담당해 왔던 현대그룹의 사례에서 찾아볼 수 있다. 김대중 정부는 남북한관계의 전반적인 개선과 이를 후방지원하기 위한 경제협력의 확대과정에서 정주영 명예회장을 중심으로 한 현대그룹에 많은 부분을 의존했으며, 이에 따라 현대그룹은 금강산 관광 등 획기적인 대북사업을 추진해 왔다. 또한 역대 군사정권보다는 투명한 상태에서 각종 대북사업 방향이 결정되었다는 긍정적인 측면에도 불구하고 정부가 현대그룹에 지나치게 경사되어 있었고, 현대그룹 역시 대북사업 추진과정에서 배타적이고 지나치게 욕심을 부린다는 비판이 있었던 것도 사실이다. 결국 부시 정권 출범 이후 북미관계 및 남북한관계의 경색, 현대그룹의 경제적 손실 증대로 인해 김대중 정부의 대북사업이 곤경에 처했으며 현대그룹은 그 존립을 위협받는 상황에 처했다.

교류협력을 단절시키기보다는 양자의 분리를 통해 우선 비정치 분야의 교
류협력을 확대하는 것이 결과적으로 정치적 관계 발전에도 긍정적인 영향
을 미칠 수 있다는 점을 보여 주는 것이기도 하다.

2. 상호관계 변화의 대외적 요인

양안관계와 남북한관계의 변화는 대내적 차원의 정치·경제·사회적 상
황과 밀접한 연관하에서 이루어져 왔으며, 특히 정치지도자들의 결단과
다양한 경제·사회적 요구가 쌍방의 관계 발전을 촉진한 주요 요인이었다.
그러나 앞으로는 이러한 대내적 요인과 함께 미국 요인을 중심으로 한 대
외적 요인이 이들의 관계 변화에 중요한 영향을 미칠 가능성이 매우 높다.
대외적 요인이 중요한 변수로 작용할 가능성이 높은 이유는 첫째, 양자관
계 및 이를 둘러싼 제반 문제의 형성 자체가 대외적인 요인과 무관하지 않
을 뿐만 아니라 양자의 관계 변화과정에서 미국의 정책 변화 등 대외적 요
인이 점점 크게 작용하고 있고 둘째, 기존의 관계 발전이 비정치·민간 차
원의 교류에 크게 의존한 반면 앞으로의 관계 발전은 대외적 요인과 밀접
하게 관련을 갖는 정치·정부 차원의 교류확대를 불가피하게 요구할 것이
며 셋째, 두 체제의 통합과 관련된 통일문제는 "당사자 간의 자주적 해결"
이라는 논리적 당위성에도 불구하고 현실적으로 주변 국제정세 및 미국을
중심으로 한 관련 국가들 간의 이해관계가 절대적으로 작용할 수밖에 없
기 때문이다.

1) 국제적 지위와 역할의 차별성

대만문제와 한반도문제, 양안관계와 남북한관계 변화에 영향을 미치는 대외적 요인 중에서도 가장 기본적인 부분은 이들 4개 정치실체(물론 중국은 대만의 정치실체를 인정하지 않지만)의 국제적 지위와 역할이 상이하고, 따라서 양안, 남북한의 양자관계의 성격과 이에 대한 국제사회의 인식이 근본적인 차이를 보인다는 점이다. 이러한 차이는 결과적으로 양안관계와 남북한관계의 대외적 요인의 차별성으로 이어진다.

국제사회에서 보편적으로 인식되고 있는 양안관계와 남북한관계의 근본적인 차이는 양안관계가 적어도 형식적으로는 '하나의 중국' 원칙에 따라 중국의 불가분한 일부분인 대만과 중국을 대표하는 유일한 합법정부인 중화인민공화국 간의 국내 차원의 관계인 반면 남북한관계는 유엔에 동시 가입하고 있는 국제사회의 독립·자주적인 주권국가 간의 관계라는 점이다. 이러한 차이는 현실적으로 각 정치실체의 국제적 지위와 역할을 규정할 수밖에 없으며, 결국 양자관계의 성격과 상호관계 변화과정에 큰 영향을 미친다.

물론 국제사회에서의 형식적 규정과 보편적 인식을 중국과 대만, 그리고 남한과 북한이 동일하게 받아들이는 것은 아니며, 국제사회 구성원들의 인식 또한 일치하지 않는다. 즉 형식적 차원의 승인과 인식의 일치에도 불구하고 양안관계와 남북한관계에 이해관계를 갖고 있는 많은 국가들은 자국 이익의 관점에서 형식적 승인과는 차이를 보이는 별도의 내면적 원칙의 적용 가능성을 유보하고 있다. 특히 중국과 대만의 양안관계에 있어서 많은 경우가 형식적 승인과 인식이 각국의 전략적 이해관계를 반영한 내면적인 원칙과 실제 정책의 추진과정에서 차이를 보이며, 이러한 측면은 대만문제의 대외적 요인을 매우 복잡하게 만드는 요인이다. 또한 앞서 지적한 바와 같이 양안관계의 당사자인 중국과 대만이 양안의 정치적 관계에 대한 첨예한 대립을 지속하고 국제사회에서 자신들의 주장과 논리를 강화하는 데 주력하면서 그 복잡성이 가중되어 왔다.

우선 양안의 정치적 관계에 대한 중국의 입장은 "중국은 오직 하나이고, 대만은 중국의 불가분한 일부분이며, 중국의 중앙정부는 베이징에 있다."는 것이다. 즉 중국은 1979년 1월 1일 전국인민대표대회 상무위원회의 '대만 동포에게 고하는 글' 발표 이후 현재에 이르기까지 대만과의 통일문제를 언급하는 모든 공식문건에서 하나의 중국 원칙을 양안 간 통일문제 논의의 기본 전제이자 불변의 철칙으로 강조하고 있다. 이와 관련된 중국의 공식적인 입장은 다음과 같다. 첫째, 하나의 중국 원칙은 세계적으로 공인된 사실이다. 둘째, 하나의 중국 원칙은 세계의 공인된 사실일 뿐만 아니라 대만 주민을 포함한 중국인 모두가 인정하는 사실이며, 따라서 소위 대만의 자결문제는 근본적으로 존재하지 않는다. 셋째, 하나의 중국 원칙은 대만문제의 평화적 해결을 위한 대전제이다.[8]

또한 중국은 대만문제가 남북한관계, 과거의 동서독관계와 전혀 다른 성격의 문제라는 점을 강조하는데, 이는 대만의 외교공세를 차단하는 동시에 국제적 간섭의 여지를 사전에 봉쇄하려는 의도가 내포되어 있다. 즉 중국은 동서독·남북한문제가 제2차 세계대전 이후 국제적 협의에 의해 형성된 것인 데 반해 대만문제는 중국 내부 문제이며, 따라서 양안의 협상을 통해 합리적으로 해결될 수 있다는 점을 강조하고 있다.[9]

---

8 이는 곧 대만이 중국의 주권과 영토의 분열을 초래하는 두 개의 중국, 하나의 중국과 하나의 대만 등을 추진할 경우 대만에 대한 무력 사용마저 배제할 수 없다는 경고의 의미를 담고 있다. 즉 중국은 양안의 평화적 통일을 희망하지만, 이는 어디까지나 대만이 하나의 중국 원칙을 준수하는 조건하에서만 가능하다는 점을 강조하고 있다.

9 대만의 일각에서 제기되는 양안관계에 대한 동서독·남북한 모델 적용에 대해 중국은 양자가 형성 원인 및 성격, 국제법상의 지위, 실존상황이 상이하기 때문에 이들 문제를 대만문제와 같은 선에서 논의하는 것이 불가능하다고 역설한다. 즉 중국은 『통일백서』에서 "대만문제와 한국·독일문제는 역사적인 형성 배경 및 성격이 상이하기 때문에 두 문제를 함께 거론해서는 안 된다."는 점을 분명히 하고 있다. 中華人民共和國國務院臺灣事務辦公室·國務院新聞辦公室

한편 중국의 이러한 입장에 대해 대만은 1949년 이후 대륙과 대만이 각각의 독립된 통치지역으로 분할되어 있는 현실을 부각시키는 데 중점을 두고자 한다. 실제로 리덩후이 정부하에서 소위 국제사회에서의 생존공간 확보를 위한 외교적 노력이 강화되고, 더욱이 중국 입장에서는 하나의 중국 원칙에 대한 정면적인 부정으로 인식할 수밖에 없는 양안관계에 대한 '양국론'이 제기되면서 하나의 중국 원칙에 대한 중국과 대만의 대립이 고조되었다. 특히 미국 등 주요 이해 당사국들이 이에 대한 미묘한 입장 변화 가능성을 보이면서 양안관계 및 대만의 정치적 지위를 규정해 온 하나의 중국 원칙을 둘러싼 공방이 지속되었다. 따라서 중국은 리덩후이 총통이 중국과 대만의 관계를 하나의 중국이 아닌 '특수한 국가 대 국가'의 관계로 규정한 양국론과 이에 대한 국제사회의 동조 가능성을 원천적으로 봉쇄할 필요성을 인식했다. 또한 "1949년 이후 양안은 '분열·분치'(分裂·分治)의 상태로서 중화인민공화국 정부가 대만을 통치한 적이 없으며, 특히 1991년 이후 대만에는 중국 대륙과 무관한 정치체제가 존재하고 있다."라는 양국론의 논거가 전혀 타당성이 없음을 반박하고 있다.[10]

이처럼 양안관계와 남북한관계는 양자관계를 구성하고 있는 각각의 정치실체의 국제적 지위와 역할이 상이할 뿐만 아니라 이에 대한 국제사회의 인식 또한 현격한 차이를 보인다는 점에서 차별성을 갖는다. 특히 남북한관계와 달리 대만의 정치적 지위와 국제사회에서의 독자적인 생존공

(2000) 참조.

10 중국의 반박논리는 다음과 같다. 첫째, 국가의 주권은 분할될 수 없다. 영토는 국가가 주권을 행사하는 공간이며 한 국가의 영토 내에는 국가를 대표해 주권을 행사하는 하나의 중앙정부만 존재한다. 둘째, 국제사회가 중국은 오직 하나이고, 대만은 중국의 일부분이며, 중화인민공화국은 중국의 합법정부라는 점을 승인하고 있다. 셋째, 대만문제가 장기간 해결되지 못한 주요 원인은 외국 세력의 간섭과 대만 내 분열세력의 방해 때문이다. 양안이 장기간 통일되지 못하는 비정상적인 상태가 장기간 지속된다고 해서 대만이 국제법상의 지위와 권리를 갖는 것은 아니다. 中華人民共和國國務院臺灣事務辦公室·國務院新聞辦公室(2000).

간을 부정하는 '하나의 중국' 원칙이 보편적으로 통용되는 한 양안관계는
적어도 형식적으로 '중국 내부의 특수한 관계'를 벗어나기 어렵다. 다만 앞
서 언급한 바와 같이 하나의 중국 원칙에 대한 국제사회의 인식이 형식과
실제 내용의 측면에서 상당한 차이를 보이고 있고, 특히 양안관계를 둘러
싸고 있는 대외적 환경 변화에 따라 국제사회의 인식과 관련 국가의 정책
방향이 달라질 수 있는 가능성이 존재하며, 이러한 대외적 요인은 양안관
계 변화에 직접적인 영향을 미치게 될 것이다.

2) 대만문제와 한반도문제의 미국 요인 비교

국제사회가 제도적으로 규정하고 있거나 보편적으로 인식하고 있는
정치적 지위의 차이에 따른 양안관계와 남북한관계의 상이성 이외에 이들
양자관계에 대한 미국의 정책은 또 하나의 결정적인 대외적 요인이다. 즉
현실적으로 미국은 양안관계와 남북한관계에 절대적인 영향력을 갖고 있
으며, 따라서 중국과 대만, 그리고 남북한에 대한 미국의 정책 변화 여하
에 따라 이들의 관계는 크고 작은 영향을 받을 수밖에 없다.

우선 중국은 21세기의 국제질서가 세계적인 차원에서 새롭게 분화, 조
합하고 있으며 이에 따라 강대국 간의 관계 역시 심각하게 조정되고 있다
는 점을 강조한다. 또한 이러한 국제질서의 과도기적 변화과정에서 각국
이 평화를 구하고(要和平), 협력을 도모하며(求合作), 발전을 촉진하는(促發
展) 것이 절실히 요구됨에도 불구하고 냉전적 사고가 여전히 존재하며 특
히 특정 국가의 패권주의와 강권정치가 세계평화와 안정을 심각하게 위협
하고 있다는 점을 지적한다. 중국의 이러한 대외 인식은 주로 미국을 겨냥
한 것으로서 자신들은 국제적 사안에 있어 중국 인민, 세계 인민의 근본
이익과 사안의 '시비곡직'(是非曲直)에 근거해 입장과 정책을 결정할 것이
라는 점을 역설하고 있다.

1990년대 이후 미국의 패권적 독주와 이에 대응해 국제질서, 국제 체제의 다극화와 국제관계의 민주화를 요구하고 있는 중국의 갈등은 특히 양안관계와 관련된 대만문제에서 최고도로 증폭되고 있으며, 따라서 장쩌민, 후진타오 등 중국 최고지도자들의 지적처럼 대만문제는 중·미관계에서 가장 중요하고 민감한 최대 현안이다.[11] 특히 중국은 대미관계에서의 열세를 만회하지 못할 경우 기본적으로 '전략적 모호성'에 입각하고 있는 미국의 대만정책을 효과적으로 제어하기 어렵다는 점을 우려하고 있다.

실제로 미국은 형식적인 측면에서는 하나의 중국 원칙을 중심으로 한 중국의 입장을 지지하고 실질적인 측면에서는 대만의 입장에 동조함으로써 중국·미국·대만의 삼각관계를 국익 확대 관점에서 조정하고자 하는 것이다.[12] 따라서 이와 관련된 미국의 전략적 의도가 근본적으로 변화하지 않는 한 미국 요인은 양안관계 변화에 절대적인 영향을 미치게 될 것이며, 미국의 정책 여하에 따라 양안관계의 크고 작은 기복은 불가피하다. 물론 중국정책에 대한 전략적 변화에도 불구하고 미국은 기본적으로 중국의 정치·경제적 안정 유지, 하나의 중국 원칙에 의거한 양안의 안정적인 현상유

---

11 예를 들어 장쩌민은 2000년 9월 유엔 밀레니엄 정상회담 참석 차 미국을 방문하는 과정에서 행한 연설을 통해 "대만문제는 중·미관계에서 가장 중요하고 민감한 문제이며, 실제로 지난 몇 십 년간 중·미관계가 겪었던 우여곡절은 대부분이 대만문제로 인한 것"이라고 강조했다. 이러한 인식은 후진타오에게서도 유사하게 나타난다. 예를 들어 2005년 11월 부시의 베이징 방문, 2006년 4월 후진타오의 방미과정에서 열린 중·미 정상회담에서도 대만문제는 예외 없이 최대 현안이었으며 주로 '하나의 중국' 원칙 고수, '대만 독립 불허'에 대한 중국의 확고한 입장 제시와 이에 대한 미국의 동의를 구하는 형식으로 다루어졌다. 江澤民(2000); 『人民日報』(06/04/21).
12 중국 역시 미국의 이러한 전략적 의도를 잘 파악하고 있으며, 특히 부시 정권 출범 이후 미국의 이러한 의도가 점차 노골화되고 있는 것에 대한 불만이 고조되고 있다. 즉 중국은 양안관계 및 대만문제에 대한 미국의 의도를 "抑獨"과 "防統"의 병행으로 표현하고 있는데, 이는 미국이 적어도 현 단계에서 여러 가지 복잡한 상황을 야기할 수 있는 대만의 독립을 억제하는 동시에 중국에 의한 통일을 방지하고자 한다는 것이다.

지를 희망하며, 부시 정부의 중국정책 역시 공세 일변도로 추진되기는 어렵다.13 따라서 적어도 단기적으로 미국과 대만의 정치적 관계의 급진전, 대만의 유엔 가입 등이 현실화될 가능성은 거의 없으나 대만의 전략적 가치와 상호관계에 대한 미국의 판단은 그들의 세계전략, 동아시아전략의 관점에서 탄력적으로 변화할 수는 있다. 즉 미국이 생각하는 양안관계의 현상유지는 고정불변의 형식이 존재하는 것이라기보다는 미국의 정권 변동 및 국내 여론 변화를 포함한 시대적 상황에 따라 유동적일 수 있다. 결국 미국은 '중국과 대만을 불문하고 양안의 현상을 변경하기 위한 어떠한 시도에도 반대한다.'라는 양안관계의 안정적 현상유지를 목표로 무력 사용 운운하는 중국의 군사적 위협에 대해 강력한 경고 메시지를 보내는 동시에 천수이볜 민진당 정부가 정략적으로 추진하는 비현실적 독립 시도에 대해서도 압력성 권고를 하고 있다.

이처럼 양안관계 변화에 대한 대외적 요인으로서 미국의 중국정책은 향후 양안관계의 향방에 절대적인 영향을 미치고 있으며, 비록 구체적인 성격은 다르지만 미국의 한반도정책 역시 남북한관계 변화 전반에 결정적인 영향을 미치는 요인이다. 1980년대 이후 기본적으로 양안관계와 남북

---

13 미국 내에서도 중국 전문가들을 중심으로 부시 공화당 정부의 중국정책이 현실적인 요인을 도외시하고 대결구도를 심화시키기보다는 대만문제 등 시급한 현안에 대한 객관적인 검토·분석을 통해 미국의 국가 이익을 안정적으로 확보하는 방향으로 추진되어야 한다는 의견이 제기되고 있다. 실제로 최근 미국 정부는 중국에 대한 중장기적 견제와 압박정책을 구체화하는 동시에 다른 한편으로 최고위 군부 인사들의 상호방문을 포함해 중국과의 기본적인 군사 안보협력을 추진하고 있다. 예를 들어 2005년 마이어스(Richard B. Myers) 미 합참의장과 럼스펠드(Donald H. Rumsfeld) 국방장관이 중국을 방문해 이례적인 대접을 받았고, 2006년에는 중국 차오강촨(曹剛川) 국방장관에 이어 궈보슝(郭伯雄) 중앙군사위원회 부주석, 자오싱파(趙興發) 해군 부사령관, 류청쥔(劉成軍) 공군 부사령관, 대만해협 및 대만에 대한 군사적 사안을 전담하는 난징(南京)군구의 레이밍추(雷鳴球) 정치위원 등이 미국을 방문함으로써 2001년 4월 1일 하이난다오(海南島) 상공에서 발생한 미 정찰기와 중국 전투기의 충돌 사건 이후 야기된 양국 간 군사적 갈등과 상호불신을 완화하기 위한 노력을 구체화하고 있다.

한관계에 대한 미국의 정책은 이들의 양자관계를 안정적으로 유지하는 현상유지에 중점을 두었다. 다만 각각의 양자관계에 대한 미국의 정책적 차이와 그것이 양자관계에 미친 영향을 다음과 같이 지적할 수 있을 것이다.

첫째, 1979년 이후 중국과 대만의 양안관계에 있어서 미국은 중국과 전략적 협력관계를 유지하는 동시에 대만과는 실질적인 차원의 정치·안보관계를 지속함으로써 하나의 중국 원칙을 자국 이익의 관점에서 변형된 형태로 수용했다. 미국의 이러한 정책은 구소련의 해체를 분기점으로 중국에 대한 전략적 인식이 차이를 보이기는 하지만, 기본적으로 중국에 대한 견제라는 요인이 저변에 깔려 있다. 따라서 양안관계가 지나치게 중국의 입장에 경사되는 것을 억제하고자 했으며, 이를 위한 효과적인 수단으로 대만과의 관계를 활용하고자 했다. 미국의 이러한 정책 기조는 중국의 부상이 가속화되고 그에 따른 직간접의 위협이 강조되면서 좀 더 중요성을 갖게 되었다. 특히 앞서 대일정책과 대만문제에서 지적한 바와 같이 중국을 견제하기 위한 '미·일동맹'이 강화되고, 특히 일본의 군사적 역할이 확대 강화되는 과정에서 자연스럽게 대만 요인이 부각되었다. 반면에 남북한관계에서 미국은 확고부동한 동맹국으로서 남한과의 관계를 확대·유지하면서 북한과의 직접적인 관계 발전 혹은 접촉을 추진하지 않았다. 즉 남북한 동시 유엔 가입 이후에도 상당 기간 동안 미국에 있어 북한은 여전히 국제사회의 책임 있는 일원으로서 관계 개선의 대상이기보다는 한반도, 더 나아가 동북아지역에서 미국의 이익에 역행할 잠재력을 가진 억제·봉쇄의 대상이었다. 따라서 양안관계에 비해 남북한관계에 대한 미국의 정책은 양자관계의 균형적 측면을 고려하지 않았다.

둘째, 대만, 북한과의 관계에 있어서 형식적 차원과 실질적 차원의 정책이 대조를 이룬다. 즉 대만은 비록 국제사회의 독립적인 구성원으로서의 공식적인 자격을 인정받지 못하고 있고 미국 역시 이를 수용하지만 실질적인 측면에서 대만을 국제사회의 책임 있는 일원으로 인정하고 있다.

반면에 미국은 유엔 가입 이후 독립된 주권국가로서의 형식적 자격을 갖춘 북한에 대해서는 실질적인 측면에서 책임 있는 국제사회의 일원으로 인정하지 않았을 뿐만 아니라 세계에서 몇 안 되는 불량국가로 규정하고 있다. 더욱이 2002년 10월 이후 북한 핵문제가 다시 국제사회의 민감한 안보 현안으로 등장하면서 부시 정부의 북한 인식은 '악의 축'(axis of evil)으로 더욱 악화되었으며, 특히 북핵문제 해결을 위한 베이징 6자회담의 결렬과 2006년 북한의 미사일 개발 및 시험발사 강행, 핵실험 등은 부시 정부로 하여금 북한과의 공존을 회의적으로 인식하게 하는 요인이 되고 있다. 이러한 미국의 대북 인식은 2007년 2월 베이징 6자회담의 합의로 북한 핵문제 해결의 돌파구가 마련된 상황에서도 크게 바꾸지 않을 것이다. 결국 양자관계를 구성하고 있는 일방에 대한 미국의 인식과 정책의 근본적인 차이는 당연히 양안관계와 남북한관계 변화에 서로 다른 영향을 미친다.

셋째, 양자관계에 대한 미국의 정책 변화와 그것이 미치는 영향에 있어서 양안관계와 남북한관계는 상당한 차이를 보인다. 즉 양안관계와 남북한관계에 대해 미국이 취할 수 있는 정책수단과 범위가 차이를 보이고, 따라서 각각의 양자관계에 대한 정책의 영향과 미치는 파장이 차이를 보인다. 이러한 차이는 양안관계와 남북한관계를 구성하고 있는 국가들에 대한 미국의 정책적 중요성, 각 국가들의 대미 종속성 등의 차이에서 비롯된다. 특히 중국의 정치·경제적 성장과 국제적 지위의 상승에 따른 전략적 중요성은 양안관계에 대한 미국의 정책적 운용에 한계로 작용할 수밖에 없으며, 이는 하나의 중국 원칙에 대한 미국의 자의적 해석과 수용에 일정한 제동을 거는 중요한 요인이다.[14] 한편 남북한관계에 대한 미국의 정책

---

14 이러한 측면은 미국의 부시 정부가 중국에 대한 공세적 정책과 대만에 대한 지지정책을 추진한다 하더라도 하나의 중국 원칙에 입각한 양안관계의 근본적인 틀을 허물기 어렵다는 점을 암시해 주는 것이다. 즉 현실적으로 중국에 대한 미국의 공세 일변도 정책은 지속되기 어려

적 운용의 범위는 양안관계에 비해 제약요인이 없으며, 결과적으로 남북한관계 변화에 직접적이고도 광범위하게 영향을 미친다. 이는 정치·안보·경제적 측면에서 남한의 대미 의존이 심화되어 있고, 북한의 국제적 지위 및 신뢰도가 매우 취약한 데 따른 것이다.[15]

결국 관계 변화에 영향을 미치는 대내외적 요인에 대한 분석에서 나타나듯이 양안관계와 남북한관계는 장기간의 체제·이념적 반목과 대립이라는 경험을 공유했을 뿐만 아니라 시기적으로 약간의 차이를 보이지만 상호 간의 교류협력을 추진하는 과정에서 유사한 경험과 성과를 이룩했다. 물론 양안관계와 남북한관계는 앞서 지적한 바와 같이 양자관계를 형성하게 된 배경, 쌍방의 정치적 관계, 국제적 지위 등의 측면에서 근본적인 차이를 갖고 있으며, 따라서 일부 공유점에도 불구하고 상이한 변화과정을 겪게 될 것이다. 특히 대외적인 측면에서의 차별성은 향후 양안관계와 남북한관계 변화의 차이를 불가피하게 할 것이다.

한편 양안관계와 남북한관계는 앞으로의 관계 발전을 위해 극복해야 할 유사한 과제 내지는 제약요인을 안고 있다. 특히 대만과 남한의 경우 과거의 권위주의 체제하에서 볼 수 없었던 상호관계에 대한 다양한 주장

우며, 따라서 중국의 입장과 국제사회의 보편적 인식에 정면으로 배치되는 양안관계 정책을 강도 높게 유지하기도 어렵다. 특히 9·11테러와 이를 응징하기 위한 이라크전쟁에서 미국이 겪고 있는 어려움은 '힘에 의한 외교'의 한계를 보여 주고 있다는 점에서 향후 중국에 대한 미국의 공세적 정책도 국제정세 및 국제여론을 무시한 채 무리하게 추진되기는 어려울 것이다.

15 남북한관계의 대미 취약성은 미 클린턴 정부의 대북 포용정책이 부시 정부의 대북 강경정책으로 대체되면서 2000년 '6·15 남북한 정상회담' 이후 활성화된 남북한관계 개선 움직임과 다각적인 교류협력이 급속도로 냉각되었고, 특히 참여정부가 미국의 직간접적인 지원과 용인이 부재한 상태에서 남북한관계 개선을 위한 별다른 출로를 찾지 못하는 데서 잘 나타난다. 즉 북한 핵문제, 미사일 개발, 미 달러 위폐 제작 및 유통 등으로 인한 부시 정부의 대북 인식이 지속적으로 악화되고 이를 타개하기 위한 일련의 과정에서 한·미 간의 이견과 갈등이 심화되면서 남한, 북한을 불문하고 미국과의 협상력이 극도로 저하되는 상황이 야기된 것이다.

의 표출과 이들 간의 심각한 대립·갈등이 대륙정책, 대북정책 추진과정에 어려움을 가중시키고 있다. 따라서 이들에게 있어서 가장 중요한 과제로 부각되고 있는 문제는 상대방에 대한 정책결정 및 추진과정에서 정치권의 합의 도출을 포함한 범국민적 공감대를 형성해 정책의 실효성과 안정성을 확보하는 것이다.

대만의 경우 과거 양안관계와 관련된 정책결정은 최고지도부의 독점적인 소관사항이었으며, 개인·집단적인 차원에서 다양한 입장과 견해를 제기할 수 있는 정치적 환경이 전혀 조성되어 있지 못했다. 그러나 1988년 이후 비정치 분야의 인적 교류와 경제교류가 활성화되면서 대만에서는 '대륙열'(大陸熱)이라고 불릴 만큼 중국 대륙에 대한 관심이 급속히 고조되었다. 또한 대만의 정치민주화 진전에 따라 대륙정책에 대한 국민당 수뇌부의 독점적인 영역이 축소되고, 대만 출신의 진보적인 재야세력이 민진당으로 규합된 이후 급기야 2000년 5월 천수이볜 민진당 정권이 출범하면서 양안의 통일·독립문제, 소위 '통독문제'에 대한 갈등이 증폭되었다. 특히 민진당 정권이 대내적인 정책수행과정에서 문제점을 노정하고 출범 초기와 다르게 여론의 비판대상이 되면서 대만 정치권의 혼란이 가중되었으며, 민진당을 제외한 국민당, 친민당, 신당 등 소위 야 3당의 양안 관련 정책 역시 합일점을 찾지 못하고 표류하고 있는 상황이다. 이러한 과정에서 여전히 절대적인 정치적 영향력을 갖고 있는 국민당과 민진당의 갈등과 반목이 확대되고 있으며, 여기에 리덩후이 전 총통까지 일부 세력을 규합해 민진당보다 더 급진적으로 대만 독립을 주장하는 '대만단결연맹'을 조직함으로써 대만 정국의 혼란과 정파 간 대립을 심화시키고 있다. 특히 천수이볜 정부가 대만 여론, 중국 지도부, 심지어 미국 정부로부터 신뢰를 잃어 가고 있는 반면 마잉주를 중심으로 한 국민당이 대내외적으로 약진함으로써 대만 정국의 혼란이 가중되고 있다. 이는 결국 양안관계와 '통독문제'를 둘러싼 대만 여론의 심각한 갈등과 대립으로 나타난다.

　　대만 정국의 이러한 측면은 대북정책, 통일정책과 관련해 정치권은 물론 사회 전반에 이르기까지 총체적인 갈등을 겪고 있는 남한의 경우도 예외는 아니다. 특히 김대중 정부가 야심차게 추진한 대북 포용정책이 남북한 정상회담이라는 역사적 성과에도 불구하고 후속정책 추진과정에서 대내외적 한계에 직면했다. 또한 미국 부시 정권 출범 직후 대북 강경정책 기조하에 김대중 정부의 햇볕정책을 전폭적으로 지지했던 클린턴 행정부의 대북정책을 전면적으로 재검토함으로써 결과적으로 남북한의 화해협력과 한반도 평화체제 구축, 장기적인 대북정책, 한반도 통일 등의 문제를 둘러싼 남한 내 갈등과 한·미 간의 마찰이 악순환되는 상황을 초래했다.

　　결국 양안관계와 남북한관계의 변화는 기존의 대결적 정책의 전환을 통해 상호 수용 가능한 양자관계를 추구함으로써 가능했다. 그러나 상대방에 대한 신뢰와 상호관계에 대한 근본적인 인식 전환이 결여된 상태에서 추진된 탄력적·우회적 정책은 그 자체가 불가피한 선택이었음에도 불구하고 그 성과 못지않은 한계를 보여 주고 있다. 즉 관계 개선과정에서 나타난 크고 작은 문제들은 많은 경우에 있어서 각 정치·경제·사회세력 간의 권력 쟁탈과 이익 다툼을 위해 이용되었으며, 따라서 문제의 본질과는 다르게 극도로 정치화되는 경우가 많았다. 또한 양안관계와 남북한관계가 공유하고 있는 고질적인 대외적 환경요인은 이들 대내적인 문제를 완화시키기보다는 더욱 왜곡·굴절시키는 방향으로 작용했다. 예를 들어 미국은 대만문제와 양안관계를 중국인, 대만인들의 권익 증진과 대만해협의 항구적인 평화 정착보다는 자국의 전략적 이해관계에 정책의 초점을 맞추고 있으며, 일본은 한 걸음 더 나아가 노골적으로 대만에 대한 자신들의 역사적 지분의식을 표출하고 대만해협의 군사적 긴장과 양안의 갈등을 적절히 활용하고자 하는 의도를 갖고 있다. 대만문제와 양안관계에 대한 미국과 일본의 이러한 전략적 구상과 정책 기조는 한반도문제와 남북한관계에서도 예외가 아니다. 특히 최근 북한 핵문제 해결을 위한 6자회담의 교착과 북한의 미사일 시험발사, 핵실험을 전후한 일본의 정책은 남북한의 화해협력, 한반도 평화체제 구축, 남북통일보다는 보통국가를 향한 자국의 정당성 확보와 한반도문제 개입 명분을 확대하는 데 초점을 두고 있다.

제8장

양안관계의 미래: 통일과 독립의 이상과 현실

대만문제의 핵심은 대만의 정치적 지위 및 중국과 대만의 정치적 관계를 어떻게 설정할 것인가에 관한 것이다. 즉 대만은 중국의 불가분한 일부분인가, 아니면 엄연히 독립된 사실상의 국가인가의 문제이다. 물론 1971년의 유엔 총회 결의를 통해 국제사회가 대만을 중국의 불가분한 일부분으로 규정했다는 점에서 적어도 형식적으로 대만문제는 일단락되었다고 볼 수도 있다. 그럼에도 불구하고 대만문제가 여전히 국제사회의 민감한 사안으로 존재하는 근본적인 이유는 '하나의 중국'과 '하나의 대만'이 공존하면서 정치적 갈등과 대립을 반복하고 있기 때문이다. 뿐만 아니라 대만문제의 생성·변화과정에 깊숙이 관여했거나 향후 변화의 향배에 따라 영향을 받게 될 이해 당사국들이 자국의 이해 득실에 골몰하고 있는 상황은 대만문제의 해결을 더욱 어렵게 하고 있다.

이러한 대만문제의 해결은 중국의 입장에서 보면 대만을 하나의 중국에 편입시켜 대만에 대한 통치권을 명실공히 행사하는 것이며, 대만의 입장에서는 중국이 주장하고 국제사회가 승인한 하나의 중국이라는 굴레에서 벗어나 국제사회의 정정당당한 정치적 실체가 되는 것이다. 이는 중국식 통일과 대만식 독립을 의미하지만 불행하게도 양자가 양립할 수는 없다. 즉 중국은 대만의 독립을 용인할 수 없으며 대만은 중국식 통일을 수용할 수 없다. 그렇다면 대만문제의 해결 가능성은 없는가? 통일 혹은 독

립만이 대만문제의 해결이라고 한다면 적어도 단기적으로 해결될 가능성
은 거의 없다. 그러나 대만문제의 대내외 환경은 끊임없이 변화하며 현재
의 대만문제와 양안관계 역시 그러한 변화의 결과물이다. 바로 이러한 점
에서 하나의 중국과 하나의 대만으로 상징되는 통일과 독립의 가능성을
면밀히 점검할 필요가 있다.

1. 중국의 정치·경제·사회적 변화와 통일문제

1) 정치과정과 통일문제

1949년 이후 현재에 이르기까지 대만문제와 양안관계는 중국의 정치
과정에서 가장 핵심적인 사안이다. 즉 대만의 통일을 의미하는 대만문제
의 해결은 그 표현이 무력을 동원한 일방적인 '해방'에서 협상에 의한 평화
적 '통일'로 바뀌었을 뿐 여전히 국가와 민족의 최대 과제로 인식되고 있
다. 따라서 지도부의 변화와 정책적 우선순위의 변화에도 불구하고 대만
문제의 해결을 통한 양안의 통일 실현은 어느 누구도 그 의미와 중요성을
훼손할 수 없는 신성불가침의 사안이다.

이처럼 중국의 정치과정에서 통일문제는 어떤 문제보다도 우선적인
고려사항이며, 마오쩌둥에서 후진타오에 이르기까지 모든 지도자들은 예
외 없이 통일 실현에 대한 각오와 확고한 실천 의지를 수시로 표명해야 한
다. 만약 그러지 않을 경우 그의 정치적 지위에 부정적인 영향을 미칠 가
능성이 있다. 이는 중국 지도부로 하여금 통일문제에 지나치게 집착하게
하는 요인이자 대만문제가 국내정치과정에 민감하게 영향 받는 원인이기
도 하다. 즉 대만문제에 대한 중국 지도부의 집착과 정책적 우선순위는 대

만문제를 부동의 최고 국책으로 유지시키는 요인이지만, 바로 이러한 점 때문에 지도부의 변화를 포함한 중국의 정치적 변화가 양안의 통일문제에 대한 중국의 정책적 변화를 야기할 수도 있다.

양안의 통일에 대한 중국 지도부의 강력한 의지와 집착이 대만문제의 향배에 결정적인 영향을 미칠 수 있다는 점은, 바꾸어 말하면 그들의 의지와 정책적 고려의 변화에 따라 대만문제와 양안관계의 양상이 크게 달라질 수 있다는 것을 의미한다. 사실 마오쩌둥 집권기와 1979년 이후의 덩샤오핑, 장쩌민, 후진타오의 집권기를 비교하면 통일에 대한 의지 표명의 강도와 용어의 선택은 물론 군사적인 수단의 동원을 포함한 구체적인 정책에 있어서 엄청난 차이를 발견할 수 있다.

무엇보다도 대만문제의 해결과 양안의 통일 실현에 대한 지도부의 인식과 전략이 변화하면서 통일에 대한 중국의 정책과 접근방식이 크게 변화했다. 예를 들어 덩샤오핑 집권 이후 중국은 대만의 일방적인 독립 추진을 제어하기 위한 '무력 사용 가능성의 유보'에도 불구하고 힘에 의한 강압적인 해방을 기본적으로 포기하고 협상과 합의에 의한 점진적·단계적 통일방식을 전략적으로 선택했으며, 그에 따라 대만문제와 관련된 제반 정책이 탈바꿈했다. 이는 '제4장 양안의 통일 규범과 현실'에서 이미 지적했듯이 중국이 대만, 홍콩, 마카오 문제의 해결, 즉 다양한 연유로 인해 중국의 고유한 주권 밖에 있었던 지역을 그들의 표현대로 '조국으로 회귀'시키기 위한 방안으로 제시한 '일국양제' 방식을 대만문제 해결의 기본 정책으로 선택한 것이다. 이처럼 중국은 덩샤오핑 집권기에 대만문제의 해결을 위한 통일방식이 고도의 자치, 장기간의 과도기, 평화적 협상을 핵심으로 한 공존, 윈-윈 방식으로 전환되었으며 현재의 후진타오체제하에서도 그러한 기본 인식과 정책 기조가 그대로 유지되고 있다.

이처럼 대만문제의 신성불가침성 속에서도 지도부의 인식 전환과 그에 따른 정책 변화가 가능했다. 물론 이는 대만문제와 통일의 중요성에 대한 인식의 변화라기보다는 이를 성취하기 위한 실천전략의 변화를 의미하는 것이다. 그러나 이는 적어도 현 단계에서 실질적으로 불가능한 무력통일의 가능성을 접어 두고 자신들이 최고의 국책으로 선택한 경제발전과 개혁개방에 부합하는 방향으로 대만문제의 접근방식을 전환한 것이다. 사실 이러한 정책적 전환은 누구도 상상하지 못했을 만큼 양안관계의 획기적인 변화를 야기했으며, 이러한 관계 변화는 결국 통일문제에 대한 중국 지도부와 인민의 인식을 포함해 통일의 대내적 환경에 큰 영향을 미치고 있다.

결국 중국은 대만문제와 통일에 관한 한 별다른 선택의 여지나 변화 가능성이 극히 제한된 상황 속에서도 '국익'과 '무실', '가능성'의 관점에서 정책을 전환했고, 양안관계의 양상을 바꾸었다. 이는 대만문제에 대한 인식의 변화→전략과 정책의 변화→양안관계의 변화→또 다른 인식의 변화→새로운 정책적 변화로 이어지는 일련의 과정이기도 하다. 그렇다면 후진타오 집권기에도 대만문제와 통일문제가 또 다른 차원에서 탈바꿈할 가능성이 있는 것인가? 가능하다면 무엇이 얼마나 가능할 것인가?

여기에는 두 가지 요인이 중요한 변수로 작용한다. 그 중 하나는 제4세대 지도부의 영도 핵심으로서 후진타오의 권력기반이 얼마나 안정되었느냐 하는 것이고, 다른 하나는 현 단계 중국의 정치과정에서 대만문제가 얼마나 절박하고 시급한 과제로 인식되고 있느냐 하는 것이다. 우선 후진타오체제의 권력기반과 대만문제에 대한 중국의 정책은 긴밀한 상관성을 갖는다. 즉 후진타오의 당·정·군 권력기반이 얼마나 안정되었으며, 이를 효율적으로 뒷받침할 수 있는 소위 '친호세력'(親胡勢力)이 과연 확고하게 자리 잡고 있는가에 따라 대만문제와 통일문제에 대한 후진타오의 정책적 탄력성 여부가 결정된다. 그러지 않을 경우 후진타오는 대만문제와 통일 정책에 대한 기존 원칙을 고수하는 선에서 통일 실현에 대한 국가적 책무와 자신의 의지만 강조할 수 있을 뿐이다. 2002년의 당 총서기, 2003년의 국가주석, 2004년의 중앙군사위원회 주석 승계 이후 후진타오는 대내적인 당 조직 정비와 체질 개선에 역점을 두어 왔다. 이를 위해 후진타오는 구체적으로 다음과 같은 점을 강조하고 있다.

첫째, 변화된 정치·경제·사회적 상황하에서 새롭게 발생하는 소위 '인민 내부의 모순'을 정확히 처리함으로써 사회적 안정을 유지해야 한다. 둘째, 당·정 간부들은 역사적 사명감과 책임감, 그리고 '겸허근신'(謙虛勤愼: 겸허하고 신중함)과 '불교불조'(不驕不躁: 교만하지 않고 서두르지 않음), '의법행정'(依法行政: 법에 의한 행정)의 태도로 국가의 당면과제를 해결해야 한다. 셋째, 특히 '인민의 이익'에 관계되는 문제를 최우선적으로 고려하고 해결해야 한다. 넷째, '삼개대표론'(三個代表論)을 지침으로 '입당위공'(立黨爲公: 국가를 위한 당 건설), '집정위민'(執政爲民: 인민을 위한 시정)의 근본 요구를 실천해야 한다.[1] 이를 종합하면 현 단계 사회주의 시장경제하에서 새로운 인민 내부의 모순이 불가피하게 야기되고 있으며, 당·정 간부가 국가·인민에 헌신하는 자세로 이들 과제를 해결하지 못할 경우 국가 전반의 안정을 유지하기 어렵다는 것이다. 그리고 시대가 요구하는 이러한 국가적 과제 해결의 핵심적인 주체가 각급 당·정 간부라는 점에서 이상의 요구는 이들에 대한 후진타오의 호소이자 강력한 주문이기도 하다.[2]

---

[1] 새로운 시대적 환경에 부응하는 중국공산당의 조직, 체질, 역할 강화에 대한 후진타오의 주장은 2003년 11월 27~29일 베이징에서 개최되었던 중국공산당 '중앙경제공작회의'(中央經濟工作會議)에서의 연설에서 잘 나타나고 있다. 『人民日報』(03/11/30) 참조.

[2] 이와 함께 후진타오는 관료집단의 조직·업무체계의 효율 제고와 관료들의 임면체계 개선 등에도 역점을 두고 있다. 구체적으로 살펴보면 첫째, 정부조직의 재편을 통해 관료조직의 규모 축소 및 효율성을 제고시키는 동시에 이들의 역할과 기능을 새로운 정치·경제·사회의 현실과 상응하도록 전환하고 있다. 특히 '당정불분'(黨政不分)에 따른 역할과 기능의 중첩, 지방정부의 개혁 부진과 경제 부문에 대한 과도한 개입, 관료제 내부의 민주적 절차 결여 등의 개선에 역점을 두고 있다. 둘째, 국가 차원의 인재 육성, 임용 절차의 개선 등 관료조직의 성격, 기능과 직결된 관료 개개인의 수준 제고에 역점을 두고자 한다. 특히 시대적 상황에 따라 요구되는 '간부상'(幹部像), '인재관'(人才觀)이 다를 수밖에 없다는 인식하에 과거의 혁명간부(revolu-

후진타오가 강조하는 이러한 정책 방향은 자신의 권력기반을 강화하는 일환인 동시에 사회주의 시장경제의 운용 주체이자 인민 내부 모순의 해결사로서 당의 역할과 기능을 강화하려는 것이다. 사실 정치적 사회주의와 경제적 시장주의 간의 불협화음과 그에 따른 후유증의 해소는 경제적 성장과 사회적 통합을 위한 불가결한 부분이며, 이는 결국 중국이 추구하는 전면적 '소강사회' 실현의 전제조건이기도 하다. 이러한 점은 이미 장쩌민체제에서도 국가적 과제로 인식되었고 나름대로 해결을 위한 대안을 모색해 왔는데, 그러한 노력의 하나가 새로운 경제·사회적 환경에 부응하는 정치 부문의 변화, 특히 당의 역할과 지위에 대한 재해석 및 당 조직의 재건을 강조한 '삼개대표론'이다. 이는 개혁개방과 사회주의 시장경제체제 하에서 중국공산당이 선진생산력, 선진문화, 광범한 인민의 이익을 대표해야 한다는 것으로 중국의 정치·경제·사회·문화생활 전반의 심각한 변화에 따른 새로운 요구를 직시하고 그에 부응하는 정치 부문의 자각과 변화 필요성을 강조하는 것이다.[3] 사실 장쩌민이 역설해 온 삼개대표론은 중국공산당 16차 전국대표대회를 통해 당장(黨章)의 총강(總綱)에 내용이 명시됨으로써 명실공히 후진타오 집권기 중국공산당의 핵심 지도사상으로

---

tionary cadres)보다는 전문적 능력을 갖춘 새로운 개념의 공무원(civil servants)이 필요하다는 점이 강조되고 있다. 셋째, 관료조직의 인사관리체계 개선에 노력을 기울이고 있다. 이는 유능한 인재의 육성과 등용도 중요하지만 이들의 배치, 승진, 이동 등 인사관리제도를 합리적으로 운용해야 한다는 점에 주목하는 것이다. 넷째, 고질적인 관료 부패가 당정조직의 건전성과 인민의 신뢰를 실추시킴으로써 정치적 불안, 경제적 퇴보, 사회적 균열을 야기하고 결국은 체제 전반의 불안정요인으로 작용할 수 있다는 인식하에 이에 대한 제어장치 마련에 부심하고 있다.

3 이와 관련해 장쩌민은 "마르크스 레닌주의, 마오쩌둥 사상, 덩샤오핑 이론을 계승 발전시킨 것인 동시에 당대 세계와 중국의 변화가 당과 국가에 제기하는 새로운 요구를 반영한 것으로서 당 건설의 개선·강화, 중국식 사회주의의 완비·발전을 위한 강력한 이론적 무기이자 당의 집단적 지혜의 결정이며 당이 반드시 장기적으로 견지해야 할 당의 지도사상('立黨之本', '執政之基', '力量之源')"이라는 점을 역설했다. 江澤民(2001, 1-26) 참조.

확립되었다.[4] 즉 후진타오는 기본적으로 장쩌민이 강조한 삼개대표론을 정치적 사회주의와 경제적 시장주의를 조화시키고 궁극적으로 중국적 특색의 사회주의를 실현하는 중요한 이념적 돌파구로 받아들이고 있다.

이처럼 후진타오는 중국 당·정·군의 실권 장악은 물론 사회주의 시장경제에 부응하는 당·정·군의 체제 정비에 박차를 가하고 있으며 실제로 많은 성과를 얻고 있다. 즉 카리스마 부족과 당내의 잔존 장쩌민 측근 세력(親江勢力)들의 견제, 군부 장악의 한계 등 후진타오의 권력기반에 대한 일부 부정적인 평가에도 불구하고 후진타오는 혁명과 국가건설 → 개혁개방 → 경제적 도약 → 지속 가능한 성장과 화해(和諧)로 이어지는 현대 중국의 21세기형 제4세대 지도부 핵심으로서의 확고한 위치를 잡아 가고 있다. 이는 후진타오가 이미 대만문제에 있어서도 충분히 영향력을 행사하고 이를 주도할 수 있을 정도로 권력기반을 다지고 있음을 의미하는 것이다. 따라서 적어도 후진타오가 자신의 권력기반의 한계로 인해 대만문제와 통일문제에 있어서 군부 혹은 다른 특정 세력의 주장에 일방적으로 끌려 다닐 가능성은 없다.

한편 과연 대만문제가 중국의 정치과정에서 얼마나 절박하고 시급한 과제로 인식되고 있느냐 하는 문제에 있어서는 중국 지도부가 의례적으로 강조하는 부분과 실제로 생각하고 있는 부분을 구분해 판단할 필요가 있다. 즉 앞서 지적한 바와 같이 대만문제와 양안의 통일문제는 중국이 국가적 과제로 인식하고 있는 문제이기 때문에 적어도 형식적으로 최우선적인 정책으로서의 지위를 갖는다. 따라서 후진타오를 비롯한 중국 지도부는

---

4 새로운 당 강령의 총강은 "제13기 4중전회 이후 장쩌민 동지를 주요 대표로 한 중국공산당은 중국 특색의 사회주의 건설과정에서 무엇이 사회주의이며 이를 어떻게 건설할 것인가, 그리고 어떠한 형태의 당을 어떻게 건설할 것인가에 대한 깊은 인식과 '치당치국'(治黨治國)의 새롭고 귀중한 경험을 집적해 '삼개대표'의 중요 사상을 형성했다."고 명시하고 있다.

모든 국가적 행사나 주요 당·정 회의에서의 연설을 통해 거의 예외 없이 하나의 중국 원칙 고수 및 대만문제 해결에 대한 의지와 실천방안을 반복해 강조한다. 그러나 이는 중국 지도부가 대만문제의 해결을 다른 정책에 선행되어야 할 절실한 과제로 인식하고 있음을 반드시 의미하는 것은 아니다. 특히 어떠한 경우에 있어서도 희생과 대가를 불문하고 추진해야 할 과제로 인식하고 있는 것은 더욱 아니다.

결국 중국의 정치과정에서 대만문제와 통일문제는 초미의 관심 사안임에는 분명하며 후진타오체제하에서도 예외는 아니다. 특히 권력 승계의 마무리과정에 있는 후진타오로서는 대만문제에 대한 자신의 의지와 새로운 실천방안을 수시로 제시하지 않으면 안 된다. 그러나 다른 한편으로 후진타오는 중국 내에서 제기될 수 있는 대만문제에 대한 감정적·비현실적인 주장이나 강경 일변도의 공세적 정책 건의 등에 이끌려 다니지는 않을 것이다. 그 이유는 첫째, 후진타오의 당·정·군 권력기반이 이미 안정궤도에 진입했을 뿐만 아니라 대만문제와 관련된 당 지도부 내의 상이한 의견을 설득·조율할 수 있는 능력을 갖추었고 둘째, 후진타오를 정점으로 한 중국 지도부가 전반적으로 대만문제를 결코 방기할 수 없는 국가·민족적 과제로 인식하면서도 이를 당장 해결할 수 있는 것으로 생각하지는 않기 때문이다. 이는 중국 지도부가 대만문제의 대내외적 환경을 객관적으로 파악하고 있다는 것을 의미하는 동시에 현실적으로 이보다 더 시급한 대내적 과제의 해결에 무게를 두고 있다는 것을 보여 주는 것이다.

2) 경제·사회적 변화와 통일문제

중국의 정치과정 변화와 함께 급속한 경제·사회적 변화는 대만문제와 양안의 통일문제에 상당한 영향을 미칠 수 있다. 더욱이 개혁개방 이후 중국의 경제·사회적 변화는 그 동안 어느 국가도 경험하지 못했을 만큼 그

규모와 파급 영향이 심대하다. 또한 중국의 경제·사회적 변화는 국가의 당면과제에 대한 국민들의 인식뿐만 아니라 지도부의 전략적 인식과 정책적 우선순위에도 영향을 미친다. 예를 들어 사회주의 시장경제하에서 경제성장, 사회적 균형과 통합을 병행하기 위한 논리와 정책 개발, 추진력 확보는 중국이 당면한 최우선의 시대적 과제이다. 특히 국유기업 개혁의 본격 추진으로 사회주의를 고수하는 정치체제와 시장을 지향하는 경제체제 간의 근본적인 불협화음이 증대되고 있는 상황에서 이에 대한 치유책 마련 여부는 후진타오체제의 미래에 결정적 영향을 미칠 요인이다. 이는 곧 현 중국 지도부의 입장에서 대만문제와 통일문제보다도 훨씬 더 절실한 문제가 아닐 수 없다.

사실 과거 중국이 따뜻하게 입고 배불리 먹는 소위 '온포문제'(溫胞問題)의 해결이 급선무였던 단계에서는 지역, 도농, 계층 간의 격차가 존재했음에도 불구하고 생활수준의 전반적인 향상 그 자체가 정치체제 및 이를 주도하는 최고지도부의 정통성을 확보해 주었다. 그러나 국유기업 개혁과 같이 경제체제 개혁이 심화되고, 인민들의 욕구가 단순히 먹고 입는 문제 이상으로 증대된 경우에는 체제의 총체적인 효율성 증대가 반드시 정통성의 증대로 연결되는 것은 아니다. 더욱이 개혁의 혜택을 상대적으로 적게 받거나 소외된 지역·계층이 증대되고, 이들이 본격적으로 상대적 박탈감을 느끼면 적어도 사회주의 이념에 입각한 체제의 정통성은 급격히 저하될 수밖에 없다. 실제로 중국이 사회주의 시장경제체제 확립의 관건으로 인식하는 국유기업 개혁은 체제의 효율성을 높이기 위한 것임에도 불구하고 이미 거대한 규모의 실업자 양산 등 심각한 문제점들을 야기하고 있다. 따라서 시장경제체제의 도약을 위한 경제 전반의 구조조정 및 혁신정책이 기존의 분배·복지체계와 적절히 결합되지 못할 경우 오히려 정치적 안정과 경제적 성장을 저해하는 복병으로 작용할 가능성을 배제할 수 없다. 실제로 많은 중국 연구자들은 향후 후진타오체제의 최대 과제는 의료, 복지,

교육, 환경, 사회질서, 커뮤니케이션 등 생활 전반의 질적 향상에 대한 인민들의 기대와 요구가 끊임없이 증대되고, 더 나아가 이러한 요구를 표출하기 위한 통로를 요구하는 상황에 대처하는 것이라는 점을 강조한다.[5]

한편 중국의 경제·사회적 변화는 지도부의 정책적 우선순위에 변화를 주었을 뿐만 아니라 대만문제 및 양안의 통일에 대한 중국인들의 인식 변화에 영향을 미치고 있는 것으로 보인다. 이와 관련해서는 두 가지 측면에서 살펴볼 수 있다. 하나는 중국의 경제·사회적 변화가 기본적으로 지령성 통제경제에서 벗어나 시장경제를 지향하는 대내적 개혁과 자력갱생보다는 외향형 경제를 지향하는 대외적 개방을 통해 이루어졌고, 이는 결과적으로 사회 전반의 분위기를 교조적·이념 지향적이기보다는 실용적·현실적·이해타산적으로 변모시켰다는 점이다. 다른 하나는 중국이 개혁개방을 추진하는 과정에서 대만과의 비정치적 교류를 확대했고 특히 양안의 경제교류가 중국의 경제성장과정에 긍정적 요인으로 작용했으며, 이는 결국 대만문제와 통일에 대한 중국인들의 인식을 크게 변화시켰다는 것이다. 물론 이는 중국인들이 하나의 중국 및 양안의 통일 실현에 대해 전혀 무관심해졌다는 것을 의미하는 것은 아니며, 과거처럼 어떠한 희생을 치르고라도 반드시 이루어야 할 대상이 아니라 점차 현실적·객관적 관점에서 대만문제를 인식하고 있다는 것이다. 즉 대만이 중국으로부터 이탈해 '대만 공화국'으로 독립하고자 하는 시도는 도저히 용납할 수 없지만, 그렇다고 대만에 대한 무력적 통합을 섣불리 시도할 수도 없다는 이성적 판단을 하고 있는 것이다. 특히 대만과의 경제교류 및 인적 교류가 활발한 중국 동남 연안지역 주민들의 상당수는 이미 대만인·대만 기업들과의 직간접적인 연계하에 생활하고 있으며, 따라서 이들에게 대만은 결코 해방의

---

5 Shambaugh(2003, 280-282); John L. Thornton(2006, 139-140) 참조.

대상이 아니고 대만인 역시 조국으로의 회귀를 거부하는 반민족적 집단도 아니다. 이들에게 대만·대만인은 경제활동의 파트너일 뿐이며, 대만의 통일과 독립은 양안의 정치지도자들이 즐겨 사용하는 정치적 수사일 뿐이다. 실제로 이들에게 중요한 것은 양안의 평화적 현상유지이며, 가장 우려하는 것은 자신들의 생활에 부정적인 영향을 미칠 수밖에 없는 양안의 비이성적인 통일·독립 시도다.

이처럼 중국의 정치·경제·사회적 변화는 대만문제와 양안의 통일에 대한 인식과 정책의 변화를 야기했으며, 앞으로도 이러한 변화과정은 지속될 것이다. 사실 중국 지도부가 개혁개방을 통한 경제발전을 지상과제로 추진하면서 대만정책에 있어서 기존의 이념적 요인보다는 합리적 선택을 중시했고, 개혁개방에 따른 새로운 경제·사회적 환경이 또다시 정치·이념적 요인을 제약하는 일련의 순환과정을 겪었다. 후진타오체제하에서도 대만문제에 대한 이성적·실용적 접근이 확대될 수밖에 없을 것이다. 그 이유는 무엇보다도 중국이 현재 직면하고 있는 최대 과제가 정치적 안정과 경제성장, 사회적 통합이며 이를 위해서는 대내외적으로 안정된 환경이 절대적으로 요구되기 때문이다. 즉 후진타오 입장에서 절대절명의 과제는 어느 국가도 시도하지 못했던 정치적 사회주의와 경제적 시장주의의 생산적 동거를 위해 기존의 이념·원칙을 재해석, 재적용하고 더 나아가 전면적 소강사회를 실현해 가는 것이며 그 결과 여하에 따라 후진타오체제는 물론 중국의 운명이 달라질 것이다. 이처럼 중국의 정치과정뿐만 아니라 가속적인 경제·사회적 변화에 따른 중국인들의 가치관, 인식 변화 역시 통일문제에 대한 중국의 선택지를 제한하는 기능을 하고 있다. 결국 이러한 상황에서 중국은 대만문제와 양안의 통일 실현을 상징적으로 최고의 국가적 과제로 설정하고 있지만, 실질적으로는 내부의 정치·경제·사회적 안정과 전면적 소강사회를 향한 지속 가능한 발전에 주력하고 있다.

2. 대만의 정치·경제·사회적 변화와 독립문제

1) 정치민주화 이후의 독립논의

과거 장제스·장징궈 집권 시기에 대만의 정치과정에서 독립문제는 거론 자체가 불가능했다. 실제로 1949년 이후 1980년대 후반에 이르기까지 국민당 정부의 대륙정책은 오로지 중국공산당 정권의 응징과 대륙수복에 초점을 맞추었다. 특히 대륙을 상실한 현실을 인정하지 못하는 강한 울분이 국민당 지도부를 지배했던 1950~1960년대는 물론 중국공산당 정권이 중국을 대표하는 유일한 합법정부의 자격으로 국제사회에 전면 등장하는 1970년대의 냉혹한 국제정치 변화 속에서도 대륙광복은 국민당 정부의 유일무이한 정책이었다. 이러한 분위기 속에서 대만의 고유한 정체성을 주장하고 이를 정치화하려는 시도는 곧 개인적인 파멸은 물론 관련 집단의 궤멸을 의미하는 것이었다. 더욱이 1947년의 '2·28사건'과 같이 국민당 정부가 대만 사회에 착근하는 과정에서 빚어졌던 불행한 역사를 파헤치고 '대륙'과 '대만', '외성'(外省)과 '본성'(本省)의 본질적인 차이를 부각시키는 행위는 곧 죽음을 의미했다.

이처럼 세계적으로 유례를 찾기 어려운 40년 가까운 계엄통치하에서 국민당 정부의 최고지도부는 대만 내에서 양안관계를 논하고 정책적 판단을 내릴 수 있는 유일한 집단이었다. 양안관계에 대한 국민당 최고지도부의 배타적인 영역은 1980년대가 되면서 서서히 완화되기 시작했으며 통일에 대한 표현도 광복, 수복, 탈환보다는 '삼민주의에 의한 통일'로 전환되었다. 이는 통일에 대한 의지와 필요성이 결코 변화한 것은 아니지만 장징궈를 중심으로 한 국민당 지도부가 양안관계의 대내외적 환경 변화에 따라 정책적 전환 필요성을 인식한 데 따른 것이다. 특히 양안관계에 대한 국민당 정부의 정책적 전환은 국민당의 체제 개혁 및 대만의 정치적 다원

화와 맞물려 통일문제에 대한 다양한 논의가 제기되고, 더 나아가 금기시
되었던 대만의 독립문제가 서서히 부각되는 결과를 가져왔다.

한편 1986년 민진당의 창당과 정치적 영향력 확대는 대만 내에서 양안
관계 및 통일·독립문제가 본격적으로 거론되는 결정적인 계기로 작용했
다. 더욱이 민진당이 독립된 대만공화국 건설을 공식적으로 표명한 상황
에서 독립논의는 더 이상 금기의 대상도 아니었다. 1988년 1월 장징궈의
사망과 리덩후이의 총통, 국민당 주석직 승계는 대만의 정치과정에서 양
안관계 및 통일·독립문제가 본격적으로 거론되는 또 한 차례의 계기로 작
용했다. 그 이유는 국민당의 초법적 통치가 서서히 막을 내리고 좀 더 다
원화된 정치과정의 서막이 열렸다는 것과 함께 순수한 대만 출신인 리덩
후이의 개인적 배경 때문이었다. 즉 당시 리덩후이가 비록 국민당의 권력
을 승계했지만 대륙에 대한 정서적 공감대가 전혀 없는 그의 정치적 성향
을 고려할 때 국민당의 대만화와 대만의 독립 움직임이 가속화될 수밖에
없다는 인식이 지배적이었다.

실제로 리덩후이 집권 시기에 대만 내에서는 그 동안 억제되었던 양안
관계 관련 논의들이 활성화되기 시작했으며, 기존의 대륙수복 주장부터
급진적 독립 주장에 이르기까지 다양한 의견들이 대만 사회 전반에서 분
출되었다. 양안의 통일과 독립에 대한 논의의 폭발적 증가는 정치권의 수
용능력을 상회해 결국은 대만 정치과정의 혼란을 초래했으며 당시 리덩후
이 총통은 이러한 혼란을 겨냥해 통일·독립문제에 대한 국민적 공감대를
마련하지 못할 경우 '자중지란'(自中之亂)에 빠질 수 있다는 점을 경고하기
도 했다.[6] 그럼에도 불구하고 1990년대 이후 총통의 직선제 개헌 등 대만

<hr>

6 당시 양안관계, 통일정책에 대한 대만 내의 다양한 관점은 각자의 정치·경제적 입장 차이, 세대
  및 출신지역에 따른 인식 차이 등에서 비롯되었으며 대체로 ① 급진적인 통일 지향 세력, ②
  급진적인 대만 독립 지향 세력, ③ 온건한 통일 지향 세력, ④ 온건한 독립 지향 세력 등으로 구

의 헌정질서가 점차 정상화되기 시작하고 각종 중앙·지방선거가 국민당
과 민진당의 경합 속에서 치러지면서 양안의 통일과 독립문제는 각 후보
간의 뜨거운 쟁점으로 부각되었다.

결국 대만의 정치체제 개혁과 민주화가 진전되면서 확산된 양안관계
관련 논의는 대만 정치과정의 혼란 국면을 가중시켰는데 그 이유는 첫째,
대만의 정치체제 개혁과 민주화 과정은 기본적으로 대륙 지향적인 국민당
조직, 인사의 대만화와 불가분의 관계를 갖기 때문에 그 과정에서 국민당
내의 보수·개혁세력 간의 갈등이 심화되었으며 그러한 대립은 자연스럽
게 통일·독립문제의 대립으로 연계되었다. 둘째, 대만의 민주화 과정은 민
진당의 예에서 볼 수 있는 것처럼 국민당의 초법적 통치에 저항해 온 대만
출신 인사들의 정치적 활동을 공식적으로 허용하는 것으로부터 시작되었
고, 결국 이들의 반대륙적 정서와 급진적 독립 추구 성향이 일시에 분출되
면서 정치권의 혼란이 야기되었다.

2000년 5월 천수이볜 민진당 정권의 출범은 대만 내에서의 독립문제
가 정치권과 여론의 논의 수준에서 국가적 목표로 공식화되는 계기가 되
었다. 즉 대만공화국 건설을 궁극적인 목표로 설정하고 있는 민진당의 정
권 장악은 곧 대만 내의 여론이 단순히 통일이냐 독립이냐의 논의 수준을
지나 독립 가능성을 구체적으로 검토하는 단계로 모아지고 있음을 의미하
는 것이었다. 물론 이는 당장 독립을 시도한다는 의미는 아니지만 적어도
대부분의 대만인들에게 있어 통일과 독립은 이미 양자택일의 문제가 아니
라는 것이다. 실제로 민진당 집권기에 나타나고 있는 대만의 양안관계 논
의의 대부분은 비록 장기적인 차원이긴 하지만 독립의 실현을 위한 대내
외적 조건과 전략, 가능성에 관한 것이다.

분되었다. 이 중에서 온건한 통일 혹은 독립 지향 세력이 비교적 많은 비중을 차지했다.

2) 양안의 인적 교류 · 경제교류 확대와 독립문제

앞서 지적한 바와 같이 현재의 양안관계를 정치·군사적인 대립을 접어 둔 상태에서 바라본다면 이미 '하나의 중국'이 실현된 것 같은 현상을 발견할 수 있다. 특히 양안의 경제교류와 인적 교류의 규모를 생각하면 이들이 정치적으로 도저히 화합할 수 없는 불과 물의 관계를 유지하고 있다는 것이 믿어지지 않는다. 예를 들어 중국과 대만은 정치적 제약 속에서 이룩할 수 있는 경제적 윈-윈의 경계를 무한히 확장하고 있으며, 그 과정에서 해마다 수백만 명이 오고 가는 인적 교류가 이루어지고 있다. 더욱이 양안의 인적 교류는 단순히 오고 가는 차원을 넘어서 이제는 투자, 취업, 결혼 등을 통해 반영구적으로 정착하는 단계로 나아가고 있다. 특히 대만의 경우 적지 않은 젊은이들이 대만의 경제침체와 제한된 경제활동 범위를 벗어나 중국 대륙 내에서 자신의 꿈을 실현하고자 한다. 이들에겐 양안의 해묵은 체제·이념적 갈등과 정치지도자들의 속보이는 공방이 양안의 주민들을 진정으로 생각하지 않는 정치적 게임으로 인식될 뿐이다.

이러한 양안의 인적 교류와 경제교류의 확대 심화는 자연스럽게 중국의 정치·경제·사회에 대한 대만인들의 기존 인식을 크게 바꾸어 놓았다. 즉 과거 정치적 혼란과 경제적 궁핍, 사회적 경직의 대명사로 인식해 온 중국이 지난 20여 년간의 개혁개방정책을 통해 이룩한 성과를 눈으로 직접 확인하고 더욱이 자신들이 중국의 경제성장과정에 직간접으로 연계되면서 대만 주민들의 '대륙관'(大陸觀)이 크게 변모한 것이다. 심지어 대만인들은 중국이 주장해 온 통일방식인 '일국양제' 방식을 과거에는 대만을 복속하기 위한 '감언이설'이자 고도의 정치적 책략이라고 일축했으나, 이에 대해서도 점차 과거와 다른 인식을 갖는 사람들이 늘어나고 있다.

물론 양안의 인적 교류와 경제교류 확대의 결과로 나타나고 있는 대만인들의 중국에 대한 인식 변화가 당장 양안의 통일·독립문제 향배에 결정적인 영향을 미칠 것으로 확대 해석할 수는 없다. 즉 비정치·민간 차원의 양안 교류 확대가 양안 주민들의 상대방에 대한 인식 변화, 특히 대만인들의 대중국 인식에 큰 영향을 미치고 있는 것은 사실이지만, 이것이 적어도 현 단계에서 양안의 통일·독립문제를 근본적으로 바꾸어 놓지는 못한다는 것이다. 다만 양안의 교류과정에 연계되어 직접적인 이해관계를 갖는 사람들이 급속하게 증가하면서 양안의 평화적 공존에 대한 요구가 확산되고, 또한 이들의 요구가 중국과 대만의 정치과정에 영향을 미치기 시작했다는 사실을 부정하기는 어렵다. 예를 들어 양안 경제교류의 선봉자인 대만 기업인들은 이미 천수이볜 민진당 정부의 대륙정책 및 독립 추진 움직임에 상당한 영향을 미치고 있다. 이들 '대상'(臺商)은 천수이볜 총통의 비현실적인 독립 추진 움직임과 관련 정책에 가장 큰 비판세력이며, 실제로 이들은 민진당 정부를 비판하는 대만 내의 여론 형성에 적지 않은 영향을 미쳤다.

결국 전례를 찾기 어려울 정도로 철저한 정경분리하에서 이루어지고 있는 양안의 경제교류와 인적 교류는 양안 주민들의 상호인식에 긍정적인 변화를 초래했으며, 이러한 인식 변화는 점차 쌍방의 정책에 일정한 영향을 미치고 있다. 즉 양안 주민들의 인식 변화가 중국의 통일관과 대만의 독립관을 근본적으로 변화시킬 수는 없지만 상대방을 극도로 자극하는 통일·독립정책을 억제시키는 기능을 하고 있다. 특히 대만의 경우 이러한 인식 변화는 대만 정치권으로 하여금 감정적이고 비현실적인 독립 열망을 장기적인 과제로 일단 묻어 두고 이성적이고 현실적인 '불통불독'의 현상유지에 충실하도록 촉구하는 여론 형성에 상당한 영향을 미치고 있다.

3) 민진당의 정통성 위기와 독립문제

2000년 5월 대만의 자유·민주·인권의 상징으로서 대다수 대만인들의 기대와 환호 속에 출범한 천수이볜 민진당 정권은 집정능력의 한계와

2006년 천수이볜 총통의 친인척과 관련된 각종 스캔들까지 겹치면서 집권 이후 최대의 정치적 위기에 직면했다. 즉 천 총통의 부인 우수전(吳淑珍) 여사가 거액의 수뢰 혐의를 받고 있는 상황에서 사위인 자오젠밍(趙建銘)의 불법 부동산 거래와 부당이득 취득 사실까지 밝혀지면서 가뜩이나 휘청거리던 민진당 정부는 심각한 정체성 위기에 몰렸다. 즉 장기간의 경제 불황으로 불만에 가득 찬 대만의 여론과 야권은 심지어 천수이볜 총통의 사임을 촉구하는 시위를 벌였고, 실제로 천 총통은 실질적인 권한의 상당 부분을 총리 격인 행정원장에게 위임하는 한편 총통직에 연연하지 않겠다 는 점을 시사하기도 했다.

대만의 자주·독립을 열망해 온 대만인들의 꿈이었던 민진당이 2004년 재집권 이후 대내 지지기반의 상당 부분을 상실하고 이처럼 휘청거리는 이유는 무엇인가? 천수이볜 민진당 정부의 정체성 위기와 민심 이반을 가 중시킨 원인들을 살펴보면 첫째, 대만의 장기적인 경제침체를 지적할 수 있다. 민진당의 제1기 집권 초기부터 시작된 대만의 경제불황은 좀처럼 회 복되지 않고 있다. 물론 대만의 경제침체가 단순히 민진당 정부의 실책에 기인하는 것만은 아니지만 대만인들을 옥죄는 국제적 고립과 '하나의 중 국' 원칙을 적용하기 위한 중국의 전방위적 압박 속에서도 대만의 버팀목 이 되어 왔던 경제성장이 둔화되면서 집권당에 대한 대만인들의 불만이 누적되어 왔다. 특히 민진당 정부의 탄생에 결정적인 역할을 했던 진보적 신세대들과 남부지역을 중심으로 한 전통적인 민진당 지지자들도 자신들 의 경제적 기회가 제약되면서 점차 민진당에 등을 돌리기 시작했다. 실제 로 최근 대만 청년층의 상당수가 중국 대륙에서 취업기회를 모색하고 있 을 정도로 대만의 전반적인 경제상황이 불황을 벗어나지 못하고 있다.

둘째, 천수이볜의 공세적인 대만 독립 추구 정책이 중국의 강력한 반 발에 직면하는 동시에 국제사회에서도 별다른 호응을 얻지 못하면서 대내 외적 갈등만 야기하는 비현실적인 독립 지향 정책에 대한 대만인들의 지지가 급속하게 하락했고, 이는 결국 민진당에 대한 불만으로 확산되었다. 사실 민진당은 중국의 불가분한 일부분이 아닌 자주·독립적인 정치실체로서의 '대만공화국' 건설을 궁극적인 목표로 출발했기 때문에 대만의 독립을 추구할 수밖에 없는 태생적 한계를 갖고 있다. 천수이볜 총통 역시 리덩후이 전 총통이 제기한 '양국론', 즉 중국과 대만의 양안관계는 독립적인 국가와 국가의 관계라는 주장의 연장선에서 대만의 독립성을 부각시키는 데 주력해 왔다. 더 나아가 대만의 독립을 향한 구체적인 일정을 제시하고 이를 위한 기존 헌정체제의 혁신이라는 차원에서 2008년을 상정한 신헌법의 제정과 공포, 대만의 주요 정치·안보 사안에 대한 국민투표 실시를 통한 자주적 결정 등 중국을 극도로 자극하는 정책을 추진했다. 사실 천수이볜의 이러한 정책은 청일전쟁 이후 대만이 일본 식민지로 전락하면서 100년 넘게 대만인들에게 고통을 가져다준 중국, 중국인보다는 대만·대만인(Taiwanese)으로서의 정체성을 회복하고 허울뿐인 '중화민국'을 벗어 버리고자 하는 뿌리 깊은 신념과 고도의 정치적 고려에서 나온 것이다. 문제는 대다수의 대만인들이 천 총통의 독립 염원에 기본적으로 수긍하면서도 실현 가능성에 대한 회의와 그 과정에서 초래될 정치·경제·안보적 불이익에 대한 우려 때문에 이를 전폭적으로 지지하지 못한다는 것이다. 예를 들어 천 총통은 2006년 신년사에서 대만인은 중국의 노예가 아니며 양안관계는 주권·민주·평화·대등의 4대 원칙에 부합해야 한다는 점을 강조했고, 급기야 2월에는 국가통일위원회 기능과 국가통일강령 적용의 '종지'를 전격 선언했으나 급격한 독립·통일 모두를 거부하고 '불통불독'의 안정적인 현상유지를 바라는 대만의 여론은 천 총통을 지지하지 않았다. 특히 국민당, 친민당 등 야당은 천 총통의 탄핵 추진을 포함해 대대적인 규탄대회를 열었다. 이들의 반대 논리는 천 총통의 극단적 선택이 국면 전환을 위한 대내 정치적 고려에서 나온 것으로, 양안관계의 안정 기조를 무너뜨리고 결국은 아무 실익 없이 대만의 입지만 축소시킨다는 것이었다.

국가통일위원회와 국가통일강령은 1988년 1월 장징궈 사후 리덩후이 집권 초기인 1990년과 1991년에 각각 설립·공포된 것으로, 실질적 기능보다는 상징적 의미가 컸으나 적어도 양안의 통일 목표·원칙·단계를 구체적으로 명시하고 있었다. 따라서 중국은 천 총통의 이러한 '종지' 선언을 대만 독립 행보의 구체화 과정으로 인식하고 군사적·수단을 포함한 고도의 압박정책을 시사했으며 미국 역시 천 총통의 돌출행동을 제지함으로써 오히려 천 총통의 권위가 실추되는 결과를 초래했다.[7]

셋째, 민진당과 천 총통의 지지도가 하락 일로를 걷는 반면 국민당의 지지도가 지속적으로 상승함으로써 천수이볜의 정치적 입지를 축소시켰다. 실제로 국민당 지도부는 2000년·2004년의 총통 선거에서 연이어 패배한 이후 롄잔을 정점으로 한 지도체제와 조직을 일신할 필요성을 절감했고, 결국 타이베이 시장 마잉주를 신임 주석으로 선출함으로써 노쇠·무능·부패의 기존 이미지를 상당 부분 벗어 버렸다. 또한 국민당은 2005년 4월 롄잔 주석의 대륙 방문과 60년 만에 성사된 후진타오 주석과의 '국공회담'(國共會談)을 통해 양안의 협력과 확대를 위한 구체적 합의를 이룩함으로써 대만의 정치과정은 물론 양안관계에서도 주도적인 역할을 하기 시작했다. 이러한 추세를 몰아 2005년 후반 지방선거에서 국민당은 남부의 일부 지역을 제외한 거의 모든 지역에서 민진당을 앞섰으며, 국민당의 이러한 약진과 부활은 민진당을 더욱 압박하는 요인으로 작용했다. 물론 민진당과 천 총통의 지지도 하락이 국민당의 약진에 의한 것만은 아니며 2004

---

7 2006년 3월 10일 천수이볜의 *Washington Post* 기자회견에 따르면 천 총통은 원래 '廢除'(abolish)라는 단어를 사용하려고 했으나 미국이 동결(freeze) 혹은 중단(suspend)의 사용을 권유함으로써 결국 국가통일위원회의 기능 종지(cease to function), 통일강령의 적용 종지(cease to apply)라는 표현을 사용한 것으로 알려졌다. 실제로 당시 미국은 아미티지(Richard L. Armitage) 전 국무부 부장관을 특사로 파견해 천수이볜 총통을 설득했다. 『中國時報』(06/03/15) 참조.

년 총통 선거에서 가까스로 재선에 성공한 이후 당선 무효소송 등 불공정 선거 시비에 휘말리면서 천 총통이 권위를 실추했고, 이것이 제2기 집권 초반부터 한계요인으로 작용했다. 결국 민진당과 천 총통의 지속적인 지지 하락과 국민당의 상대적인 약진이 천수이볜 정권을 더욱 초조하게 했고, 이러한 수세 국면을 돌파하기 위한 무리수가 또 다른 정책 실패를 초래하는 악순환으로 이어져 천수이볜을 더욱 압박하게 된 것이다.

넷째, 양안관계에 절대적인 영향력을 갖고 있는 미국이 천수이볜 총통의 공세적인 양안 관련 정책에 부담을 느끼고 결과적으로 대만이 추구하는 국제사회에서의 생존공간 확대 시도에 비협조적인 태도를 취함으로써 대만인들이 생명줄처럼 인식하는 '미국의 지지' 확보 실패 책임이 민진당 정부에 주어졌다. 미국은 형식적으로 '하나의 중국' 원칙을 승인하지만 실제로는 대만에 대한 중국의 지배를 용인할 마음이 전혀 없다. 즉 미국은 향후 자국의 패권적 지위에 도전 가능한 대상으로서의 중국을 가장 효과적으로 견제할 수 있는 최적의 '대만 카드'를 유지함으로써 중·미관계에서 유리한 입장을 고수하고자 한다. 이를 위해 미국은 중국식 통일과 대만식 독립을 모두 반대하고 양안의 현상을 유지함으로써 미국·중국·대만의 삼각관계를 자국의 이해관계에 따라 편의적으로 조정하고자 한다. 이러한 전략의 연장선에서 최근 미국은 대만 독립에 집착하는 천 총통보다는 오히려 양안의 안정적 현상유지에 중점을 두는 국민당을 지지하고 있다. 이를 뒷받침하는 예로서 2006년 3월에 마잉주 국민당 주석이 미국을 방문하는 동안 미국 정부가 각별히 신경을 쓴 반면 5월 초 중남미 방문을 위해 뉴욕, 샌프란시스코를 경유하면서 미 의회 의원들을 만나고자 했던 천수이볜 총통의 방미 일정에 대해서는 미 국무부가 끝내 거부함으로써 천 총통의 체면이 크게 손상되었다. 이는 미국이 천수이볜 총통을 대내외적으로 불필요한 문제를 일으키는 인물로 인식하는 반면 마잉주를 자신들이 추구하는 '전략적 모호성'과 이중정책에 부합하는 인물로 인식하고 있음을 보여 주는 것이다. 실제로 마잉주 국민당 주석은 방미과정에서 자신은 양안 관계의 문제아(trouble maker)가 아니라 평화조성자(peace maker)라는 점을 극구 강조했는데, 그의 이러한 주장은 자신이 미국 정부의 전략적 의도에 부합하는 인물이라는 점을 강조하기 위한 것이다.

결국 50여 년간 지속된 국민당 일당지배를 무너뜨리면서 대만 민주화의 표상으로 등장한 천수이볜 민진당 정부의 총체적인 위기에는 민진당과 천수이볜 총통의 국정수행능력, 대만문제와 양안관계의 구조적 한계, 대만 카드에 집착하는 미국의 전략적 의도 등 대내외적인 요인들이 복합적으로 영향을 미치고 있다. 사실 2000년 민진당이 출범하면서 많은 대만 관측자들은 민진당 정권의 장기적 안정을 위해서는 민진당 자신의 구조적 결함과 산적한 과제를 극복해야 하며, 그러지 않을 경우 정치적 위기에 봉착할 수밖에 없다는 점을 강조했다. 특히 민진당이 ① 국가의 경제·사회적 사안에 있어서 중도좌파 입장을 계속 고수할 경우 대기업으로부터의 재정적·정치적 지지를 확보하기 어렵고, ② 민진당의 정치적 영향력 확대과정에서 민주화, 대만 독립, 반부패 구호가 상당한 효력을 발휘했지만 이것만으로는 정치적 지지기반의 확대·유지하기가 어려우며, ③ 대만 유권자들이 국가적 차원의 주요 정책에 대한 논의과정에서 정치인들의 구체적인 책임을 묻기 시작할 경우 대만에서 정권을 장기적으로 유지할 정당이 없을 것이라는 전망이 지배적이었다.[8]

앞으로도 민진당의 7년여 집권기간 동안 누적된 민진당의 구조적 문제와 천 총통의 개인적 문제 등 천 총통을 궁지로 몰고 있는 요인들이 쉽게 변화할 가능성이 없다는 점에서 그가 정치적 권위를 완전히 회복하기는 쉽지 않을 것으로 보인다. 다만 미국이 천 총통의 하야 등 민진당 정부

---

8 Rigger(2001, 217-218) 참조.

의 급격한 몰락과 대만의 정치적 불안을 원치 않는다는 점에서 2008년 3월 총통 선거까지 국민당의 정치적 우위가 유지되는 여소야대의 과도기적 국면이 지속될 것으로 보인다. 또한 단기적으로 대만의 이러한 정치적 불안이 경제 부문을 중심으로 한 양안의 교류협력에 직접적으로 부정적인 영향을 미치지는 않을 것이다.

한편 민진당의 정통성 위기는 단순히 한 정당의 정치적 입지 약화와 그에 따른 정권교체 가능성에 그치지 않으며, 대만 정치과정의 특성상 양안관계와 대만의 독립논의에 상당한 영향을 미칠 수밖에 없다. 왜냐하면 민진당은 대만의 독립을 추구하는 세력을 대표하는 정치집단이기 때문이다. 실제로 민진당의 그러한 정치적 성향과 그들이 제시했던 자주·독립적인 대만의 미래에 대한 비전은 그들이 집권할 수 있었던 중요한 원천이었다. 그러나 정치적 안정과 경제적 성장, 사회적 균형을 선도하지 못하는 상태에서 이들이 제기하는 독립논의와 정책적 대안은 대만인들로부터 정략적이고 비현실적이라는 비판에 직면하고 있다. 즉 대부분의 대만인들은 비록 독립에 대한 염원을 갖고 있지만 적어도 천수이볜 총통을 위시한 민진당 지도부의 주장이 대만의 독립을 담보할 수 없음은 물론 더 나아가 양안관계의 긴장과 그로 인한 대만의 정치·경제·사회적 불안을 가중시킨다는 점을 차갑게 인식하고 있는 것이다. 이러한 상황은 결과적으로 정치권의 무분별한 독립논의를 축소시키고 통일과 독립 모두를 거부하는 '불통불독'의 평화적 현상유지에 무게를 두는 방향으로 대만 여론이 변화되고 있음을 의미한다.

3. 하나의 중국, 하나의 대만은 가능한가?

1) '하나의 중국'의 이상과 현실

중국의 입장에서 대만문제의 해결과 양안의 통일 실현은 어떤 국가적 과제와 비교할 수 없을 정도로 강한 역사적·이념적·정치적 의미를 갖는다. 이는 중국이 아무리 양안관계의 변화된 현실을 인정하고 대만에 대한 정책의 탄력성을 유지한다 하더라도 결코 변할 수 없는 부분이다. 중국에 있어 하나의 중국 실현은 국가적 차원의 과제이자 이상이다. 이는 마오쩌둥에서 후진타오에 이르기까지 비록 방법론상의 차이는 있었지만 중국 최고지도자가 양안의 통일대업을 실현하기 위해 매진하지 않을 수 없었던 이유다.

후진타오 주석이 기회 있을 때마다 평화통일을 쟁취하기 위한 노력을 결코 포기하지 않을 뿐만 아니라 대만의 독립·분열활동과는 추호의 타협도 하지 않을 것임을 강조하는 것도 통일의 이상 실현을 위한 자신의 단호한 의지를 보여 주어야 하기 때문이다. 더욱이 당·정·군의 최고 직책을 승계한 그로서는 좀 더 진전된 형태의 이상 실현 방안을 당 지도부와 중국 인민에게 제시해야 한다. 그러나 이는 결코 용이한 일이 아니며, 어쩌면 그를 끊임없이 괴롭히는 가장 벅찬 과업일지도 모른다. 왜냐하면 양안 통일의 이상과, 이를 둘러싸고 있는 대내외적 현실의 차이가 너무도 크기 때문이다. 더욱이 그 이상의 실현 의지가 강하게 표출되면 표출될수록 이를 제어하려는 반작용 또한 강하게 나타난다. 무엇이 그들의 통일 실현을 가로막는가?

우선 대내적인 측면에서 후진타오체제가 최대 역점을 두어야 할 시급한 과제는 통일의 이상을 실현하는 것이 아니다. 즉 비록 통일대업의 신성불가침성을 훼손할 수는 없지만, 실제로 이를 실현하기 위해 국가의 총력을 동원할 수는 없는 것이 엄연한 현실이다. 아무리 통일의 중요성을 강조해도 현재 중국이 직면한 정치·경제·사회적 과제보다 우선할 수는 없다. 만약 후진타오 주석이 정치적 사회주의와 경제적 시장주의의 절묘한 동거 과정에서 나타나는 대내적인 문제 해결을 좌시하고 통일에 집착한다면 중국 지도부는 물론 중국 인민들의 강한 저항에 직면할 것이다. 또한 현 단계에서 중국의 정치과정과 정책 결정과정은 과거의 마오쩌둥, 덩샤오핑 집권기와 같이 최고지도자 개인의 신념과 결단에 의해 좌우되지 않을 뿐만 아니라 후진타오 자신 역시 객관적 현실을 직시하고 합리적 선택을 할 수 있는 성향과 능력을 갖추고 있다.

대외적 측면에서도 중국의 통일대업을 가로막는 요인들이 산적해 있다. 특히 중국은 양안의 통일과 독립문제에 대해 겉과 속이 다른 이중적 정책을 취하고 있는 미국과 상대하는 것 하나만으로도 벅차다. 미국이 양안의 통일에 대한 중국의 이상과 의지를 이해하고 협조하기를 기대하는 것은 대만이 독립 의지를 버리고 '일국양제'를 기꺼이 받아들이기를 기대하는 것보다 더 어렵다. 더욱이 미국은 중국의 부상에 대한 견제 필요성을 점점 강하게 느끼고 있으며, 따라서 그들에게 대만 카드의 효용성은 더욱 증대되고 있다. 사실 양안의 통일문제에서 중국이 힘겹게 상대해야 할 대상은 대만이 아니라 미국일 가능성이 더욱 높아지고 있으며, 후진타오 주석도 이러한 냉엄한 현실을 잘 인식하고 있을 것이다.

결국 중국이 추구하는 양안의 통일은 적어도 당분간 국가적 차원의 이상으로만 잔존할 가능성이 매우 높다. 물론 중국의 입장에서 양안의 통일을 실현 불가능한 이상으로 받아들이는 것은 어렵겠지만, 적어도 현 단계에서 통일을 실현할 수 있는 결정적인 힘이 중국에 주어지지 않았다는 것을 부인하기는 어렵다. 이러한 상황에서 중국이 취할 수 있는 정책은 양안의 통일을 최선, 대만의 독립을 최악으로 하는 범위 내에서 적어도 최악의 경우를 피하면서 자신들에게 유리한 양안관계를 조성하고 중장기적 측면에서 통일의 기회를 확대해 가는 것이다. 이는 곧 중국이 양안의 통일보다는 대만의 독립 억제에 주안점을 둘 수밖에 없다는 것을 의미하며, 이를 위해 중국은 다음과 같은 정책을 취하고자 할 것이다.

첫째, 하나의 중국 원칙과 일국양제 통일방식을 대만문제 해결의 철칙으로 고수하는 동시에 대만의 독립 움직임을 제어하기 위한 최후의 수단으로서 무력 사용 가능성을 계속 유보할 것이다. 실제로 중국은 "전인대가 전쟁과 평화의 문제에 대한 결정 권한을 갖는다."(헌법 제62조 14항)는 것과 "국가주석이 전인대 및 전인대 상무위원회의 결정에 따라 전쟁상태를 선포하고 동원령을 발령할 수 있다."(헌법 제80조)라는 규정에 우선해 "대만문제와 관련된 긴급사태 발생 시 국무원과 중앙군사위원회가 먼저 무력 동원을 비롯한 필요한 조치를 취한 후 전인대 상무위원회에 사후 보고할 수 있다."는 반분열국가법을 제정했는데, 이는 무력을 동원해서라도 대만의 독립 움직임을 차단하겠다는 의지를 명문화한 것이다.[9]

둘째, 양안관계 발전의 원동력인 비정치·민간 차원의 교류협력을 지속적으로 확대할 것이다. 정치·군사적 대립을 무색하게 할 정도로 양안의 교류협력은 이미 인위적인 규제로 통제하기 어려울 만큼 확대되었다. 특히 양안의 경제협력은 중국과 대만 모두에게 불가결한 요인이 되었으며, 이는 정치적 대립과 간헐적인 군사적 긴장에도 불구하고 쌍방이 경제협력을 지속하지 않을 수 없는 요인이다. 특히 최근 중국은 양안 경제교류과정에서 소외되었던 대만의 농어민들에 대한 배려 차원에서 대만의 농수산물 수입 확대, 장기적 과제로서 경제공동시장 건설 등을 추진하고 있다.[10] 이

---

9 후진타오 주석은 반분열국가법 제정 당시인 2005년 3월 13일 전인대 인민해방군대표 전체회의에서 군이 "거안사위"(居安思危: 편안한 삶 속에서도 만일의 위기에 대비한다) 정신으로 "주권 수호, 영토 보전"에 대한 군의 역사적 사명을 다해야 한다고 강조했다. 이는 간접적으로 대만문제에 대한 반분열국가법의 취지와 중요성을 암시한 것이다. 『人民日報』(05/03/14) 참조.

는 양안의 교류협력과정에 좀 더 많은 대만 주민을 참여시킴으로써 이들의 대륙 이탈 의식을 완화시키기 위한 전략적 조치의 일환이다.

셋째, 대만문제의 국제화와 국제사회에서의 '생존공간' 확보를 위한 대만의 외교공세를 차단하는 데 주력할 것이다. 특히 대만문제의 국제화가 절대적으로 미국의 의도에 달려 있다는 판단하에 미국·대만의 접근을 차단하는 데 주력할 것이다. 사실 중국은 대만의 고유한 정치적·역사적·문화적 정체성을 재확립하고, 이를 바탕으로 대만문제를 '국제화'하려는 천수이볜 총통의 정책이 소기의 성과를 거두지 못했다는 판단을 하면서도 대만의 이러한 시도가 향후 정권의 변동과 무관하게 지속될 수밖에 없다는 점을 우려하고 있다. 따라서 중국은 대륙과 구별되는 대만의 정체성이 부각되고 더 나아가 이것이 국제사회의 공감대로 확산되는 것을 차단하기 위해 자신들의 외교역량을 총동원할 것이다.[11]

2) '하나의 대만'의 이상과 현실

양안의 통일이 중국의 절대적인 국가적 과제인 것처럼 중국의 불가분

---

10 2007년 2월 15일 중공중앙대만공작판공실, 국무원대만사무판공실 주임 천윈린은 '춘절'(春節: 설)을 즈음해 대만 주민에게 보내는 글을 통해 "양안 주민은 동일한 중국인으로서 핏줄로 맺어진 민족감정을 공유하고 있을 뿐만 아니라 영욕을 함께 하는 '현실적 이익'을 공유하고 있다. 따라서 어떤 세력도 양안을 분리할 수 없으며 많은 어려움에도 불구하고 양안의 인적 교류와 경제교류의 확대, 평화적 관계 발전에 대한 신념을 결코 버리지 않을 것"이라는 점을 강조했는데, 이는 무력 사용 가능성의 주장과 대비되는 또 다른 차원의 유화적 대만정책의 단면을 보여 주는 것이다. 『人民日報』(07/02/16) 참조.

11 스테판 코르쿠프(Stéphane Corcuff)는 1600년대 이후 계속된 대륙과 대만의 불유쾌한 관계사는 대만인들로 하여금 대륙에 대한 '열등감'(continental complex)과 대륙 정권에 대한 극도의 '불신감'(deep mistrust of identity)을 갖게 했고, 결국 자신들만의 새로운 정체성을 찾게 했다는 점을 강조하고 있다. 또한 국제사회가 점차 중국과 구별되는 대만의 실체를 인식하기 시작하면서 대만의 미래에 있어서 국제여론의 중요성이 증대하고 있다는 점을 지적하는데, 이는 곧 중국이 가장 우려하는 대만문제의 국제화다. Corcuff(2002, 243-246) 참조.

한 일부분이 아닌 독립된 정치적 실체로서 국제사회의 정정당당한 일원이 되는 것은 대만의 포기할 수 없는 숙원이다. 즉 대만의 독립을 노골적으로 주장하는 급진적인 독립주의자(臺獨)로부터 이들의 주장을 실익 없는 정략적·비현실적 접근으로 비판하는 세력에 이르기까지 대만의 자주·독립적 지위를 염원하지 않는 대만 주민은 아무도 없다. 더 나아가 수세기 동안 대륙 정권과의 불행했던 역사를 숙명처럼 안고 살아 왔던 대만인들의 입장에서는 국제사회가 국가의 구성요건을 무엇으로 규정하든 간에 어느 것 하나 부족함이 없어 보이는 자신들이 무엇 때문에 국제사회의 '무적자'(無籍者)로 지내야 하는지를 결코 납득할 수 없을 것이다. 그러나 양안의 통일에 대한 중국의 이상이 당장 현실화될 수 없는 것처럼 자주·독립에 대한 대만의 이상 역시 지금으로서는 현실의 장벽을 넘기 어렵다. 무엇이 자주·독립을 향한 이들의 이상을 가로막는가?

우선 대만은 자신들을 중국의 불가분한 일부분으로 규정한 '하나의 중국' 원칙의 높고 두터운 벽을 극복할 논리와 이를 뒷받침할 수 있는 역량을 갖고 있지 않다. 자신들의 자주·독립적 지위를 박탈한 유엔과 이것의 문제점을 내심 인정하면서도 중국의 정치·경제적 힘에 눌려 아무 말 못하는 국제사회가 야속하지만 이를 반전시킬 가능성은 없다. 실제로 유엔 회원국으로서의 충분한 자격을 입증하는 대만의 체계적인 논리와 외교적 노력은 중국의 빈틈없는 방어망을 통과하기에는 너무도 미약하다. 이처럼 대만은 엄연한 국가이며 따라서 양안관계가 '특수한 국가 대 국가의 관계'라는 양국론의 논리는 대만을 벗어나면 그저 반향 없는 메아리에 지나지 않는다.

중국이 강조하는 유사시의 무력 사용 불사 또한 대만의 독립 행보를 가로막는 중요한 장애물의 하나이다. 즉 중국이 실제로 무력을 사용할 가능성의 정도를 판단하기에 앞서 중국 지도부가 인식하는 대만문제의 중요성을 고려하면 어느 누구도 무력 사용 가능성의 부재를 단언할 수 없다. 실제로 대만의 독립 행보가 구체화될 경우 중국의 무력 사용은 다양한 형태로 나타날 수 있으며, 이러한 가능성 자체가 대만인들을 움츠리게 하는 요인임을 부정할 수 없다. 특히 대만의 분리·독립을 좌시하면서 권좌에 남아 있을 수 있는 중국의 지도자는 하나도 없으며, 따라서 이들에게 있어 최후 수단으로서의 무력 사용은 비록 사용 범위의 제약이 있다 하더라도 결코 불가능한 선택은 아니다.

양안의 인적 교류 및 경제협력 확대에 따른 상호의존의 증대 역시 대만의 분리·독립을 억제하는 요인이다. 양안의 교류협력은 더 이상의 설명이 필요하지 않을 정도로 확대되고 있으며, 중국에 대한 과도한 경제적 의존과 자체 산업의 공동화를 우려해 교류의 속도와 범위를 통제하려고 했던 대만의 정책은 이미 상당 부분 실효성을 상실했다. 양안의 교역과 대중국 투자를 벗어난 대만의 경제를 상상하기 어렵고 실제로 대만 경제계는 장기간의 경제침체를 벗어나기 위한 유일한 출구는 싫으나 좋으나 중국과의 경제협력 확대에 있다는 점을 부인하지 않는다. 심지어 중국에 진출한 대만 기업인들은 양안의 경제교류에 부정적인 영향을 미치는 민진당 정부의 무리한 독립 행보를 자제하도록 촉구하고 있다. 이들에게 독립은 이상이지만 경제는 현실이고 그들의 삶 자체다. 천수이벤 총통이 국가통일위원회와 국가통일강령의 '종지'를 선언한 직후 대만 여론의 50% 이상이 천수이벤의 조치에 반대한 것도 이러한 현실 인식에서 비롯된 것이다.

이처럼 독립을 향한 이상이 현실화되기 어려운 상황하에서 대만은 다음과 같은 정책을 추진하고자 할 것이다. 첫째, 하나의 중국 원칙이 지배하는 국제사회에서 자신들의 존재를 알리고 대만문제의 국제화를 확산시키는 정책을 지속적으로 추진할 것이다. 즉 거듭된 좌절에도 불구하고 대만 정부는 유엔 가입을 위한 시도와 정부 간·비정부 간 국제조직에서의 활동 영역을 확대하기 위한 노력을 포기하지 않을 것이다. 이러한 시도는 당장의 효과를 기대하기보다는 국제사회의 인식을 변화시켜 가기 위한 우공이산(愚公移山)의 장기적인 전략이다. 실제로 민주화된 정치체제와 모범적인 시장경제체제를 운용하는 사실상의 국가로서 대만의 존재를 알리려는 이러한 노력은 국제사회의 곳곳에서 긍정적인 효과가 나타나고 있다.

둘째, 중국의 무력 사용 가능성에 대한 대비 차원에서 대만의 안보를 미국의 전략적 변화와 연계시키기 위한 노력을 적극 추진할 것이다. 즉 미국의 대중국 견제전략과 이를 구체화하기 위한 미·일 군사협력의 확대 조정과정에서 대만의 전략적 가치를 높이기 위한 다양한 시도를 할 것이다. 실제로 리덩후이 정부 이래로 대만은 미국과 일본이 주도하는 아시아태평양지역의 다자안보체제에 자신들을 편입시키기 위한 노력을 하고 있다. 대만의 이러한 정책은 미국과 일본의 대중국전략 변화 조짐을 감지하고 그 틈새를 겨냥한 것이며 대량의 미국산 무기 구입으로부터 다양한 군사정보의 교류, 대만의 안보공약에 대한 미 정치권의 지지 확보 등에 이르기까지 다양하게 전개될 것이다.

셋째, 양안의 인적 교류 및 경제교류의 확대는 대만으로서 불가피한 선택으로 유지될 것이며 이는 민진당, 국민당, 친민당을 불문하고 대만의 정권 변화와 무관하게 추진될 수밖에 없는 정책이다. 양안의 경제관계 현실을 무시한 어떤 정책도 대만 주민들의 지지를 얻기 어려우며, 이는 천수이볜 정권의 지지기반 약화의 예에서도 잘 나타난다. 따라서 대만 정부로서는 경제적 종속 가능성을 의식해 양안의 경제교류를 좀 더 적극적으로 관리하고 신중한 투자를 권고할 수는 있겠지만, 그것 역시 한계를 가질 수밖에 없다.

3) 시간은 누구의 편인가?

통일과 독립에 대한 이상과 현실의 크나큰 격차가 보여 주듯이 양안관계는 쌍방의 지도자가 몇 차례의 만남을 통해 정치적 관계에 대한 합의를 도출할 수 있는 관계가 아니며, 또한 중국과 대만을 불문하고 통일·독립의 의도를 강제로 관철할 수 있는 능력을 갖고 있지도 않다. 지금으로서는 도저히 극복 불가능해 보이는 난관들이 대만해협은 물론 국제사회의 곳곳에 겹겹이 싸여 있다. 따라서 정략적 이해관계에 함몰된 진실성 없는 말뿐이 아닌 양안의 진정한 평화와 번영을 향한 중국과 대만 지도자들의 노력이 배가되고 자국의 패권적 이익에 몰두해 양안관계의 실질적인 조정자가 되려는 미국의 전략적 의도, 중국과의 지역패권을 의식해 호시탐탐 대만문제에 개입할 여지를 넓혀 가는 일본의 불순한 욕구가 사라지지 않는 한 대만문제의 해결은 요원하다.

이는 결국 일국양제를 고수하는 중국과 독립적인 정치실체로서의 대등한 관계를 요구하는 대만의 입장이 조화될 수 없는 상황에서 대만문제가 어느 일방의 의도대로 결말지어지기 어렵다는 것을 의미한다. 또한 양안관계가 적어도 당분간 중국이 주장하는 중앙·지방정부의 관계도 아니고 대만이 주장하는 특수한 국가 대 국가의 관계도 아닌, 그야말로 중국적 특색을 지닌 그들만의 관계를 유지할 수밖에 없을 것이라는 점을 시사한다. 이러한 현상유지 상황은 곧 중국과 대만이 나름대로 통일과 독립을 꿈꾸며 기다리는 시간이기도 하며, 따라서 이 시간을 자기편으로 만들기 위한 양안의 기 싸움이 치열할 수밖에 없다. 과연 시간은 중국과 대만, 통일과 독립 중에서 누구의 편인가?

우선 양안의 현상유지와 기다림이 중국에 유리하다는 판단이 가능하다. 즉 중국 정부는 이미 유일한 합법정부로서의 정통성을 갖고 있을 뿐만 아니라 중국의 '종합국력'이 비약적으로 성장하고 국제사회에서의 영향력이 강화되면서 대만은 중국의 불가분한 일부분이라는 '하나의 중국' 원칙은 더욱 큰 위력을 발휘하고 있다. 더욱이 지난 20여 년간의 양안 간 교류협력 결과 중국에 대한 대만의 경제 의존도는 날로 심화되고 있으며, 어느 측면에서는 대만을 겨냥한 중국의 수백 기 미사일보다도 더 대만의 독립 행보를 제약하고 있다. 또한 중국에 진출한 대만 기업인들의 상당수는 귀에 못이 박히도록 교육받았던 '중국공산당 정권'과 '중화민국'의 체제·이념적 차이를 실감하지 못할 뿐만 아니라 양안의 경제 수준 격차 역시 점점 좁혀지고 있는 현실을 직접 경험하고 있다.[12]

한편 양안의 통일과 독립 가능성을 묻어 둔 채 지속될 수밖에 없는 현상유지가 중국에 유리한 국면을 조성하고 있다는 지적이 상당한 설득력을 갖는 것은 분명하나, 이 역시 기다림은 곧 양안의 통일이라는 것을 의미하는 것은 결코 아니다. 그 이유는 중국과 대만을 불문하고 기다림 속에서 유리한 입지를 점할 수 있는 대전제는 대내적인 안정을 유지해야 한다는 것이며, 그러지 못할 경우 객관적으로 유리한 조건은 의미를 상실하게 된다. 예를 들어 정치·경제·사회적 과도기에 처한 중국이 사회주의 시장경제의 전면적 추진과정에서 정치민주화, 경제 자유화, 사회적 다원화 등의 요구에 직면해 대내적 안정 기조를 상실한다면 그들이 갖고 있는 유리한 국면은 상당 부분 실효성을 상실할 가능성이 높다.

중국의 대내적인 변수와 함께 양안의 통일과 독립의 유·불리에 큰 영향을 줄 수 있는 또 다른 변수는 바로 미국 요인이다. 즉 미국은 자신들이

---

12 이와 관련해 디트머(Lowell Dittmer) 교수는 양안관계의 미래에 있어서 다음의 세 가지를 주목해야 한다고 강조한다. 첫째, 중국의 경제성장에 따라 1996년까지 균형을 이루던 양안의 국방비 지출에 균형이 무너졌다. 실제로 중국의 국방비 지출은 세계 3~4위로 약진한 반면 대만은 2000년대 이후 계속 감소해 2005년의 경우 중국의 약 25%에 달하고 있다. 둘째, 양안경제의 통합이 가속화되고 있다. 즉 양안의 경제교류가 상호이익을 가져다주는 것은 분명하지만 양안 경제 규모의 비대칭으로 인해 대만 경제가 중국 경제에 크게 경사될 가능성이 높다. 셋째, 대만의 젊은이들은 대륙을 방문한 이후 상하이 등 중국의 대도시 중산층 생활수준이 대만의 중산층보다 오히려 못하지 않다는 인식을 갖게 되었고, 실제로 대만의 많은 능력자(ablest professionals)들이 자발적으로 중국 대륙에서 영구적인 생활 근거지를 찾는다. 이러한 점에 근거해 디트머 교수는 "누구에게 시간이 있는가?"라고 묻는다면 현재는 분명히 중국에 있으며, 이러한 가정이 맞는다면 현재 중국은 기다리는 게임(waiting game)을 하고 있다는 점을 지적한다. 물론 그는 기다리는 과정의 큰 변수로서 중국의 정치민주화 가능성을 함께 지적하고 있다. 구체적인 논의는 Dittmer(2006, 251-252) 참조.

의도하는 전략적 관점에서 양안관계의 현상유지 수준 및 중국과 대만의 균형을 직간접적으로 조정하려고 하며(balancing the status quo) 실제로 미국의 이러한 개입은 대만의 불리한 국면에도 불구하고 양안이 현상유지를 지속할 수 있었던 결정적인 힘이다. 앞서 지적한 것처럼 미국이 중국에 의한 대만의 통일을 지지하기를 기대하는 것은 대만이 중국의 일국양제 통일방식을 순순히 받아들이기를 기대하는 것보다 더 어렵다.

결국 이러한 점을 고려할 때 향후 양안관계는 경제 부문을 중심으로 한 교류협력과 통일·독립을 향한 치열한 공방이 지속되는 '불균형의 균형' 속에서 중국이 일단 유리한 고지를 선점한 현상유지를 지속하게 될 것이다. 물론 현 단계 양안관계의 이러한 국면은 고정불변이 아니며, 그들의 대내외적 상황에 따라 유동적일 수 있다. 특히 중국이 원하는 통일과 대만이 원하는 독립을 모두 용인하지 않고, 양안의 현상을 변경하기 위한 어떠한 시도도 반대하는 미국의 전략적 모호성과 이중정책은 중국의 통일 지향 세력과 대만의 독립 지향 세력 모두가 극복해야 할 관문이자 양안관계 향배의 최대 변수로 상존할 것이다.

문흥호. 1996.『13억인의 미래: 중국은 과연 하나인가』. 당대.
______. 2000. "양안관계 연구." 정재호 편.『중국정치연구론: 영역, 쟁점, 방법 및 교류』. 나남출판.
______. 2004a. "2004년 대만 총통 선거와 양안관계."『中蘇研究』28권 3호.
______. 2004b. "胡錦濤體制의 對內外 課題와 展望."『한국과 국제정치』제20권 1호.
______. 2005. "중국의 대외전략: 동북아 및 한반도정책을 중심으로." 이수훈.『동북아시대의 중국』. 아르케.
______. 2006a. "전환기의 중ㆍ일관계와 대만문제."『中蘇研究』29권 4호.
______. 2006b.『중국의 21세기 대외전략과 한반도』. 울력.
박철희. 2004. "일본의 안보체제 강화 방향 및 대응 방안."『국제문제연구』제4권 제3호. 국제문제조사연구소.
박춘호. 2005. "일본과 중국의 해저유전 분쟁과 우리의 입장."『해양한국』8월호.
배정호. 2005.『탈냉전시대 전환기의 일본의 국내정치와 대외전략』. 통일연구원.
윤석준. 2005. "중국 에너지 안보와 해군력 발전."『中蘇研究』29권 2호.
정은숙. 2007. "제43차 '뮌헨 안보정책회의'와 미ㆍ러관계."『세종논평』No. 77.
정재호 편. 2000.『중국정치연구론: 영역, 쟁점, 방법 및 교류』. 나남출판.
통일부 정보분석국. 2000.『북한동향』제491호.
통일원 남북회담사무국. 1994.『남북기본합의서』.

Ali, S. Mahmud. 2005. *U.S.-China Cold War Collaboration, 1971-1989*. New York: Routledge.
Amako, Satoshi. 2006. "Strategic Dialogue Required among Japan, the U.S. and China." *Asahi shimbun* February 15.
Baum, Julian. 1993a. "President's Choice: New premier is first ever non-mainlander." *Far Eastern Economic Review* February 18.
______. 1993b. "Trial by democracy: Nomination hearings put premier to the test," *Far Eastern Economic Review* March 4.
______. 1993c. "Tactical Manoeuvres: Paticipants differ over meaning of Singapore talks," *Far Eastern Economic Review* May 13.
______. 1993d. "Virtual Reality: Moves to rejoin UN, recognise Mongolia," *Far Eastern Economic Review* June 3.
Brown, Melissa J. 2004. "What's in a name?: Culture, Identity, and the Taiwan Problem." *Is Taiwan Chinese?: The Impact of Culture, Power, and Migration on Changing Identities*. Berkeley: University of California Press.

Cabestan, Jean-Pierre. 2000. "Taiwan in 1999: A Difficult Year for the Island and the Kuomintang." *Asian Survey* Vol. XL, No. 1.

Carpenter, Ted Galen. 2005. *America's Coming War with China: A Collision Course over Taiwan.* New York: palgrave macmillan.

Chao, Linda and Ramon H. Myers. 1999. "How Elections Promoted Democracy in Taiwan under Martial Law." *The China Quarterly.*

Chen, Edward I-hsin(陳一新). 1999. "A Decade of Cross-Strait Exchanges: Merits, Demerits and Prospects." *Prepared for International Conference on Unification Experience of Germany and Search for Desirable Exchanges between South and North Korea* October 5.

Chiou, C. L. 1986. "Dilemmas in China's Reunification Policy toward Taiwan." *Asian Survey* Vol. XXⅣ, No. 4.

Cody, Edward. 2005. "China's Quiet Rise Casts Wide Shadow; East Asian Nations Cash In on Growth." *The Washington Post* February 26.

Copper, John F. 1998. *Taiwan's Mid-1990s Elections: Taking the Final Step to Democracy* . Westport: Praeger.

Corcuff, Stéphane. 2002. "Conclusion: History, the Memories of the Future." Stéphane Corcuff(ed). *Memories of the Future: National Identity Issues and the Search for a New Taiwan.* New York: M. E. Sharp Inc.

Dittmer, Lowell. 2006. "Bush, China, Taiwan: A Triangular Analysis." Shiping Hua, *Reflections on the Triangular Relations of Beijing-Taipei-Washington Since 1995: Status Quo at the Taiwan Straits?.* New York: Palgrave Macmillan.

Gries, Peter Hays. 2005. "Chinese Nationalism: Challenging the State?." *Current History* September.

Hakim, Peter. 2006. "Is Washington Losing Latin America?." *Foreign Affairs* January ·February.

Heginbotham, Eric and Christopher P. Twomey. 2005. "America's Bismarckian Asia Policy." *Current History* September.

Hu, Jasen C. 1995. *The Now Silent Partner in the Founding of the UN: The Republic of China on Taiwan.* Taipei: The Government Information Office.

Hua, Shiping. 2006. *Reflections on the Triangular Relations of Beijing-Taipei-Washington Since 1995.* New York: Palgrave Macmillan.

Kirby, William C. and Robert S. Ross, Gong Li. 2005. *Normalization of U.S.-China Relations An International History.* Massachusetts: Harvard University Press.

Lampton, David M. 2007. "The Faces of Chinese Power." *Foreign Affairs* Vol 86, No. 1.

Lasater, Martin L. 2000. *The Taiwan Conundrum in U.S. China Policy.* Colorado: Westview Press.

Lee, Wei-chin and T. Y. Yang. 2003. *Sayonara to the Lee Teng-Hui Era: Politics in Taiwan, 1988-2000.* Meryland: University Press of America.

Leifer, Michael. 2001. "Taiwan and South-East Asia: The Limits to Pragmatic Diplomacy." Richard Louis Edmonds and Steven M. Goldstein(ed). *Taiwan in the Twentieth Century: A retrospective View.* New York: Cambridge University Press.

Li, Chien-Pin. 2006. "Taiwan's Participation in Inter-Governmental." *Asian Survey* Vol. XLVI, No. 4.

Lieberthal, Kenneth. 2005. "Preventing a War Over Taiwan." *Foreign Affairs* Vol. 84, No. 2. http://proquest.umi.com/pqdweb.

Ma, Ying-jeou. 2003. "Cross-Strait Relations at a Crossroad: Impasse or Breakthrough." *Breaking the China-Taiwan Impasse.* Connecticut: Prasers Publishers.

Mistry, Dinshaw. 2006. "Diplomacy, Domestic Politics and the U.S.-India Nuclear Agreement." *Asian Survey* Vol. XLVI, No. 5.

Morris, Andrew. 2002. "The Taiwan Republic of 1895 and the Failure of the Qing Modernizing Project." Stéphane Corcuff(ed). *Memories of the Future: National Identity Issues and the Search for a New Taiwan.* New York: M. E. Sharp Inc.

Nathan, Andrew J. 1993. "The Legislative Yuan Elections in Taiwan." *Asian Survey* Vol. XXXIII, No. 4.

Noriega, Roger F. 2005. "China's Influence in the Western Hemisphere." *Statement Before the House Subcommittee on the Western Hemisphere.* Washington DC. April 6. http:// www.state.gov/p/wha/rls.

Phillips, Steven E. 2003. *Between Assimilation and Independence: The Taiwanese Encounter Nationalist China, 1945-1950.* California: Stanford University Press.

Rangsimaporn, Paradorn. 2006. "Russia's Debate on Military-Technological Cooperation with China from Yeltsin to Putin." *Asian Survey* Vol. XLVI, No. 3.

Rigger, Shelley. 2001. *From Opposition to Power: Taiwan's Democratic Progressive Party.* Colorado: Lynne Rienner Publishers Inc.

Robert, Accinelli. 2005. "In Pursuit of a Modus Vivendi: The Taiwan Issue and Sino-American Rapprochment, 1969-1972." William C. Kirby and Robert S. Ross, Gong Li. *Normalization of U.S.-China Relations An International History.* Massachusetts: Harvard University Press.

Scalapino, Robert A. 2003. "Cross-Strait Relations and the United States." Donard S. Zagoria, *Breaking the China-Taiwan Impasse.* Connecticut: Prasers Publishers.

Schaller, Michael. 2002. *The U.S. and China: Into the Twenty-First Century.* Oxford:

Oxford University Press.

Shambaugh, David. 2003. "Remaining Relevant: The Challenges for the Party in Late-Leninist China." David M. Finkelstein and Maryanne Kivlehan. *China's Leadership in the Twenty-First Century: The Rise of the Fourth Generation.* New York: M. E. Sharpe.

Shenker, Oded. 2005. *The Chinese Century: The Rising Chinese Economy and Its Impact on the Global Economy, the Balance of Power, and Your Job.* NJ: Wharton School Publishing.

Shlapak, David A. 2003. "The Cross-Strait Balance and Its Implications for U.S. Policy." Donard S. Zagoria. *Breaking the China-Taiwan Impasse.* Connecticut: Praeger Publishers.

Sung, Yun-Wing. 2005. *The Emergence of Greater China: The Economic Integration of Mainland China, Taiwan and Hong Kong.* New York: Palgrave Macmillan.

The Government Information Office. 2003. *A Brief Introduction to Taiwan.*

Thornton, John L. 2006. "China's Leadership Gap." *Foreign Affairs* Vol. 85, No. 6.

Tian, Hung-mao and Yun-han Chu. 1996. "Building Democracy in Taiwan." *The China Quarterly* No. 148.

Trenin, Dmitri. 2006. "Russia Leaves the West." *Foreign Affairs* Vol 85, No. 4.

Tsukamoto, Kazuto. 2007. "One-time friend of Japan turned activist over Yasukuni issue." *IHT-Asahi* February 22.

Varadarajan, Siddharth. 2007. "Hegemony Outsourced: The United States, India and the Struggle for Asian Architecture." *Center for Asian and Pacific Studies.* University of Oregon. lecture series. 2007. 3. 12.

Wang, T.Y and I-chou Liu. 2004. "Contending Identities in Taiwan." *Asian Servey* Vol. XIV, No.4.

White III, Lynn T. 2006. "PRC, ROC, and U.S. Interest: Can They Be Harmonized?." Shiping Hua. *Reflections on the Triangular Relations of Beijing-Taipei-Washington Since 1995.* New York: Palgrave Macmillan.

Xia, Yefang. 2006. *Negotiating with the Enemy: U.S.-China Talks during the Cold War 1949-1972.* Bloomington: Indiana University Press.

Yoda, Tatsuro. 2006. "Japan's Host Nation Support Program for the U.S.-Japan Security Alliance." *Asian Survey* Vol. XLVI, No. 6.

Yoshihide, Soeya. 2001. "Taiwan in Japan's Security Considerations." Richard Louis Edmonds and Steven M. Goldstein(ed). *Taiwan in the Twentieth Century: A retrospective View.* New York: Cambridge University Press. (The China Quarterly special issues new series, No. 1).

Yu, Yu-Shan. 2004. "Taiwanese Nationalism and its Implications." *Asian Servey* Vol. XIV, No.4.

Zagoria, Donard S. 2003. *Breaking the China-Taiwan Impasse*. Connecticut: Prasers Publishers.

Zhengang, Ma. 2005. "Regard History as a Mirror and Create a New World of Peace, Development and Cooperation." *China International Studies* Winter.

江澤民. 1995. "爲促進祖國統一大業的完成而繼續奮鬪." 『人民日報』 1995. 1. 31.

______. 2000. "共同構築面向新世紀的中美關係." 『人民日報』 2000. 9. 9.

______. 2001. 『論三個代表』. 北京: 中央文獻出版社.

國立編譯館. 1993. 『國家統一綱領與大陸政策』. 臺北: 國立編譯館.

南民. 1986. "對國民黨三中全會的視察." 『九十年代』 1986. 5.

鄧小平. 1983. "中國大陸和臺灣和平統一的構想." 『人民日報』 1983. 7. 30.

______. 1993. 『鄧小平文選(第三卷)』. 北京: 人民出版社.

______. 1997. "中國大陸和臺灣和平統一的設想." 中共中央文獻研究室. 『一國兩制重要文獻選編』. 北京: 中央文獻出版社.

林瑞. 1993. "李登輝神話的終結: 台灣立委選舉啓示錄." 『九十年代』 1993. 1.

馬英九. 1992. 『兩岸關係的回顧與前膽』. 臺北: 行政院 大陸委員會.

石之瑜. 2001. 『兩岸關係概論』. 臺北: 揚智文化事業股分有限公司.

施華. 1993. "台灣民主建構成型." 『九十年代』 1993. 1.

吳廣義. 2004. "'信任'何以成爲中日關係的焦點問題." 『亞非縱橫』 2004年 第2期.

吳懷中. 2007. "軍事與大國夢." 『人民日報』 2007. 1. 18.

李登輝. 1990. "開創中華民族的新時代." 『中央日報』 1990. 5. 21.

李肇星. 2005. "和平 發展 合作: 新時期中國外交的旗幟." 『人民日報』 2005. 8. 23.

趙春山. 1999. "建構跨世紀的兩岸關係: 正視一個分治中國的現實問題." 『中國大陸研究』 第42卷 第9期.

中共中央文獻研究室. 1997. 『一國兩制重要文獻選編』. 北京: 中央文獻出版社.

中國外交部. 2005. 『中國外交』. 外交部長序.

中央電視臺對臺編輯部(編). 2002. 『海峽熱點』. 北京: 民族出版社.

中華人民共和國國務院臺灣事務辦公室·國務院新聞辦公室. 2000. "一個中國的原則與臺灣問題." 『人民日報』 2000. 2. 22

______. 2007. "陳水扁再次逆勢而動破壞兩岸關係和平發展." 『人民日報』 2007. 1. 2.

彭懷恩. 2003. 『臺灣政治發展』. 臺北: 風雲論壇出版社.

行政院 大陸委員會. 1991. "李登輝總統就職典禮詞'開創中華民族的新時代'有關大陸政策之內容." 『大陸工作手册(一)』. 臺北: 行政院 大陸委員會.

許極燉. 2002. 『臺灣近代發展史』. 臺北: 前衛出版社.

黃昆輝. 1991. "國家統一綱領的要旨與內涵." 『中國大陸研究』 第34卷 12期.

______. 1993. 『國統綱領與兩岸關係』. 臺北: 行政院 大陸委員會.

『中國年鑑』. 北京: 新華出版社. 1986.

『中華人民共和國憲法』. 北京: 中國民主法制出版社. 2004.